Rudolf Steiner

Leben nach dem Tod

Rudolf Steiner **Leben nach dem Tod**

Ausgewählte Texte

Herausgegeben und kommentiert
von Hans Stauffer

RUDOLF STEINER
VERLAG

1. Auflage 2008

Einbandgestaltung BADER. Kommunikation
Foto Michael Bader
Satz Schulthess AG, Zürich
Druck und Bindung Druckhaus Nomos, Sinzheim

Printed in Germany
ISBN 978-3-7274-5379-3

Inhalt

Vorwort

Durch meinen Beruf als Militärpilot der schweizerischen Flugwaffe, den ich während 38 Jahren ausübte, war mir «der Tod» bald kein Unbekannter mehr. Zu Beginn meiner fliegerischen Laufbahn besaß die Flugwaffe vor allem Propellerflugzeuge, zum Teil mit sehr hochgezüchteten und damit störanfälligen Motoren. Das Fliegen in den Wolken, das in kritischen Wettersituationen hätte Leben retten können, war unbekannt und wegen mangelnder Ausrüstung der Flugzeuge nicht möglich. Und die bald eingeführten Düsenflugzeuge besaßen noch keinen Schleudersitz. So verlor die Flugwaffe pro Jahr 3 bis 10 Piloten samt Flugzeugen, manchmal mehr. Den ersten Unfall erlebte ich bereits während meiner Fliegerschule, als einer meiner Kameraden im Tessin abstürzte. Meine Pilotenklasse hatte ihn vom Tessin bis nach Bonfol im Pruntrut zu begleiten. Das Ehrenwache-Stehen am Sarg mit den vielen Blumen und den Kerzen machte auf mich einen unauslöschlichen Eindruck.

So ging es weiter. Tage vor meiner Hochzeit mußte ich einen Kameraden seiner Mutter im Sarg heimbringen und die Beerdigung organisieren. Die schwierigste Aufgabe aber war, nach einem Unglück, einem Todesfall, die Angehörigen – Eltern, Geschwister, Bräute, Frauen – aufzusuchen und ihnen das Geschehene mitzuteilen. Es war erschütternd, das so plötzliche Leid, die Aufschreie und die Abgründe, die sich auftaten, mitzuerleben.

Ich hatte das Glück, schon in jungen Jahren der Geisteswissenschaft Rudolf Steiners begegnet zu sein. Auf Grund meiner Erlebnisse begann ich, das Werk Steiners nach Angaben über den Tod und seine Folgen zu erforschen. Immer mehr vertiefte ich mich in das, was er über den Tod und das Leben nach dem Tode gesagt hatte. Das, was ich mir so erarbeitete, erlaubte mir später, meine erste Frau nach zweijährigem, schmerzhaftem Leiden während der ersten Zeit über die Schwelle zu begleiten und ahnend zu erfahren, was sie nach dem Sterben erlebte. Dasselbe durfte ich nach dem völlig überraschenden Tode meiner zweiten Frau erleben.

Nun gibt es drei Möglichkeiten, sich dieser Geistwelt, durch die der verstorbene Mensch geht, zu nähern:

Durch das Studium der Geisteswissenschaft Rudolf Steiners, das zuerst über den Verstand erfolgt, dann aber vielleicht auch vom Herzen erfaßt werden wird. Das vorliegende Buch ist ein Resultat dieses Studiums.

Durch Übungen eines Schulungsweges zur Bildung von Organen, die in die übersinnliche Welt Einblick ergeben können. Einer dieser Schulungswege hat uns Rudolf Steiner in Form der «Ersten Klasse der Freien Hochschule für Geisteswissenschaft» gegeben.

Während des Schlafes befinden wir uns in dieser Geistwelt, allerdings unbewußt. Nur aus Träumen scheint sie hin und wieder auf. Erst nach dem Tode betreten wir diese Welt wirklich.

Da ich mein Wissen nicht für mich behalten wollte, gab mir der Michael-Zweig Zürich die Gelegenheit, während etwas mehr als drei Jahren in einer Arbeitsgruppe das Erarbeitete weiterzugeben.

Aus den Notizen zu dieser Arbeitsgruppe entstand nun dieses Buch. Es ist allerdings nicht möglich, auf rund 300 Seiten alle Aspekte und Nuancen des Lebens nach dem Tode darzustellen. Es soll vielmehr Anreiz und Anregung sein, selber sich in die Aussagen Steiners zu vertiefen. Auch habe ich es bewußt unterlassen, auf die vielfältigen Werke über Nahtod-Erfahrungen (wie sie z. B. Raymond A. Moody beschrieben hat) einzutreten, weil es den Rahmen dieser Arbeit bei weitem gesprengt hätte.

Möge dieses kleine Werk dem einen oder anderen Trost und Hilfe sein in der doch so schwierigen Situation beim Verlust eines lieben Menschen.

Ebmatingen, den 2. September 2008 Hans Stauffer

Kapitel I: Grundlagen zum Verständnis der nachtodlichen Welt

Das Wesen Mensch und die Entwicklung von Mensch und Erde

Zuallererst müssen wir uns bewußt machen, was das Wesen Mensch eigentlich ist. Dazu sei ein Experiment erlaubt.

Stellen wir uns vor – noch besser wäre es freilich, dies in der Realität durchzuführen –, eine uns bekannte Persönlichkeit trete vor uns hin. Mit unseren Augen können wir sie erkennen, mit unseren Ohren hören wir sie sprechen, mit der Nase riechen wir ihren Duft; wenn wir ihr die Hand drücken, fühlen wir die Form ihrer Hand und ihre Wärme, und wenn wir sie sogar küssen, dann können wir vielleicht etwas von ihr schmecken. Doch was ist wirklich vor uns? Was erfahren wir durch unsere fünf Sinne? Wir schauen zur Seite und sehen einen Stein, und es wird uns bewußt, daß wir bei diesem Stein, bei diesem Mineral, das gleiche erfahren können. Oder wir sehen eine Pflanze oder ein Tier, und auch hier erkennen wir, daß wir das gleiche durch die Sinne erfahren können.

Was wir durch unsere fünf Sinne in Wirklichkeit wahrnehmen, das ist eine mit Materie ausgefüllte Form. Nun wissen wir aus der Schule und von der Wissenschaft, aber auch aus eigener Erfahrung (wenn wir etwa Haare oder Nägel schneiden usw.), daß die Materie in dieser Form dauernd ersetzt wird, daß nach rund je sieben Jahren ein vollständiger Austausch stattgefunden hat.

Damit haben wir den ersten «Teil» des Menschen erkannt: es ist dies

der materielle physische Leib.

Doch wie der Kuchenteig eines Kuchenbleches bedarf, damit er zu einem Kuchen gebacken werden kann, so braucht auch der materielle physische Leib einer Form.

Und Sie wissen aus mancherlei Darstellungen, die gegeben worden sind, daß in bezug auf seine Substanz der physische Leib sich fortwährend erneuert, daß nach sieben, acht Jahren ganz andere physische Substanzen in uns sind als vorher, daß also die physischen Substanzen ausgewechselt werden. Aber die Form bleibt. Und sie muß bleiben. Denn so wie sie ist, so ist sie Werkzeug für das gewöhnliche Bewußtsein. Und so lange können wir das gewöhnliche Bewußtsein für Denken, Fühlen und Wollen entfalten, als wir den physischen Leib in der entsprechenden Form haben.

Diese Form ist schon bei der Geburt vorhanden. Im Gegensatz etwa zu einem Kuchenblech, das starr ist, vermag sich diese Form in gewissen Maße zu verändern. Sie ist jedoch der Grund dafür, daß gewisse, ganz spezifische Merkmale, die jedem Menschen eigen sind, die ganze Lebensdauer hindurch erhalten bleiben. Besonders markant ist dies beim Kopf, besonders bei den Augen; aber auch die Papillarleisten an den Fingerkuppen bleiben z. B. während des ganzen Lebens unverändert. – Damit haben wir einen weiteren «Teil» des Menschen erkannt: es ist dies

der physische Formleib.

Dieser physische Formleib kann jedoch mit unseren fünf Sinnesorganen nicht wahrgenommen werden. Er ist übersinnlich.

Damit der materielle physische Leib sich dauernd erneuern kann, müssen wir von außen Materielles aufnehmen. Augenfälligstes Beispiel dafür ist das Essen.

Doch nicht nur über den Magen oder über die Lunge nehmen wir Materielles aus der Außenwelt auf, sondern durch alle fünf Sinne. Dieses Materielle der Außenwelt ist jedoch für unseren Körper giftig und muß deshalb umgewandelt, verarbeitet werden, bevor es in den materiellen physischen Leib eingebracht werden kann. Diese Umwandlungen erfolgen durch Lebenskräfte, die im sogenannten Lebensleib zusammengefaßt sind. Damit haben sie einen weiteren Teil des Menschen erkannt: es ist dies

der Lebensleib oder Ätherleib

wie er von Steiner meist genannt wird. Dieser Ätherleib hat jedoch noch eine andere Funktion:

Der physische Leib ist nicht Werkzeug des Gedächtnisses, sondern Werkzeug des Gedächtnisses ist für den Erdenmenschen der ätherische Leib, der Äther- oder Lebensleib. Und dieser ist es gerade, der im Erdenmenschen immer arbeitet. So daß immer – von unserem ersten Bewußtseinsaugenblicke an bis zu unserem Tode – dasjenige bleiben kann, was wir eben in unser Gedächtnis aufgenommen haben. Dieser Äther- oder Lebensleib ist es also, der unsere Erinnerungen, unsere Gedächtnisvorstellungen von einer Lebensepoche in die andere hinüberträgt.

Als die eingangs erwähnte Person uns erkannte, da ging ein Leuchten der Freude über ihr Gesicht; doch als wir ihre Hand aus lauter Begeisterung zu fest drückten, da verzerrte sich ihr Gesicht vor Schmerz und mit einem lauten Aufschrei versuchte sie, ihre Hand zurückzuziehen.

Aus dieser Reaktion ersehen wir, daß neben dem physischen Leib und dem Ätherleib noch etwas vorhanden ist. Es sind dies die Gefühle, die aus einer Gefühlswelt stammen, einer Gefühlswelt, die bis in den physischen Leib hineinwirken kann. Diese Gefühlswelt wird als

der Empfindungsleib oder Astralleib

bezeichnet.

Und schließlich muß mir bewußt werden, daß ich selber mich von dieser anderen Person unterscheide, indem ich selber zu mir «ich» sage und sie für mich ein «Du» ist. Nur ich allein kann zu mir «ich» sagen, die ganze Welt um mich herum ist ein «Du». Damit haben wir ein viertes Glied des Menschen erkannt:

das Ich.

Wenn ich nun um mich schaue und mich frage, wie meine Umgebung aufgebaut ist, dann komme ich durch Beobachtung zu folgendem Schluß:

Sowohl die unbelebte Welt (das Mineral) als auch die Pflanzen und Tiere haben einen physischen Leib, bestehend aus einem materiellen und einem Formleib.

In der Pflanzenwelt erkenne ich neben dem physischen Leib zusätzlich den Ätherleib.

In der Tierwelt erkenne ich neben dem physischen und dem Ätherleib auch noch den Astralleib.

Das *Ich* aber ist darüber hinaus allein dem Menschen eigen.

Dabei muß jedoch festgestellt werden, daß die in Mineral-, Pflanzen-, Tierreich auf der Erde nicht vorhandenen Glieder in der geistigen Welt anwesend sind. Im Gang durch die nachtodliche Welt werden wir ihnen begegnen.

Die Entwicklung der Wesensglieder des Menschen vollzog sich in verschiedenen Phasen. Um diesen Prozeß zu verstehen, muß man auch die Entwicklung der Erde berücksichtigen; denn Mensch und Erde bilden eine Einheit.

Zur Entwicklung der Erde sagt die Geisteswissenschaft Rudolf Steiners:

Ehe der Weltkörper, auf dem sich des Menschen Leben abspielt, «Erde» geworden ist, hat er drei andere Formen gehabt, welche man als Saturn, Sonne und Mond bezeichnet. Man kann also von vier Planeten sprechen, auf denen sich die vier Hauptstufen der Menschenentwicklung vollziehen. Die Sache ist so, daß die Erde, bevor sie eben «Erde» geworden ist, Mond war, noch früher Sonne und noch vorher Saturn. Man ist berechtigt, wie sich aus den folgenden Mitteilungen ergeben wird, drei weitere Hauptstufen anzunehmen, welche die Erde, oder besser gesagt, der Weltkörper, welcher sich zur jetzigen Erde entwickelt hat, noch ferner durchlaufen wird. Diesen hat man in der Geheimwissenschaft die Namen: Jupiter, Venus und Vulkan gegeben. Demgemäß hat also in der Vergangenheit der Weltkörper, mit dem das Menschenschicksal zusammenhängt, drei Stufen durchgemacht, befindet sich jetzt auf seiner vierten und wird weiterhin noch drei zu durchlaufen haben, bis die Anlagen alle entwickelt sein werden, die der Mensch in sich hat, bis er an einem Gipfel seiner Vollkommenheit angelangt sein wird.

Aber auch die Entwicklung der Erde, auf der wir uns jetzt befinden, vollzieht sich über verschiedene «Stufen» oder Epochen; Epochen, die zu Beginn die große Entwicklung auf einer neuen, höheren Ebene wiederholen.

Wenn Sie aufschauen im Erdendasein von dem, was den Menschen konstituiert zu seiner Form, zu dem, was nun dem ganzen Erdenplaneten von seinem Anfang bis zu seinem Ende eigen ist, dann bekommen Sie etwas Umfassenderes an äußerer kosmischer Gesetzmäßigkeit als dasjenige, worin schon die menschliche Form ist. Denn, nicht wahr, wir haben ja, indem wir die Erdenentwicklung beschreiben, zuerst einen Nachklang der alten Saturnzeit, wir nennen das die polarische Epoche; wir haben einen Nachklang der alten Sonnenzeit, die hyperboräische Epoche, einen Nachklang der alten Mondenzeit, die lemurische Epoche. Dann kommt erst die eigentliche Erdenzeit, die erste Erdenzeit, die atlantische Epoche, und jetzt leben wir in der nachatlantischen Epoche. Der Mensch hat sich in seiner Form erst herausgebildet. Die Erde muß umfassendere Gesetze haben, als sie sich bloß in dem Stück der Erdenentwicklung ausdrücken, in welchem der Mensch mit seiner heutigen Form beziehungsweise mit den Metamorphosen seiner heutigen Form möglich ist. Wir müssen zurückschauen auf den ersten Erdenbeginn, wo der Mensch noch nicht seine Form erlangt hatte, wo er noch als geistig-ätherisches Wesen da war, und wir müssen hinblicken auf dasjenige, was ja auch noch geschehen wird auf der Erde, wenn nach einer Reihe von Jahrtausenden die Menschen von der Erde als physische Wesen verschwunden sein werden.

Und in Berücksichtigung der Entwicklung der Erde sagt die Geisteswissenschaft über die Entwicklung der Wesensglieder des Menschen folgendes:

Von den gegenwärtigen vier Gliedern der menschlichen Wesenheit ist der physische Leib das älteste. Er ist auch dasjenige, welches in seiner Art die größte Vollkommenheit erreicht hat. Und die übersinnliche Forschung zeigt, daß dieses Menschenglied bereits während der Saturnentwicklung vorhanden war. Es wird sich zeigen in dieser Darstellung, daß allerdings die Gestalt, welche dieser physische Leib auf dem Saturn hatte, etwas durchaus Verschiedenes von dem gegenwärtigen physischen Menschenleibe war. Dieser irdische physische Menschenleib kann in seiner Natur nur dadurch bestehen, daß er in Zusammenhang steht mit Lebensleib, Astralleib und Ich [...].

Ein derartiger Zusammenhang war auf dem Saturn noch nicht vorhanden. Damals machte der physische Leib seine erste Entwicklungsstufe durch, ohne daß ihm ein menschlicher Lebensleib, ein Astralleib oder ein Ich eingegliedert waren. Er reifte während der Saturnentwicklung erst dazu heran, einen Lebensleib aufzunehmen. [...] Innerhalb der Sonnenverkörperung entfaltete sich wieder, wie aus einem gebliebenen Keime, das, wozu der physische Leib auf dem Saturn geworden war; und da erst konnte er sich durchdringen mit einem Ätherleib. Durch diese Eingliederung eines Ätherleibes verwandelte der physische Leib seine Art; er wurde auf eine zweite Stufe der Vollkommenheit gehoben. Ein Ähnliches ereignete sich während der Mondenentwicklung. Der Menschenvorfahr, wie er von der Sonne zum Monde sich herüberentwickelt hat, gliederte sich da den Astralleib ein. Dadurch wurde der physische Leib ein drittes Mal verwandelt, also auf die dritte Stufe seiner Vollkommenheit heraufgehoben. Der Lebensleib wurde dabei ebenfalls verwandelt; er stand nunmehr auf der zweiten Stufe seiner Vollkommenheit. Auf der Erde wurde dem aus physischem Leib, Lebensleib und Astralleib bestehenden Menschenvorfahr das Ich eingegliedert. Dadurch erreichte der physische Leib seinen vierten Vollkommenheitsgrad, der Lebensleib den dritten, der Astralleib den zweiten; das Ich steht erst auf der ersten Stufe seines Daseins.

Es wird, wenn man sich einer unbefangenen Betrachtung des Menschen hingibt, keine Schwierigkeiten machen, sich diese verschiedenen Vollkommenheitsgrade der einzelnen Glieder richtig vorzustellen. Man braucht nur den physischen Leib mit dem astralischen in dieser Beziehung zu vergleichen. Gewiß steht der Astralleib als seelisches Glied auf einer höheren Stufe der Entwicklung als der physische. Und wenn der erstere in der Zukunft sich vervollkommnet haben wird, so wird er für die Gesamtwesenheit des Menschen sehr viel mehr zu bedeuten haben, als der gegenwärtige physische Leib. Doch *in seiner Art* ist dieser auf einer gewissen Höhenstufe angelangt. Man bedenke den im Sinne größter Weisheit eingerichteten Bau des Herzens, den Wunderbau des Gehirns usw., ja selbst eines einzelnen Knochenteiles, z.B. des oberen Endes eines Oberschenkels. Man findet in diesem Knochenende ein gesetzmäßig gegliedertes Netz- oder Gerüstwerk, aus feinen Stäbchen angeordnet. Das Ganze ist so gefügt, daß mit der Aufwendung der geringsten Materialmenge die günstigste Wirkung an den Gelenkflächen, z.B. die zweckmäßigste Verteilung der Reibung und damit eine richtige Art von Beweglichkeit erzielt wird. So findet man weisheitsvolle Einrichtungen in den Teilen des physischen Leibes. Und wer dazu weiter beachtet die Harmonie im Zusammenwirken der Teile zum Ganzen, der wird gewiß richtig finden, wenn von einer Vollkommenheit dieses Gliedes der menschlichen Wesenheit in seiner Art gesprochen wird. [...] Und nun vergleiche man damit den Astralleib als den Träger von Lust und Leid, von Begierden und Leidenschaften. Welche Unsicherheit herrscht in ihm in bezug auf Lust und Leid, welche dem höheren Menschenziele zuwiderlaufenden, oft sinnlosen Begierden und Leidenschaften spielen sich da ab. Der Astralleib ist eben erst auf dem Wege, die Harmonie und innere Geschlossenheit zu erlangen, die man im physischen Leibe schon antrifft. Ebenso könnte gezeigt werden, daß sich der Ätherleib zwar vollkommener in seiner Art zeigt als der Astralleib, aber unvollkommener als der physische. Und nicht weniger wird sich einer entsprechenden Betrachtung ergeben, daß der eigentliche Kern der menschlichen Wesenheit, das «Ich», gegenwärtig erst im Anfange der Entwicklungen steht.

Doch welcher Teil des physischen Leibes hat diese viermalige Verwandlung durchgemacht? Es ist dies der physische Formleib; denn zu Beginn der eigentlichen Erdenentwicklung gab es noch gar keine Materie. Der materielle physische Leib entstand viel später.

Wir müssen zurückgehen bis in die alte lemurische Zeit, in jenes Zeitalter, da zum ersten Male menschliche Individualitäten, aus den göttlichen Höhen herabsteigend, sich in irdische Leiber verkörperten, bis zu jenem Ereignis, das uns angedeutet wird im Alten Testament als die Verführung durch die Schlange. Dieses Ereignis ist sehr merkwürdiger Art. An den Folgen dieses Ereignisses litten alle Menschen, während sie sich verkörperten. Denn wäre dieses Ereignis nicht gekommen, so würde die ganze Entwicklung der Menschheit auf der Erde eine andere geworden sein, und die Menschen würden in einem viel vollkommeneren Zustande von Inkarnation zu Inkarnation gegangen sein. Sie sind aber durch dieses Ereignis tiefer in die Materie verstrickt worden, was allegorisch bezeichnet wird mit dem Sündenfall. Der Sündenfall aber ist es erst, der den Menschen aufgerufen hat zu seiner jetzigen Individualität; so daß der Mensch, wie er als Individualität von Inkarnation zu Inkarnation geht, nicht für den Sündenfall verantwortlich ist. Wir wissen aber, daß die luziferischen Geister für den Sündenfall verantwortlich sind. Deshalb müssen wir sagen: Bevor der Mensch im irdischen Sinne zum Menschen geworden ist, war das göttliche, das übersinnliche Ereignis geschehen, durch das dem Menschen ein tieferes Verstricktwerden mit der Materie auferlegt worden ist. Durch dieses Ereignis ist der Mensch zwar zur Kraft der Liebe und zur Freiheit gekommen, aber es ist ihm dadurch etwas auferlegt worden, was er nicht durch eigene Kraft sich auferlegen konnte. Dieses Verstricktwerden in die Materie war nicht eine menschliche Tat, sondern eine Gottestat, die geschehen ist, bevor die Menschen mittun konnten an ihrem Schicksal. Das ist etwas, was die höheren Mächte der fortlaufenden Entwicklung mit den luziferischen Mächten abgemacht haben.

Im obigen Zitat wird die «lemurische Zeit» erwähnt. Es ist daher angebracht, auf die Entwicklung der Erde und der Menschen kurz einzutreten. Aus Platzgründen kann dies nur stichwortartig, gewissermaßen in einer Übersicht geschehen.

Wir haben schon die großen Stufen der Erdentwicklung kennengelernt: Saturn – Sonne – Mond – Erde. Zur Unterscheidung von den heutigen Planeten werden die drei ersten Entwicklungsstufen mit dem Adjektiv «alt» versehen: Alter Saturn – Alte Sonne – Alter Mond. Auf die Erde werden noch drei weitere Entwicklungsstufen folgen, so daß es insgesamt sieben sind. Wir müssen uns dabei bewußt sein, daß die gesamte Entwicklung gewissermaßen spiralförmig erfolgt: frühere Zustände werden auf einer «höheren Ebene» wiederholt. Dies gilt auch für die Entwicklung der Erde, die sich selber in sieben «Epochen» unterteilen läßt:

1. Stufe:	polarische Epoche:	Wiederholung des Alten Saturns
2. Stufe:	hyperboräische Epoche:	Wiederholung der Alten Sonne
3. Stufe:	lemurische Epoche:	Wiederholung des Alten Mondes
4. Stufe:	atlantische Epoche:	Kern der Erdentwicklung
5. Stufe:	nachatlantische Epoche:	unsere jetzige Epoche.

Danach werden noch zwei weitere Epochen folgen. Weiter entwickeln sich auch diese Erdepochen in sieben Stufen. Für die jetzige, sogenannte nachatlantische Epoche gilt:

1. Stufe: urindische Kulturepoche
2. Stufe: persische Kulturepoche
3. Stufe: ägyptisch-chaldäisch-babylonische Kulturepoche
4. Stufe: griechisch-römische Kulturepoche
5. Stufe: Jetztzeit

Auch hier werden noch zwei weitere Kulturepochen folgen.

Der Mensch macht während diesen Stufen ebenso eine Entwicklung durch. Hier sei nur auf jene während der nachatlantische Epoche eingetreten.

Während der urindischen Kulturepoche hatten die Menschen die Aufgabe, den Ätherleib zu entwickeln, während der persischen Kulturepoche den Astralleib, in der ägyptisch-chaldäisch-babylonischen Kulturepoche die Empfindungs- und in der griechisch-römischen Kulturepoche die Verstandes- oder Gemütsseele. Die Aufgabe der heutigen Zeit besteht darin, die Bewußtseinsseele zu entwickeln.

Diese nüchterne Zusammenstellung wird im weiteren Verlauf hilfreich sein, einige Aussagen Steiners in den richtigen Umkreis zu stellen. Nicht zu vergessen ist der Umstand, daß die Entwicklung des Menschen durch die verschiedenen Kulturepochen zugleich auch sein Herabsteigen aus dem Umhülltsein durch göttlich-geistige Mächte bedeutet, aus dem unbewußten Leben in den übersinnlichen Welten zu dem, was wir heute anstreben: die bewußte, freie Einzel-Individualität.

Als letztes sei noch der Austritt der verschiedenen Planeten aus der Erde erwähnt.

Zu Beginn der polarischen Zeit – der Wiederholung des Alten Saturns – war die «Erde» ein Gebilde, das die Sphäre des heutigen Saturns umfaßte. Darin befand sich alles, was einmal auf den vorangegangenen Planeten gelebt hatte. Damit die Erde von der polarischen zur hyperboräischen Zeit weiterschreiten konnte, war es jedoch notwendig, daß alle Wesen, die im Saturnzustande bleiben mußten, sich von diesem Erdengebilde entfernten. Dies geschah durch das Ausscheiden unseres heutigen Saturns in der sechsten, der polarischen Epoche. Die Wesen auf diesem Saturn haben keine weitere Entwicklung durchgemacht. Ihnen ist die Erde fremd, und sie wenden sich von ihr ab.

Ähnliches geschah während der hyperboräischen Epoche. Zu Beginn spaltete sich der Jupiter mit seinen Geistwesen von der Erde ab, kurze Zeit später der Mars mit seiner Bevölkerung. Ungefähr in der Mitte dieser Epoche spaltete sich die Sonne – zusammen mit den noch mit ihr verbunden Planeten Merkur und Venus (die sich erst später von der Sonne trennten) – ab und ließ die Erde mit dem Mond zurück, die gemeinsam zur lemurischen Zeit fortschritten. Schließlich trat auch der Mond kurz nach der Hälfte der lemurischen Epoche aus der Erde aus.

Alle diese Trennungen waren notwendig, damit sich Erde und Mensch in der richtigen Weise weiterentwickeln konnten.

Aber nicht nur Erde und Mensch, sondern auch die Sinnesorgane, durch die der Mensch sich mit der Erde verbindet, haben eine Entwicklung durchgemacht.

WENN SIE SICH den physischen Menschen anschauen, sehen Sie, daß er aus verschiedenen Organen besteht. […]. Würden Sie bis zum alten Saturn zurückgehen und da jene allererste Anlage des physischen Menschenleibes untersuchen, wo noch nicht von dem späteren Ätherleib, Astralleib und Ich die Rede sein kann, würden Sie jenen eigentümlichen physischen Leib, wie er in jenen uralten Zeiten war, untersuchen, dann würden Sie vergeblich nach den allerersten Anlagen der Augen suchen. Sie würden sie nicht finden können, denn sie waren dazumal noch nicht in der ersten Anlage vorhanden. Dagegen würden Sie im Saturnleibe bereits die Anlagen zum menschlichen Ohr finden. Da haben Sie diesen Altersunterschied, der Ihnen begreiflich sein wird, wenn Sie sich überlegen, daß der physische Leib eben so viele Stufen durchgemacht hat, wie es planetarische Verkörperungen gegeben hat. Auf der ersten Stufe ist er soweit gekommen, daß er die Ohren ihrer Anlage nach vollständig ausbildete. Sie waren sogar eigentlich schon vorgebildet, als der Mensch aus ganz anderen Welten zum Saturn herüberkam. Mit der Anlage zum Hören ist der Mensch schon in diese Evolutionskette eingetreten. Er hat dann auf diesem ersten Planeten die Anlage zu dem, was man den Wärmesinn nennen könnte, hinzugefügt, man kann auch sagen, zum Wärmegefühl. Man spricht im allgemeinen von einem Hautsinn. Da ist aber zweierlei genau zu unterscheiden. Zuerst ist er Tastsinn, der Hartes und Weiches wahrnimmt; dann ist er aber auch Wärmesinn, der Wärme und Kälte wahrnimmt. Von diesem Wärmesinn sprechen wir jetzt. Es ergibt sich also folgende Stufenfolge. Zuerst haben wir das Gehör und dann das Gefühl, den Wärmesinn. Dieser Wärmesinn wurde auf der Planeteninkarnation der Erde ausgebildet, die wir Saturn nennen. Ein solcher Sinn wird natürlich auf den verschiedenen Stufen der Evolution umgestaltet. Wenn er das erste Mal auftritt, ist er etwas ganz anderes, als das, wozu er sich später umgestaltet. Jener uralte Gehörsinn, mit dem der Mensch in die planetarische Entwicklung eingetreten ist, war ein ganz eigentümlicher Gehörsinn. Man könnte ihn am besten charakterisieren, wenn man sagen würde: Dieser physische Menschenleib war im Grunde genommen nur ein großes Ohr. Ganz Ohr war damals der Mensch, als er seine planetarische Entwicklung begann. Der Mensch unterschied sich als physischer Leib kaum von seiner übrigen Umgebung. Er tönte, und es tönte alles mit. In seinem ganzen Leibe vernahm er, was als die Töne der Welt draußen lebte. Wie eine Saite mitschwingt, wenn eine andere angeschlagen wird, so war für jeden Ton, der in der Welt erklang, eine verwandte Schwingung im menschlichen physischen Leib. Es klang alles mit.

Und nun besteht die Fortentwicklung der Sinne darin, daß sie sich spezialisieren. Während der Mensch zuerst ganz Ohr war, trat jetzt zu ihm der Wärmesinn hinzu. Da differenzierte sich, was früher einheitlich war, in zwei Gebilde. Das drückte sich auch körperlich aus. Bestimmte Organe traten auf, die nur das Gehör, und andere, die nur die Wahrnehmung der Wärme vermitteln. So verändert sich mit jedem neuen Auftreten des physischen Leibes der ganze Mensch. Seine Sinne spezialisieren sich, und er wird immer mehr aus einem einfachen ein ungeheuer kompliziertes Wesen. Mit der Anlage zum Gehör trat der Mensch also in die Saturnentwicklung ein. Auf dem Saturn legte er sich den Wärmesinn zu. In der auf den Saturn folgenden Sonnenentwicklung erwarb der Mensch den Gesichtssinn. Die Anlage zum Gesichtssinn während der Sonnenzeit ist also die dritte Etappe, mit der sich die anderen Sinne in der entsprechenden Weise umgestalten, so daß der Mensch auf der Sonne ein hörendes, fühlendes und eine Art sehendes Wesen ist.

Nun verfolgen wir die Evolution weiter und kommen zum Mond. [...] Auf dem Monde entwickelt sich zu den drei übrigen Sinnen, die der Mensch hat, noch der Geschmackssinn hinzu. Jetzt hat der Mensch von den gegenwärtigen Sinnen vier entwickelt. Dabei spezialisieren sich die anderen, das heißt, sie verteilen sich auf die einzelnen Organe. Sie können es förmlich verfolgen, wie sich dieser physische Leib als Organ für die Außenwelt erschließt. Dabei hatte sich das sympathische Nervensystem bereits auf der Sonne ausgebildet. Während des Lebens auf dem alten Monde geht die Entwicklung der anderen Organe ebenfalls stufenweise weiter, doch wollen wir uns auf die Sinne beschränken. Auf dem Mond kommt also der Geschmackssinn dazu, und auf der Erde der jüngste der Sinne, der Geruchssinn. Wenn Sie heute die Sinne studieren, so können Sie sich sagen, der Geruchssinn ist der jüngste Sinn, der sich am Menschen zuletzt gebildet hat. Der Geschmackssinn war schon in der Mondenentwicklung da und ist einmal umgebaut worden. Jede Umbildung ist eine Vervollkommnung. Der Geruchssinn ist der unvollkommenste. Der Geschmackssinn hat schon einmal seine Fehler korrigiert. Der Gesichtssinn hat seine Fehler schon zweimal, der Wärmesinn schon dreimal korrigiert. Der Gehörsinn ist aber der vollkommenste, weil er bereits vier Umbildungsformen hinter sich hat und die fünfte auf der Erde erfuhr.

Der Mensch hat jedoch nicht nur die oben erwähnten Sinne.

Alles, auch was wir in uns tragen, was wir in uns seelisch erleben, steht im Verhältnis zur Außenwelt durch unsere zwölf Sinne. Diese zwölf Sinne habe ich dazumal aufgezählt: der Tastsinn, der Lebenssinn, der Bewegungssinn, der Gleichgewichtssinn, der Geruchssinn, der Geschmackssinn, der Sehsinn, der Wärmesinn, der Gehörsinn, der Sprachsinn, der Denksinn, der Ichsinn. Im Umkreise gleichsam dieser zwölf Sinne bewegt sich unser ganzes Seelenleben, gerade so, wie die Sonne sich im Umkreis der zwölf Sternbilder bewegt.

Es gibt noch eine andere Betrachtungsweise vom Wesen des Menschen, die uns weiterführen kann.

Wenn man einen Menschen betrachtet, stellt man fest, daß er gewissermaßen unterteilt ist. Ganz zuoberst, vom übrigen Körper abgesetzt, ist der Kopf. Unterhalb des Kopfes befindet sich als größte «Masse» die Rumpfpartie, und aus diesem Rumpf herausgewachsen sind die Gliedmaßen.

WIR UNTERSCHEIDEN den Kopfmenschen, respektive Nerven-Sinnesmenschen, von dem Brustmenschen, respektive Atmungs-Blutzirkulationsmenschen, und den Stoffwechselmenschen oder auch Extremitätenmenschen oder auch Muskelmenschen. Wir unterscheiden, wie Sie wissen, einen dreigliedrigen Menschen, und dieser dreigliedrige Mensch, der lebt in der Welt.

Damit sind auch die Unterschiede der Wesensglieder aufgezeigt.

Der «Kopfmensch» hat die meisten Sinnesorgane. Dadurch ist er vor allem befähigt, mit der Außenwelt in Verbindung zu treten. In ihm «sitzt» unser Denken. (Und zum richtigen Denken benötigen wir einen «kühlen» Kopf.) Dadurch aber, daß wir uns der Sinnesorgane bedienen, leben wir zugleich in der Vergangenheit. Denn das Denken tritt erst auf, nachdem die Sinnesorgane einen Eindruck erhalten und ihn an das Gehirn weitergeleitet haben. Durch diese Trennung von Sinneseindruck und Denken können wir logisch, klar und bewußt denken:

Verstand – Bewußtheit – Vergangenheit.

Der «Brustmensch» tritt in anderer Weise mit der Umwelt in Kontakt. Es ist ein Ein- und Ausströmen, vor allem der Luft. Die Vorgänge sind uns nicht mehr so bewußt. Zugleich erfahren wir, daß unser Fühlen irgendwie im Brustbereich zu Hause ist. (Es kann uns beispielsweise «warm» ums Herz werden). Wir erfahren aber auch, daß es irgendwie immer etwas Gegenwärtiges bedeutet. Es fällt uns meist schwer, ein Ereignis aus der Erinnerung heraufzuholen und in gleicher Weise zu fühlen wie damals, als es wirklich eintrat:

Fühlen – träumend schlafen – Gegenwart.

Der «Gliedmaßen-» oder «Extremitätenmensch» ermöglicht uns, uns von der Umwelt abzuheben, abzusetzen. Allerdings sind uns die Vorgänge im Gliedmaßenmensch unbewußt. Wir sind hier im Bereich des unbewußten Wollens:

Wollen – Tiefschlaf – Zukunft.

Doch diese saubere Unterteilung gibt es in Wirklichkeit nicht.

NUN HANDELT ES SICH darum, daß man diese drei Glieder der menschlichen Natur in ihrem Unterschiede voneinander erfaßt. Das ist ja für den Menschen der Gegenwart unbequem, denn der Mensch der Gegenwart liebt schematische Einteilungen. Er möchte sich, wenn man sagt: der Mensch besteht aus Kopfmensch, Brustmensch, Gliedmaßenmensch, am liebsten da einen Strich machen am Halse, was drüber ist, ist Kopfmensch. Dann möchte er sich wieder anderswo einen Strich machen, eine Linie ziehen, um den Brustmenschen zu begrenzen, und so möchte er die eingeteilten Glieder nebeneinander haben. Was sich nicht so schematisch nebeneinanderstellen läßt, darauf läßt sich der Mensch der Gegenwart nicht gerne ein.

Aber so ist es in der Wirklichkeit nicht; die Wirklichkeit macht nicht solche Striche. Der Mensch ist zwar über den Schultern hauptsächlich Kopfmensch, Nerven-Sinnes-Mensch. Aber er ist nicht allein über den Schultern Nerven-Sinnes-Mensch; zum Beispiel der Gefühlssinn, der Wärmesinn sind über den ganzen Leib ausgedehnt, so daß der Kopf über den ganzen Leib wiederum reicht. Also man kann, wenn man so sprechen will, sagen: der menschliche Kopf ist hauptsächlich Kopf. Und die Brust ist eben weniger Kopf, aber auch noch Kopf. Die Gliedmaßen oder alles, was Stoffwechselsystem ist, sind noch weniger Kopf, aber auch Kopf. So daß man also eigentlich sagen muß: der ganze Mensch ist Kopf, nur der Kopf ist hauptsächlich Kopf. [...]

Der Brustmensch ist wiederum nicht bloß in der Brust, er ist hauptsächlich in den Brustorganen, in den Organen, in denen sich das Herz und der Atmungsrhythmus am deutlichsten ausdrücken. Aber die Atmung setzt sich auch in den Kopf hinein fort, die Blutzirkulation in ihrem Rhythmus setzt sich in den Kopf hinein fort und in die Gliedmaßen. [...]

Also ebenso wahr, wie man sagen kann: der Kopf ist Kopf, kann man sagen: der ganze Mensch ist Kopf. Ebenso wahr, wie man sagen kann: die Brust ist Brust, kann man sagen: der ganze Mensch ist Brust und so weiter. Die Dinge schwimmen ineinander in der Wirklichkeit. Und unser Begreifen ist so veranlagt, daß wir gerne so nebeneinanderstellen die Teile, die Glieder. Dieses zeigt uns, wie wenig wir mit Bezug auf unsere Erkenntnisvorstellungen verwandt sind der äußeren Wirklichkeit. In der äußeren Wirklichkeit schwimmen die Dinge ineinander. Und wir müssen, wenn wir auf der einen Seite trennen: Kopf-, Brust-, Stoffwechselmensch, uns bewußt sein, daß wir dann die getrennten Glieder wieder zusammendenken müssen. Wir dürfen eigentlich niemals bloß auseinanderdenken, wir müssen immer auch wieder zusammendenken.

Die Welten, in denen wir leben

Im Leben zwischen Geburt und Tod ist uns diese materielle Welt, in der wir leben und mit der wir durch unsere Sinnesorgane kommunizieren, allen bekannt. Daneben gibt es jedoch noch andere Welten, die wir nicht durch unsere normalen Sinnesorgane erfahren können.

Wir haben gesehen, daß der Mensch wie die Pflanzen und die Tiere neben dem physischen Leib auch einen Ätherleib besitzt. Doch dieser Ätherleib ist nicht etwas Selbständiges: er ist gewissermaßen vor der Geburt von uns beim allgemeinen Weltenäther «ausgeliehen» worden.

Das, was zunächst geschieht, bevor der Mensch an seinen physischen Leib, an das Embryonale, an das Keimhafte seines physischen Leibes herankommt, ist, daß er die Kräfte der ätherischen Welt an sich heranzieht. Wir leben hier auf der Erde in der physischen Welt, das ist in derjenigen Welt, die durch alles das charakterisiert ist, was wir durch unsere Sinne sehen und durch unseren irdischen Verstand begreifen. Aber in dieser Welt gibt es nichts, was nicht durchsetzt ist von der ätherischen Welt. Diese physische Welt, die wir sehen, die wir hören und so weiter, ist überall von der ätherischen Welt durchsetzt. An diese ätherische Welt lebt sich der Mensch früher heran als an die physische Welt. Bevor er die Neigung erhält, sich mit der physischen Welt durch den Embryo zu verbinden, zieht er die Kräfte der ätherischen Welt heran. Und er bildet sich, indem er die Kräfte aus der ätherischen Welt heranzieht, seinen Ätherleib.

Damit haben wir als erste übersinnliche Welt:
die ätherische Welt.

Man sollte sich an dem Ausdruck «Ätherleib» nicht stoßen. «Äther» bezeichnet hier etwas anderes als den hypothetischen Äther der Physik. Man nehme die Sache einfach als Bezeichnung für das hin, was hier beschrieben wird. Und wie der physische Menschenleib in seinem Bau ein Abbild seiner Aufgabe ist, so ist es auch des Menschen Ätherleib. Man versteht auch diesen nur, wenn man ihn im

Hinblick auf den denkenden Geist betrachtet. Durch seine Hinordnung auf den denkenden Geist unterscheidet sich der Ätherleib des Menschen von demjenigen der Pflanzen und Tiere. – So wie der Mensch durch seinen physischen Leib der mineralischen, so gehört er durch seinen Ätherleib der Lebenswelt [Ätherwelt] an.

Auch den Astralleib besitzt der Mensch hier in diesem Leben zwischen Geburt und Tod nur leihweise. Er wurde ihm vor der Geburt aus der allgemeinen Astralmaterie geschenkt.

Das Bewusstsein des Menschen erwacht zwischen zwei Inkarnationen im Kamaloka, im Seelenland; dann wird der Mensch sehend, er wird erweckt [...] im Devachan, im Geisteslande, um wiederum zurückzukehren in die astrale Welt, um sich mit Astralmaterie zu umkleiden und wiederum inkarniert zu werden in der physischen Wirklichkeit. Das ist der Gang, die Pilgerschaft des menschlichen Geistes.

Somit haben wir als zweite übersinnliche Welt:

die astrale Welt oder den Astralplan.

Die astralische Welt ist in sieben Gebiete unterteilt. Wir werden diesen Gebieten bei der Beschreibung des Durchgangs durch die nachtodliche Welt im Detail begegnen.

Als viertes Glied hat der Mensch das «Ich». Mit diesem Ich ist es ihm möglich, sich von allem abzusetzen, zu unterscheiden. Im Vergleich zu den übrigen Leibern ist es von ganz anderer Qualität: Dieses Ich gehört dem Menschen selber; es ist nicht vergänglich, und es ermöglicht ihm, von Leben zu Leben als Individualität weiterzuschreiten.

ZEIGT SICH für das gewöhnliche Bewußtsein [...], daß der Leib einer Welt angehört, deren wahrer Anteil an ihm sich in seiner Auflösung nach dem Tode offenbart, so zeigt die hellseherische Beobachtung, daß das menschliche Ichwesen einer Welt angehört, an welche sie durch ganz andere Bande gebunden ist, als der Leib an die Naturgesetze. Die Bande, mit denen das Ichwesen an die Geistwesen der übersinnlichen Welt gebunden ist, werden von Geburt und Tod in ihrer innersten Wesenheit nicht berührt. Im sinnlichen Leibesleben offenbaren sich diese Bande nur in einer besonderen Art. Was in diesem Leben erscheint, ist der Ausdruck für Zusammenhänge, welche übersinnlicher Art sind. Da nun der Mensch als solcher ein übersinnliches Wesen ist – und für die übersinnliche Beobachtung auch als solches erscheint, so ist auch im Übersinnlichen der Zusammenhang von Menschenseele zu Menschenseele nicht durch den Tod beeinträchtigt.

Das «Ich» gründet im Geisterland oder – mit dem indisch-theosophischen Ausdruck – im Devachan. Dieses Geisterland ist wie die astrale Welt in sieben Gebiete unterteilt. Auch diese werden wir bei der Beschreibung des Durchganges durch die nachtodliche Welt näher kennen lernen.

So müssen wir zusammenfassend folgende Welten vor unser seelisches Auge hinstellen:

Die physische Welt,
die ätherische Welt,
die astrale Welt (Astralplan),
das Geisterland (Devachanplan).

Doch wo befinden sich diese für die physischen Sinnesorgane nicht erfaßbaren und erfahrbaren Welten?

Nun ist es aber nicht genug, wenn man die Astral- und Devachanwelt [Geistwelt] eigentlich sich nur vorstellt als gewisse Gebiete, die der Mensch zwischen dem Tode und einer neuen Geburt durchläuft, sondern diese Welten sind ja fortwährend um uns. Wir leben fortwährend nicht nur in der physischen Welt, sondern auch in der astralischen oder Seelenwelt, die uns mit ihren Wesenheiten und Tatsachen umgibt. Man kann diese Astral- oder Seelenwelt so bezeichnen, daß man sagt, sie durchdringt unsere physische Welt, wie wenn man einen Schwamm mit Wasser durchtränkt. Der Unterschied dieser beiden Welten gegenüber unserer physischen Welt ist nur der, daß unsere physische Welt wahrgenommen wird durch Werkzeuge unseres Leibes, und daß sich zunächst für den Menschen diese höheren Welten der Wahrnehmung deshalb entziehen, weil er dafür keine Wahrnehmungsorgane ausgebildet hat. So wahr sie innerhalb unserer Welt sind, so wahr spielen ihre Wirkungen fortwährend in unsere Welt herein. Und vieles, was in der physischen Welt vorgeht, würde sich der Mensch leichter erklären können, wenn er die dahinterliegende geistige Astral- und Devachanwelt kennen würde, wenn er wüßte, daß in unserem Umkreis Wesen um uns sind und Tatsachen, welche mit unseren Sinnen nicht erfaßt und begriffen werden können.

Wenn man diese Aussagen in sich bewegt, dann muß man sich unweigerlich die Frage stellen: Ist unsere physisch sichtbare Welt, in der wir leben, wirklich nur etwas Mineralisch-Unbelebtes, oder zeigen nicht die Welten, die sie umhüllen – die Ätherwelt mit ihren Lebenskräften, die Astralwelt mit ihren Empfindungskräften und die vielleicht vorderhand noch nicht erfaßbare Geistwelt darauf hin, daß auch unsere Erde als etwas Lebendiges betrachtet werden müßte?

Bis jetzt haben wir uns gewissermaßen nach «außen» gewendet, zum Umkreis der Erde. Es gibt noch eine andere Richtung: jene nach «innen», nach dem Inneren der Erde. Dazu ist zu bemerken, daß Steiner nur einmal, 1906, also in seiner frühen Lehrtätigkeit, darüber gesprochen hat. Danach nie mehr.

NUN MÖCHTE ICH OHNE WEITERE UMSCHWEIFE von dem Inneren der Erde sprechen. Das kann natürlich nur schematisch geschehen. Sie können sich wohl denken, daß dieses Erdinnere von verschiedenen Stellen der Erdoberfläche aus betrachtet, jeweils ein wenig anders aussehen wird. Es ist also nur eine schematische Darstellung möglich. Für den Geistesforscher ist ein Planet durchaus nicht jenes tote Produkt, als das ihn die Naturwissenschaft hinstellt. Er ist belebt und von Seele und Geist durchdrungen, so wie der menschliche Leib nicht allein dasjenige ist, was die Anatomie uns liefert. Wie dieser Menschenleib durchseelt und durchgeistigt ist, so ist auch der ganze Erdenkörper durchseelt und durchgeistigt. [...]

Im übrigen kann die physikalische Forschung nur bis zu einer sehr geringen Tiefe in das Erdinnere vordringen [...] Die Naturforschung kann nur die alleräußerste Schale des Erdkörpers behandeln. Der hellseherischen Forschung sind dagegen nicht bestimmte Grenzen gesetzt, wenn sie unseren Erdkörper durchforscht. Tatsächlich ist es ihr möglich, in den Erdenplaneten bis zu seinem Mittelpunkt einzudringen. Auch für die hellseherische Forschung besteht die Erde aus Schichten, und es stellt sich heraus, daß diese Schichten stufenweise wahrnehmbar werden. [...]

Wir wollen versuchen, diese neun aufeinanderfolgenden Schichten ein wenig zu beschreiben. Die oberste Schicht ist diejenige, in welcher alles dasjenige enthalten ist, was die Naturwissenschaft einzig und allein kennt, alles, was an festem Gestein oder Material zu festem

Gestein vorhanden ist. Alles Mineralische ist in dieser obersten Schicht enthalten, alles, was als Materie die feste Erdrinde bildet.

Dann kommt die zweite Schicht. Diese unterscheidet sich äußerlich von der darüberliegenden im wesentlichen dadurch, daß sie in einem verhältnismäßig weichen, flüssigen Zustand ist. Alles, was sie enthält, ist derart, daß man sie im Okkultismus die Schicht der flüssigen oder weichen Erde nennt. Die äußere Schicht heißt feste oder mineralische Erde. [...]

Die dritte Schicht nennt man den Erdendampf. Es ist eine Schicht, die noch schwerer zu charakterisieren ist als die zweite. Sie können sich dampfförmiges Wasser vorstellen. Außer seinem dampfförmigen Zustand ist es noch durch und durch belebt. Wir haben also eine Schicht, die im wesentlichen belebt ist, während die beiden anderen Schichten der Erde, also die erste und zweite Schicht, als solche nicht eigentliches Leben haben. [...]

Die vierte Schicht ist nun so beschaffen, daß alle diejenigen Dinge, die in den drei übergeordneten Schichten vorhanden sind und immerhin mehr oder weniger etwas von unseren gewöhnlichen Stoffen haben, keine Stofflichkeit mehr aufweisen, wie sie auf der Erde angetroffen werden kann. In dieser Schicht sind also die Substanzen so, daß sie für keinen äußeren Sinn wahrnehmbar werden. Sie sind in einem astralischen Zustand. Alles, was in den drei obersten Schichten der Erde existiert und doch noch in einer gewissen Weise mit dem auf der Erdoberfläche Befindlichen verwandt ist, das ist hier im astralischen Zustande vorhanden..[...] Nennen wir diese Schicht die Wassererde, wie sie auch im Okkultismus bezeichnet wird. Diese Wassererde ist zu gleicher Zeit der Ursprung, der Urquell alles auf der Erde befindlichen Stofflichen, alles äußerlichen Stofflichen, gleichgültig ob dieses im Mineral, in der Pflanze, im Tier oder im Menschen enthalten ist. [...]

Die fünfte Schicht nennt man die Fruchterde. So heißt sie aus ganz besonderem Grunde. [...] So gab es einst auf unserem ganzen Erdkörper Leben, und das Leben, das damals vorhanden gewesen ist, als es noch kein Totes gab, war ursprünglich lebendige Materie. Das ist noch enthalten in dieser Fruchterde. Sie lebt nicht nur so, wie die früheren Dinge, ein Leben, das dem jetzigen Leben ähnlich ist. Hier in der Fruchterde ist ursprünglichstes Leben vorhanden, wie es auch auf der Erdoberfläche vorhanden war, als es dort noch nichts Lebloses gab. So haben wir uns also die fünfte Schicht, die Fruchterde, vorzustellen.

Die sechste Schicht ist die Feuererde. Ebenso wie die Fruchterde alles Leben enthält, so enthält die Feuererde alles Triebartige. Alles dasjenige enthält sie in seinen ursprünglichen Quellen, was tierisches Leben ist, Leben, das Lust und Leid haben kann..[...] Es ist eine richtig empfindende Schicht der Erde. Alles was auf der Erde vorhanden ist und die ganze Erde erfüllt hat, ist in bestimmten Schichten vorhanden. [...]

Die siebente Schicht wird der Erdspiegel, auch Erdrefraktor oder -reflektor genannt, und zwar aus einem ganz besonderen Grund. Nun kommt etwas, was sich vielleicht am allerschwersten vorstellen läßt..[...] Sie birgt in sich alle Naturkräfte, ins Geistige umgesetzt. Ich möchte mich so verständlich machen: Denken Sie sich Magnetismus, Elektrizität, Wärme, Licht oder irgendeine Naturkraft, aber diese ins Geistige übertragen. Ein Magnet zieht beispielsweise Eisen an. Das ist eine unorganische Wirkung. Denken Sie sich diese ins Geistige umgesetzt so, als ob der Magnet aus einer inneren Seelensympathie das Eisen anziehen würde, und denken Sie sich die elektrische Leitung ins Geistig-Moralische umgewandelt so, als ob unsere Naturkräfte nicht mechanische, gleichgültige Kräfte wären, sondern moralische Wirkungen hätten. Die Kräfte der Erwärmung, der Abstoßung, der Anziehung stellen Sie sich als seelisch-moralisch vor, denken Sie sich dieselben so, als ob sie den Menschen eine Wohltat erweisen wollten und dabei eine seelische Empfindung hätten. So stellen Sie sich die ganze Natur zunächst moralisch vor.

Aber nun denken Sie sich die ganze Natur unmoralisch. Also alles, was Sie als moralisch in der Menschennatur vorstellen können, denken Sie sich ins Gegenteil verkehrt. Dann haben Sie dasjenige, was in diesem Erdspiegel erscheint..[...] Solche Eigenschaften haben die materiellen Bestandteile dieser Schicht unserer Erde. Sie hatte davon ursprünglich noch viel mehr, aber sie werden im Laufe der Entwicklung der Moral immer besser, so daß die moralische Entwicklung unserer Erde eine völlige Umsetzung der Kräfte in diesem Erdspiegel vom Unmoralischen ins Moralische bedeutet. Der moralische Prozeß in der menschlichen Gesellschaft hat nicht nur Bedeutung für diese Gesellschaft selbst, sondern auch für den ganzen Planeten. Sie kommt dadurch zum Ausdruck, daß sich die Kräfte dieser Schicht in moralische Naturkräfte verwandeln. Wenn unser Menschengeschlecht so weit sein wird, daß es die höchste Moral erzeugt haben wird, dann wird alles Antimoralische in diesem Erdspiegel überwunden und in Moralisches verwandelt sein. Das ist der Sinn dieser siebenten Schicht.

Den achten Teil des Erdinneren bezeichnet man mit verschiedenen Namen. In der Pythagoreischen Schule des Altertums trug diese achte Stufe den Namen Zahlenerzeuger. In der Rosenkreuzerschule wird sie der Zersplitterer genannt. Diese achte Schicht, die sich nun wieder aus einer Anzahl Kräften zusammensetzt, hat eine höchst merkwürdige Eigenschaft, die sich nur auf eine eigenartige Art herausfinden läßt. Wenn der Geistesschüler einen Grad erreicht hat, wie er in der christlichen Einweihung erst nach der Auferstehung erlangt wird, dann muß er, um überhaupt eine Vorstellung von dem zu bekommen, was hier vorgeht, folgendes tun. Ermuß zum Beispiel eine Blume nehmen und diese sich geistig genau vorstellen, dann sich auf diesen Ort im Erdeninneren konzentrieren, und zwar so, als ob er durch die Blume hindurch in diesen Ort hineinsehen würde. Dann zeigt sich durch die Blume hindurch alles verhundertfacht und vertausendfacht. Deshalb der Name Zersplitterer. Wenn Sie etwas Formloses nehmen, etwa ein Stück Holz, so ist das nicht der Fall. Wenn Sie dagegen eine Pflanze, ein Tier oder auch einen Menschen nehmen, so erscheinen sie Ihnen dann in unzähligen Exemplaren [...] Das ist eine Eigenheit dieser Schicht; deshalb wird sie eben Zersplitterer oder in der Pythagoreischen Schule Zahlenerzeuger genannt, letzteres deshalb, weil sie in vielfacher Zahl zeigt, was auf der Erde in einem einzigen Exemplar vorhanden ist.

Dann kommt die neunte Schicht, welche unmittelbar den Erdmittelpunkt umgibt. Das ist für den heutigen Menschen, selbst für den schon vorgeschrittenen Geistesschüler, außerordentlich schwer zu durchschauen. Man kann nur sagen, daß man gewahr werden kann, wie bestimmte Teile des Erdinneren eine gewisse Beziehung zu einzelnen Organen des menschlichen und tierischen Leibes haben. Vor allem finden Sie da Kräfte, die an den Umkreis verlegt sind. Das sind Kräfte, deren Wirkensweise schwer zu beschreiben ist. Sie stehen in einem lebendigen Zusammenhang mit dem menschlichen Gehirn und weiter nach innen mit menschlichen Hirnfunktionen. Noch weiter nach innen liegen in dieser Sphäre solche Kräfte, die einen Zusammenhang mit den menschlichen und tierischen Fortpflanzungskräften besitzen.

Auf diese Weise haben wir den Aufbau unserer Erde, wie er sich der hellseherischen Beobachtung darstellt und wie er in allen okkulten Schulen, seit es überhaupt solche Schulen gibt, gelehrt worden ist.[1]

Die Wesenheiten in den verschiedenen Welten

Die Wesenheiten, die auf unserer physischen Welt leben, sind uns allen bekannt. Es sind dies:

die Pflanzen,
die Tiere,
die Menschen.

Die Wesenheiten in den nächsthöheren Welten können wir dank den Angaben Rudolf Steiners beschreiben; doch auch wenn wir in Märchen und Sagen aus alten Zeiten eintauchen, können wir ihre Anwesenheit und ihre Wirkung erahnen, denn in früheren Zeiten war der Mensch nicht so stark abgeschnitten von der Geistwirklichkeit der höheren Welten.

Für die elementare oder ätherische Welt nennt Rudolf Steiner folgende Geistwesen:

In der elementaren Welt finden wir Geister der Erde, gnomenhafte Wesen; Geister des Wassers, undinenhafte Wesen; Geister der Luft, sylphenhafte Wesen; Geister des Feuers, salamanderartige Wesen. Die sind alle da. Ja, die sind nicht so, daß sie nun alle ein einheitliches Regiment bilden würden. So ist das nicht. Sondern diese verschiedenen Reiche: Gnomen, Undinen, Sylphen, Salamander, sie sind in einer gewissen Weise selbständig; sie arbeiten

1 Ein schematischer Überblick über die Wege durch die nachtodliche Welt und ihre Zusammenhänge findet sich in Anhang 2, S. 299.

nicht nur in Reih und Glied alle aus einem System heraus, sondern sie bekämpfen auch einander. Ihre Intentionen haben nichts miteinander zu tun von vornherein, sondern das, was entsteht, entsteht durch das verschiedenartigste Zusammenwirken der Intentionen.

[Es] ZEIGT SICH UNS eben, daß hinter den Gedanken, die, während wir auf dem physischen Plane waren, nur Schattenbilder waren, Lebendiges steckt, daß ein Leben und Weben in der Gedankenwelt ist. Wir werden gewahr, daß das, was wir innerhalb des physischen Leibes als unser Gedankentableau haben, eben nur ein Schattenbild ist, daß es in Wahrheit eine Summe, eine Ausbreitung von Elementarwesen ist.

> Im Rahmen dieser Arbeit ist es nicht möglich, alle die Kategorien der Elementarwesenheiten aufzuführen.[2] Hingegen gilt es, folgendes im Bewußtsein zu haben:

SO SEHEN SIE, wie der Mensch in den verschiedensten Lebenslagen fortwährend umgeben und umschwirrt ist von solchen elementarischen Wesenheiten, wie man sie auch nennt. Er ist wirklich niemals allein, sondern was er auch tut und was er unternimmt, ist zu gleicher Zeit Gelegenheit für die Entfaltung einer Anzahl von Wesenheiten. Die feineren und gröberen Taten der Menschen, die ideellsten und idealsten Taten und die wüstesten Taten, sie alle sind Gelegenheitsursachen für die Anwesenheit solcher Geschöpfe, die eingreifen in die Kräfte der Menschen und

2 Vgl. die von Almut Bockemühl herausgegebene Zusammenstellung: Rudolf Steiner, *Die Welt der Elementarwesen*, die in derselben Reihe wie der vorliegende Band im Rudolf Steiner Verlag erschienen ist.

sich da betätigen und die man kennen muß, wenn man das Leben wahrhaftig durchschauen will.

Was die astrale Welt oder den Astralplan betrifft, so führt Rudolf Steiner folgendes aus:

Heute möchte ich über die Vorgänge im Astralraum sprechen, und ich möchte im allgemeinen charakterisieren, wie wir uns die Ereignisse dort vorzustellen haben. Natürlich können wir nur ganz allgemein eine Skizze geben, denn die Welt, der wir hier begegnen, ist so überwältigend groß, daß jeder, der diese Welt einmal betritt, überwältigt wird von der Fülle der Erscheinungen, so daß niemand etwa aus eigener Erfahrung die ganze astrale Welt beschreiben könnte. Ebensowenig wie jemand die ganze physische Erde gesehen hat, ebensowenig hat jemand die ganze astrale Welt gesehen. Da die Mannigfaltigkeit der astralen Welt weitaus größer ist als die der physischen Erde, so werden Sie sich vorstellen können, daß es manches im Astralen gibt, wovon der einzelne keinen Bericht erstatten kann. Jedoch kann der einzelne ein kleines Stück beschreiben.

Ich rechne zu den Vorgängen im astralen Raum auch die Begegnungen mit Wesenheiten, welchen wir in der physischen Welt nicht begegnen können oder nur ganz ausnahmsweise. Der Astralraum ist sozusagen ein Ort, an dem Wesen verschiedener Welten sich treffen können.

Hier seien nur jene Wesenheiten des Astralraumes aufgeführt, die uns während des Lebens nach dem Tode begegnen können.

Wir treffen in der Astralwelt auch noch Wesenheiten, welche namentlich dem Anfänger unverständlich sind. Das sind Wesenheiten, welche von höchster innerlicher Beweglichkeit sind und verschiedene Formen und Gestalten annehmen und in ganz anderer Art ihren Zusammenhang mit der Welt zeigen als der menschliche Astralleib. Der menschliche Astralleib hat eine in Grenzen eingeschlossene Gestalt, er hat bestimmte Konturen. Solche bestimmten Umrisse hat der Astralkörper der Tiere nicht. Die Astralkörper der Tiere sehen ganz anders aus. Sie gehören nicht zu einem einzelnen Wesen, sondern für ganze Gruppen von Tieren sind Gruppenseelen vorhanden. Gleichsam an einem gemeinsamen Stamm hängen die einzelnen physischen Tiere, und von diesen einzelnen Tieren führen dann eine Art Stränge zu den Gruppenseelen, welche die Tiere bewegen. Sie können auch gewisse Tiergestalten, welche nicht im Physischen angetroffen werden können, im Astralraum entdecken. Diese Astralkörper sind werdende Menschen, die ihre Astralkörper ausbilden und weiter entwickeln, um für solche, die aus der geistigen Welt herabkommen, ein geeignetes Vehikel zu bilden.

Der Mensch muss sich bewußt sein, daß er in jedem Moment seines Lebens auch im Astralraum lebt. Wie die physischen Tatsachen mit physischen Augen gesehen werden können, so kann im Astralraum gesehen werden, daß zum Beispiel ein Wunsch, der sich bei Ihnen erhebt, ausströmt wie eine Wolke. Jeder Wunschgedanke geht wie eine Kraft von Ihnen aus und strömt in den Astralraum aus. Solche Gedanken sind wie blitzartige Gebilde, andere wie feine Wolkengebilde. Es bildet sich das, was an Kraft in den Gedanken ist, zu Pfeilen oder zu wohltuenden Wolkengebilden; es bilden sich auch Strahlen und Sterngebilde. Alles nimmt Gestalt und Form an, je weiter es von uns hinweggeht. Alles ist von proteus-artiger Natur; alles verändert seine Gestalt und Farbe. An Farbe und Form kann man genau erkennen, welche Gedanken der Mensch hinaus in den Raum sendet. Senden Sie einen zornerfüllten Gedanken, so geht er von Ihnen aus wie ein Blitzstrahl durch die Luft, bis zu dem Astralkörper eines anderen Menschen; das kann beobachtet werden. Es hängt von der Intensität des Wunsches ab, ob der Gedanke schnell durch den Astralraum schießt, und es hängt von dem Charakter der Wünsche ab, in welchen Farben sie erscheinen.

Ausser diesen Gestalten sieht der Seher noch eine ganz besonders merkwürdige Art von Gebilden; es sind glokkenförmige Gebilde, die mit riesiger Schnelligkeit den Astralraum durchfliegen und durchschießen. Das sind die noch nicht verkörperten, aber nach Verkörperung hinstrebenden Menschenkeime. Die Zeit und der Ort sind eigentlich ziemlich bedeutungslos für diese zur Verkörperung hinstrebenden Menschenkeime, weil sie sich so leicht bewegen können. Sie sind mannigfaltig gefärbt und umgeben von einer Farbenatmosphäre, an einer Stelle sind sie rot, an der anderen blau, mitten drinnen funkelt ein gelbleuchtender Strahl. Es sind dies also die eben aus dem Devachan in den Astralraum hineinkommenden Menschenkeime.

Es ist vor allen Dingen in der astralischen Welt eine bestimmte Eigentümlichkeit vorhanden, die gar nicht auf dem physischen Plan zu finden ist. Das ist die Durchlässigkeit, die Durchdringlichkeit der Materie des astralischen Plans. Es ist in der physischen Welt unmöglich, daß Sie sich hinstellen auf denselben Platz, wo schon ein anderer steht; es ist die Undurchdringlichkeit ein Gesetz der physischen Welt. In der astralischen Welt ist es nicht so, da besteht das Gesetz der Durchlässigkeit. Und durchaus möglich ist es, es ist sogar die Regel, daß sich die Wesen durchdringen und in den Raum, wo schon ein Wesen ist, ein anderes hineindringt. Es können zwei, vier, hundert Wesen an einem und demselben Ort der astralischen Welt sein. Das hat aber nun etwas anderes zur Folge, nämlich, daß auf dem astralen Plan die Logik des Zusammenlebens eine ganz andere ist als auf dem physischen Plan.

Die Wesen des Geisterlandes oder des Devachan

> Im Gegensatz zu den Aussagen bezüglich der Wesen in der Astralwelt macht Steiner nur wenige Angaben über die Wesen des Geisterlandes. Es ist dabei jedoch zu berücksichtigen, daß auch die gesondert aufgeführten Wesen der Hierarchien und die Wesen in den Planetensphären zu der «Geistwelt» gehören.

Was im ersten Gebiet des Geisterlandes sichtbar wird, das sind die geistigen Wesenheiten, welche den Menschen immer umgeben und die seinen physischen Leib auch aufgebaut haben. In der physischen Welt nimmt der Mensch also nichts anderes wahr als die Offenbarungen derjenigen geistigen Kräfte, welche seinen eigenen physischen Leib auch gestaltet haben. Nach dem Tode ist er eben mitten unter diesen gestaltenden Kräften selbst, die sich ihm jetzt in ihrer eigenen, vorher verborgenen Gestalt zeigen. Ebenso ist er durch die zweite Region inmitten der Kräfte, aus denen sein Ätherleib besteht, in der dritten Region strömen ihm die Mächte zu, aus denen sein Astralleib herausgegliedert ist. Auch die höheren Gebiete des Geisterlandes lassen ihm jetzt das zufließen, aus dem er im Leben zwischen Geburt und Tod aufgebaut ist.

> Die Wesen der Hierarchien, von denen der Volksmund auch heute noch den Begriff des «Engels» im Sinne des Schutzengels kennt, sind im Zusammenhang mit den Planetensphären zu denken.

In den Stätten des Wissens sprach man von den geistigen Wesenheiten um die Weltenkugeln. Draußen, wo das sinnliche Auge immer schärfer und schärfer wurde, draußen sprach man immer mehr und mehr bloß von der dichten physischen Materie. Wenn die alten heiligen Rishis das Wort Merkur gesprochen hätten – das sie ja nicht gesprochen haben, aber nehmen wir das Wort, damit wir uns verständigen können –, haben sie dann diesen physischen Weltenkörper gemeint? Nein, nicht einmal die alten Griechen haben, wenn sie von dem Merkur gesprochen haben, diesen physischen Körper gemeint, sondern die Gesamtheit der geistigen Wesenheiten dieses Körpers. Geistige Welten, geistige Wesenheiten waren es, wovon man sprach, wenn man in den Stätten der Erkenntnis, sagen wir, das Wort Merkur aussprach.. [...] So sagte der alte Weisheitslehrer «Mond», und er schlug an mit diesem Worte die Vorstellung von einer großen geistigen Welt. Und wenn er das Wort «Mond» aussprach und an die Stelle des Himmels wies, wo der Mond ist, und in seinem Bewußtsein hatte: Da ist die unterste Stufe von geistigen Hierarchien –, dann sah derjenige, der sich durch die immer und immer zunehmende Versinnlichung der Menschheit weit entfernt hatte von dieser geistigen Anschauung, hinauf, sah aber den physischen Mond und nannte das «Mond». *Ein* Wort für zwei Dinge, die allerdings zusammengehörten, die aber ganz verschiedene Vorstellungen im Menschen hervorrufen. Und ebenso war es, wenn die Weisen der Erkenntnisstätten zu Merkur, Sonne, Mars und so weiter hinaufblickten. Die spirituelle Strömung bezeichnete mit ihren Worten etwas ganz anderes als die andere, die materielle Strömung.

So sehen wir, daß die beiden Strömungen immer mehr und mehr auseinandergingen in der Menschheit. In den Mysterien hat man mit diesen Worten, die dann zu den Bezeichnungen unserer äußeren Weltkörper geworden sind, immer geistige Welten, Stufenfolgen von geistigen Welten verstanden. [...]

Und so wies mit den allerschärfsten Worten derjenige, der der intimste Schüler des Apostels Paulus war, so wies in Athen Dionysius der Areopagite darauf hin: Es gibt nicht nur Materielles draußen im Raume, es gibt, wenn die menschliche Seele ahnend aufsteigt in die Räume des Weltendaseins, Geistiges da draußen in der Welt, das über dem Menschen steht in der Entwicklung des Daseins. [...] Die Rishis haben gesprochen von den geistigen Hierarchien, so daß sie in ihren Worten ausgedrückt haben, was auch griechische und römische Weisheit noch ausgedrückt hat, wenn sie gesprochen hat von der vor ihr aufsteigenden Welt des Mondes, des Merkur, des Mars, der Venus, des Jupiter, des Saturn. Dionysius, der Schüler des Apostels Paulus, hat ganz dieselben Welten im Auge wie die Rishis; nur betonte er scharf, daß man es mit Geistigem zu tun hat, und er nahm Worte, von denen er sicher war, daß sie geistig genommen wurden: Er sprach von Engeln [Angeloi], Erzengeln [Archangeloi], Urkräften [Archai], Gewalten [Exusiai], Mächten [Dynamis], Herrschaften [Kyriotetes], Thronen, Cherubim, Seraphim.

Einzelne dieser hierarchischen Wesen haben spezielle Aufgaben:

Die Engel oder Angeloi:

Und in der Tat, so ist es, daß mit jeder menschlichen Individualität ein solches Engelwesen wirkt, welches den Menschen leitet und lenkt bei seiner Arbeit, das Geistselbst im astralischen Leibe auszubilden, bis er es ausgebildet hat. Daher spricht man in einem Teil der christlichen Lehre von den menschlichen Schutzengeln. Das ist eine Vorstellung, die durchaus der gesetzmäßigen Realität entspricht. Es sind das die Wesen, die den Einklang schaffen zwischen der einzelnen menschlichen Individualität und dem Gange der Erdenentwicklung, bis der Mensch selbst am Ende der Erdenentwicklung so weit sein wird, daß er seinen Engel ablösen kann, weil er dann selbst ein solches Bewußtsein haben wird, wie es ein Engel hat.

Die Erzengel oder Archangeloi:

Auch diese Wesenheiten haben eine wesentliche Mission, und Sie können schon begreifen, da sie ein um zwei Stufen höheres Bewußtsein haben als der Mensch, daß diese Mission eine sehr hohe sein kann. Denn so hoch ist dieses Bewußtsein der Erzengel, daß sie die Buddhi, den Lebensgeist, vollständig ausgebildet haben, und daher lenkend und leitend sein können in der Erdenevolution aus einer solchen Einsicht heraus, die dem Lebensgeist, der Buddhi, entspricht. Das äußert sich nun darin, daß diese Erzengel zunächst die Lenker und Leiter sind ganzer Volksstämme. Was man Volksgeist nennt, was also der gemeinsame Geist der Völker ist, das ist im Konkreten irgendeiner der Erzengel. Nun werden Sie es auch begreiflich finden, daß diejenigen Völker, die von einem solchen spirituellen Zusammenhange noch ein Bewußtsein hatten, nicht gleich bis zu der höchsten Wesenheit hinaufschauten, sondern daß sie sozusagen die nächsten Wesenheiten, welche sie lenkten und leiteten, ins Auge faßten.

Die Urkräfte oder Archai

Sie regeln im Grunde genommen die irdischen Verhältnisse des ganzen Menschengeschlechtes auf Erden, und sie leben so, daß sie durch die Wellen der Zeit von Epoche zu Epoche in einer ganz bestimmten Zeit sich verändern, sozusagen einen andern Geistleib annehmen. [...] Es ist das, was man mit einem eigentlich recht häßlichen Ausdruck unserer Zeit den Zeitgeist nennen könnte. Sie haben zu tun mit dem, was der Sinn und die Mission einer Epoche der Menschheit ist [...] Diese Zeitgeister, sie umfassen etwas, was über das einzelne Volk, über die einzelne Rasse hinausgeht. Der Geist einer Epoche ist nicht beschränkt auf dieses oder jenes Volk, er geht hinüber über die Grenze der Völker. Das nun, was man in Wirklichkeit Zeitgeist, Geist einer Epoche nennt, das ist der Geistleib der Archai, der Urbeginne oder Geister der Persönlichkeit.

Neben den hierarchischen Wesen leben auf den Planeten noch andere Geistwesen. Mit «Planet» ist jedoch nicht der am Himmel sichtbare Körper gemeint, sondern die Sphäre, die er im Verlaufe seiner Wanderung um die Erde herum bildet.

Hier seien nur jene aufgeführt, die zum Menschen nach dem Tode eine Beziehung oder einen Einfluß auf sein nachtodliches Leben haben.

Und die Mondenkräfte sind es immer, die uns auf die Erde zurückbringen. Sie unterscheiden sich wesentlich dadurch von allen anderen Sternenkräften, daß sie uns auf die Erde zurückbringen. Sie bringen uns im Schlafe auf die Erde zurück, sie bringen uns auch auf die Erde zurück, wenn wir alles das, was ich skizzenhaft geschildert habe, durchgemacht haben, um wiederum zu einem Lebenslauf auf die Erde zu kommen.

Auch das wissen Sie, daß die Erde einmal bewohnt war nicht nur von Menschen, sondern von einer Art höherer Wesenheiten, welche die ersten großen Lehrer der Menschheit waren. Diese Wesenheiten waren nicht, wie die Menschen jetzt, in einem physischen Leibe, sondern nur in einem feinen ätherischen Leibe. Aber es gab doch einen Verkehr zwischen den Menschen und diesen Wesenheiten noch bis in die atlantische Zeitepoche hinein. Dieser Verkehr bestand darin, daß die Menschen dieser Urzeiten der Erde angehalten wurden, in einer gewissen Weise Stille in ihrem Gemüte walten zu lassen, nichts aus ihrer physischen Umgebung wahrzunehmen, sondern nur mit ruhiger Seele in vollständiger Gemütsruhe zu verharren. Und dann war es diesen Menschen der Urzeiten […], als ob von innen heraus diese Wesenheiten sprechen würden, und die Menschen fühlten und empfanden das als die Inspiration. Nicht so, wie wir einander Dinge mitteilen, teilten diese vorgerückten Wesenheiten den Menschen das mit, was sie ihnen mitzuteilen hatten, sondern auf die Art, wie ich es Ihnen angegeben habe. Die Menschen machten aus alledem die Werke einer wunderbaren Urweisheit. […] Aber die Menschen sind sozusagen herausgewachsen aus dieser Urweisheit. Sie wären unmündig geblieben und nicht zur Freiheit eines Wissens durch eigene Kraft gekommen, wenn sie bei der Urweisheit stehengeblieben wären.

Damit aber hatten jene großen Urlehrer auch keine Aufgabe mehr auf der Erde. Sie verließen die Erde. Geradeso wie das Physische des Mondes in die Weiten des Weltalls hinausgegangen ist, so gingen mit dem Monde hinaus die großen Urlehrer. Sie bilden heute eine Art Weltenkolonie auf dem Monde, und derjenige, der mit Initiationswissenschaft den Mond betrachtet, findet ihn bevölkert von denjenigen weisen Wesenheiten, die einmal Genossen der Menschheit waren. Diese Wesenheiten [...] führen gewissermaßen Buch über die ganze Menschheitsvergangenheit, über jeden einzelnen Menschen. [...] und in diesen Büchern ist für jeden einzelnen Menschen dasjenige verzeichnet, was in seinen aufeinanderfolgenden Erdenleben von ihm erlebt worden ist. [...] Dasjenige, was von den Mondenwesen eingezeichnet wird in die menschliche Wesenheit in der letzten Stufe ihres Heruntersteigens vom Weltenall auf die Erde, das ist sogar [...] eingezeichnet in denjenigen Teil unseres menschlichen Wesens, den wir die geistige Seite unseres Gliedmaßen-Stoffwechselmenschen nennen. Ganz im Unterbewußtsein ruht es daher, aber es ist da, geht in das Wachstum über, geht in die Gesundheit über, und namentlich geht es über in dasjenige, was ich nennen möchte die Heilbarkeit eines Menschen, wenn er auf der Erde erkrankt. Es ist ja natürlich eine wichtige Angelegenheit, kennenzulernen, was das Wesen der Krankheit ist, aber eine viel wichtigere Angelegenheit ist es, kennenzulernen, wie man heilt.

Sie wissen aus den Vorträgen, die ich hier im sogenannten Französischen Kurs gehalten habe, daß der Mond vorzugsweise der physische Abglanz derjenigen Wesen ist, die den Menschen hereinbringen in die physische Welt.

Wenn man in dem Mars in alten Zeiten ein Glied unseres Planetenalls gesehen hat, das zusammenhängt mit allem Kriegerischen, Aggressiven in der Menschheitsentwicklung, so entspricht das im Grunde genommen durchaus einer Realität. […] Die Wesenheiten, die wir eben, wenn wir den Ausdruck gebrauchen wollen, als die Marsmenschen bezeichnen können, die sind von ganz anderer Natur als die Erdenmenschen, lassen sich gar nicht damit vergleichen. Und das wesentlichste Charakteristikon für diese Wesenheiten war eigentlich immer bis ins siebzehnte Jahrhundert das Aggressive, das Kriegerische, das Angreifende, so daß, wenn wir das Wort sagen dürfen, die Marskultur im wesentlichen wirklich eine kriegerische Kultur war. Alles beruhte auf dem Wetteifer und Wettkampf der sich aufeinander stürzenden Seelen. Und das, was der Mensch in der Zwischenzeit zwischen dem Tode und einer neuen Geburt beim Durchgange durch den Mars durchmachte, war durchaus ein Zusammenkommen mit den aggressiven Kräften; es gingen sozusagen über in seine Seele diese aggressiven Kräfte. Und wenn er dann wiederum geboren wurde und besonders veranlagt war, auf der Erde diese aggressiven Kräfte zu entwickeln, dann muß das zugeschrieben werden seinem Durchgang durch die Mars-Sphäre.

Mit dem Beginn des siebzehnten Jahrhunderts, um die Wende des sechzehnten zum siebzehnten Jahrhundert, wurde abgesandt der Buddha, der ohnedies seine letzte Erdeninkarnation durchgemacht hatte, nach dem Mars, der Mars-Sphäre […] Er hat die ganze Natur und Wesenheit des Mars umgewandelt. Für den Mars ist der Buddha der große Erlöser geworden. […] So wird etwas anderes in die Mars-Sphäre gebracht: der Mars wird von der Wesenheit des Buddha durchdrungen. [...]

Durch die Aussendung des Buddha konnten die Menschenseelen zwischen Tod und neuer Geburt eine Zeitlang in der Sphäre des Mars leben [...]: es werden die Seelen durchdrungen von dem, was auf Erden nicht mehr erfolgen kann, durchdrungen von dem Buddha-Franz-von-Assisi-Element. Zwischen Tod und neuer Geburt kann jede Seele das durchmachen, wenn sie in entsprechender Weise vorbereitet ist, was wie in einem letzten Aufschwung im Seelenleben des Franz von Assisi sich ausgelebt hat auf Erden, was aber seither auf Erden nicht mehr eine rechte Heimat haben kann. Indem die Menschenseele die Sphäre des Buddha in dem Leben zwischen Tod und neuer Geburt auf dem Mars durchmacht, kann sie daselbst die Kraft aufnehmen, die sie zu dem befähigen wird, was eben gesagt worden ist: daß sie später durch eine neue Geburt in ein rein materielles Dasein treten kann, hineingeworfen sein kann in ein Erdendasein, welches immer materialistischer sein wird, aber dennoch Kräfte entwickeln kann mit einem andern Teil des Seelenwesens, um hingegeben zu sein der geistig-seelischen Welt.

Saturnwesen

Saturn ist der physische Abglanz derjenigen Wesenheiten, die den Menschen wieder hinaustragen aus der physischen Erdenwelt.

Und wenn man den Saturn betrachtet, dann sagt er einem eigentlich immer, wie *er* ist. [...] er spricht immer nur von sich selbst. Er sagt nur das, was er selbst ist. Und dasjenige, was er selbst ist, enthüllt sich nach und nach wie eine Art Gedächtnis unseres Planetensystems.

Der Saturn kommt einem vor wie derjenige Weltenkörper, der alles getreulich mitgemacht hat in unserem Planetensystem, aber sich auch alles in der Erinnerung, in dieser kosmischen Erinnerung, die er hat, treu bewahrt hat. Er schweigt über die Dinge der Gegenwart des Universums. Diese Dinge der Gegenwart des Universums nimmt er auf, verarbeitet sie in seinem inneren Seelisch-Geistigen. Die ganze Summe der Wesenheiten, die im Saturn wohnen, gibt sich zwar der Außenwelt hin, aber nimmt schweigend, stumm die Ereignisse der Welt in das Seelenhafte auf und erzählt nur von den vergangenen Ereignissen des Kosmos. Daher ist der Saturn, wenn er zunächst kosmisch betrachtet wird, etwas wie das wandelnde Gedächtnis unseres Planetensystems. Und er enthält eigentlich als ein treuer Mitteiler desjenigen, was im Planetensystem passiert ist, in dieser Art die Geheimnisse des Planetensystems.

[...] Beim Saturn genügt ein Aufgeschlossensein für das Geistige: dann verwandelt sich der Saturn vor dem geistigen Auge, vor dem Seelenauge, in einen lebendigen Historiographen des Planetensystems. Er hält auch gar nicht zurück mit diesen Erzählungen, die er zu geben hat von alledem, was innerhalb des Planetensystems geschehen ist.

Spezielle Geistwesen

Für die folgenden Ausführungen ist es wichtig, sich ein ehernes geistiges Gesetz jeder Entwicklung bewußt zu machen:

Nun ist es aber in der Entwicklung des Weltenalls so, daß immer mit dem Fortschreiten der geistigen Wesenheiten einzelne geistig-kosmische Wesenheiten zurückbleiben.

Also indem die geistigen Wesenheiten im allgemeinen fortschreiten, bleiben gewisse geistige Wesenheiten zurück.

Es gibt hohe geistige Wesenheiten, die ihren eigenen Fortschritt zum Wohle des Ganzen opfern.

In diesem Sinne sind die luziferischen und ahrimanischen Wesenheiten zu betrachten, die nachstehend charakterisiert werden.

Aber auch für die Entwicklung des Menschen gilt ähnliches. Auf der «alten Sonne» – wie die folgenden eine Bezeichnung für frühere planetarische Zustände der Erde – konnte ein Teil der Menschen sich nur dadurch den Ätherleib aneignen, daß ein anderer Teil der Menschen auf der früheren Stufe, der des «alten Saturn» verharrte. Ihre «Nachkommen» erleben wir heute als das Mineral der Erde. Auf dem «alten Monde» geschah ähnliches. Die Nachkommen der Wesen, die auf der Stufe der «alten Sonne» zurückblieben, erleben wir heute als Pflanzen. Und erst als auch auf der Erde ein Teil der Wesen zurückblieb – wir erkennen sie heute als die Tiere – vermochte das menschliche Wesen sich weiter zu entwickeln und sein Ich zu empfangen.[3]

Luzifer und Ahriman

So müssen bei unserem Menschenwerden ahrimanische und luziferische Mächte mitwirken, und es kann das Menschliche nicht begriffen werden, ohne daß das Ahrimanische und das Luziferische zu Hilfe gerufen wird. Der Menschheit kann es gegen die Zukunft hin nicht erspart werden, die Wirksamkeit Ahrimans und Luzifers wirklich

3 Siehe schematische Darstellung im Anhang, S. 298.

zu verstehen. Mit vollem Rechte sagt die Bibel, daß jene Gottheit, von der im Anfange der Bibel die Rede ist, dem Menschen den lebendigen Odem einhauchte. Aber der lebendige Odem wirkt im Rumpfmenschen. Insofern wir es also zu tun haben mit den normal wirkenden göttlichen Wesenheiten, haben wir es nur mit dem Rumpfmenschen zu tun. Insofern wir es mit dem Kopfmenschen zu tun haben, haben wir es mit einem Gegner der Jahvemächte zu tun, dadurch auch mit einem Gegner des Christus. Und auch insofern wir es mit dem Extremitätenmenschen zu tun haben, haben wir es mit dem luziferischen Gegner zu tun.

Die luziferischen Wesenheiten waren Geister, die eigentlich auf dem Monde ihr Pensum hätten absolvieren sollen. Hätten sie dort ihren Einfluß auf den Menschen geltend gemacht, dann hätten sie nur auf den Astralleib wirken können, denn er war das höchste Glied der menschlichen Wesenheit auf dem Monde [...] Hätten nun die luziferischen Wesenheiten [während der Erdenentwicklung] keinen Einfluß auf den Menschen bekommen, dann hätten die höheren Wesenheiten allein gewirkt auf den Astralleib durch das Ich und so den Astralleib gereinigt. Statt dessen wirkten nun während der lemurischen Zeit die luziferischen Wesenheiten von allen Seiten auf den Astralleib direkt ein, und dadurch wurde der menschliche Astralleib all den Einflüssen ausgesetzt, die eigentlich schon auf dem Monde hätten zu Ende gewirkt haben sollen. Es wurden dadurch bestimmte Triebe, Begierden und Leidenschaften dem Menschen eingepflanzt, die er nicht erhalten hätte, wenn die höheren Wesenheiten allein auf ihn gewirkt hätten. [...] Zweierlei erhielt der Mensch durch den luziferischen Einfluß: Erstens konnte er zu einer gewissen Rage, einem gewissen Enthusiasmus, einer

Begeisterung entflammt werden, dieses oder jenes zu tun; aber diese Begeisterung wurde nicht von seinem Ich aus gelenkt, nicht von den höheren Wesen im Menschen beeinflußt. Zweitens erhielt er die Möglichkeit, von den höheren Wesen abzufallen, das Böse zu tun, aber auch die Möglichkeit der Freiheit. So war die Initiative, der Enthusiasmus, die Freiheit das, was der Mensch den luziferischen Wesenheiten verdankte, aber gleichzeitig entstand in ihm die Möglichkeit des Bösen. So schlichen sich die luziferischen Wesenheiten in den Astralleib des Menschen ein und sind im Grunde genommen heute noch darinnen, denn sie sind es, die ihn einerseits frei machen, andererseits zum Übel hinreißen.

Dadurch, daß des Menschen Astralleib von den luziferischen Wesenheiten durchsetzt war, wurde der Mensch früher, zu früh aus der Atmosphäre über der Erde auf die Erde heruntergeführt. Daran sind im wesentlichen die luziferischen Wesenheiten schuld. Der Astralleib des Menschen wurde durch sie verschlechtert und dadurch zu bald verdichtet, sonst wäre er noch lange in dieser Atmosphäre geblieben, die man das Paradies in der Bibel nennt. Also die Austreibung aus dem Paradiese geschah durch den Einfluß der Götter.

In einem anderen Zusammenhang, in dem von der Sonnensphäre die Rede ist, wo, bildlich ausgedrückt, einst der Thron des Christus stand, erwähnt Steiner, daß wir in dieser Sonnensphäre «einen zweiten Thron» fänden, «und der ist jetzt eingenommen von einer realen Wesenheit, von Luzifer.» Diesen würden wir aber erst, wenn wir auf unserem nachtodlichen Weg «jenseits der Sonnensphäre angekommen» seien, so erkennen lernen, «wie er war, bevor er Luzifer geworden ist, als er noch ein Bruder des Christus gewesen ist. Denn daß er anders geworden ist, ist erst in der Zeit eingetreten, da Luzifer zurückgeblieben ist und sich losgelöst hat vom Fortschritt im Kosmos.»

Über Ahriman sagt Steiner unter anderem:

Das ist es, was in Ahrimans Streben liegt, den Menschen gewissermaßen abzuhalten davon, in der richtigen Weise in der folgenden Erdenzeit durch Erdenleben und überirdische Leben zu gehen. Ahriman möchte den Menschen abhalten, künftige Inkarnationen durchzumachen. Er möchte ihn schon jetzt in dieser Inkarnation so machen, daß er alles durchlebt, was er auf der Erde durchleben kann. Man kann das nur intellektuell, man kann das nicht vollmenschlich.

Ahriman ist ein Wesen, das nicht zu unserer Hierarchie gehört. Ahriman kommt auf anderem Wege in die Evolutionsströmung herein. Wir müssen uns mit diesem Ahriman einlassen. Wenn wir den Ahriman dulden innerhalb der Erdenentwicklung, wenn wir ihm einen Anteil gewähren, dann bringt er uns den Tod und damit den Intellekt, und wir können in die menschliche Wesenheit Tod und Intellekt aufnehmen. Ahriman kennt den Tod. Ahriman kennt ihn, weil er verquickt mit der Erde ist, weil er Wege gegangen ist, durch die er mit der Erdenentwicklung zusammenhängt. Er ist ein Wissender, ein Weiser des Todes. Er ist daher auch der Herr des Intellektes.

Die Götter mußten sich – wenn man so sagen darf – einlassen mit Ahriman. Sie mußten sich sagen: Die Evolution kann ohne Ahriman nicht fortschreiten. Es handelt sich darum, daß Ahriman in die Evolution aufgenommen werden kann. Aber wenn Ahriman in die Evolution aufgenommen wird und er nun der Herr wird über den Tod und damit über den Intellekt, dann entfällt uns die Erde, dann nimmt Ahriman, der nur ein Interesse daran hat, die ganze Erde zu verintellektualisieren, die Erde für sich in Anspruch.

Christus

Es ist nicht einfach, über das Wesen und die Bedeutung des Christus zu sprechen. Es handelt sich um jene Wesenheit, die bei der Jordantaufe in die Jesus-Gestalt eingezogen ist; ihre Taten können als objektive Tatsachen vom Bekenner irgendeiner Religion angenommen werden.

Die Persönlichkeit des Jesus wurde fähig, in die eigene Seele aufzunehmen Christus, den Logos, so daß dieser in ihr Fleisch wurde. Seit dieser Aufnahme ist das «Ich» des Jesus von Nazareth der Christus, und die äußere Persönlichkeit ist der Träger des Logos. Dieses Ereignis, daß das «Ich» des Jesus der Christus wird, das ist durch die Johannes-Taufe dargestellt.

Als das Mysterium von Golgatha herannahte, da fühlten eigentlich erst die Menschen, daß der Tod eine Bedeutung hat, daß das irdische Leben etwas ist, was ein Ende hat. [...] Zu dieser Empfindung mußten die Menschen im irdischen Leben kommen, denn in das irdische Leben mußte eindringen für die Menschheitsentwicklung der Verstand, der Intellekt. Der Intellekt ist aber abhängig davon, daß wir sterben können. Ich habe das öfter ausgeführt.

Der Mensch mußte also in den Tod hinein verstrickt werden. Der Mensch mußte den Tod kennenlernen. Die alten Zeiten, in denen die Menschen den Tod nicht kannten, waren alle unintellektualistisch. Die Menschen bekamen die Vorstellungen durch Eingebungen aus der geistigen Welt, dachten sie nicht aus. Einen Intellekt gab es nicht. Aber der Intellekt mußte Platz greifen. Der Intellekt kann nur dadurch Platz greifen, daß [...] der Mensch sterben kann, daß er fortwährend die Absterbekräfte in sich trägt. [...] Diese Einimpfung des Todes mußte über die Menschheit kommen. Und nur das, was hervorging aus dieser Notwendigkeit, daß der Tod wirklich eine Rolle spielte im menschlichen Leben, das war die äußere Bekanntschaft mit dem Tode. [...]

So ist das anzusehen von seiten der Menschen. Man kann das aber auch ansehen von seiten der höheren Hierarchien. Da stellt es sich etwas anders dar.

Die Götter standen vor der großen Frage, die Herrschaft über die Erde an Ahriman in einem gewissen Sinne zu verlieren. Da ergab sich nur die eine Möglichkeit, daß die Götter selber etwas kennenlernten, was sie in ihren Götterwelten, die nicht von Ahriman durchdrungen waren, nicht haben kennenlernen können, daß die Götter durch einen ihrer Abgesandten, den Christus, den Tod auf der Erde selber kennenlernten. Es mußte ein Gott sterben auf der Erde, und er mußte so sterben, daß das nicht in der Götterweisheit, sondern in dem menschlichen Irrtum begründet ist, der Platz greifen würde, wenn Ahriman allein die Herrschaft hätte. Es mußte ein Gott durch den Tod gehen, und er mußte den Tod überwinden. So daß das Mysterium von Golgatha für die Götter bedeutete: die Bereicherung ihres Wissens durch die Weisheit vom Tode. Wäre kein Gott durch den Tod gegangen, so wäre die Erde ganz intellektualistisch geworden, ohne jemals in die Evolution hineinzukommen, die die Götter von vorneherein für sie bestimmt haben.

Die Menschen haben den Tod nicht gekannt in alten Zeiten. Sie haben den Tod aber kennengelernt. Sie mußten vor der Empfindung stehen: Mit dem Tode, das heißt mit dem Intellekt, gehen wir in eine ganz andere Entwicklungsströmung hinein, als die ist, von der wir hergekommen sind. Nun lehrte der Christus seinen Eingeweihten, er sei aus einer Welt gekommen, in der man den Tod nicht kannte; er habe auf der Erde den Tod kennengelernt, er habe den Tod besiegt. – Versteht man diesen Zusammenhang der irdischen Welt mit der göttlichen Welt, dann weiß man den Intellekt wiederum zurückzuführen zu der Spiritualität. So ungefähr könnte man aussprechen das, was der Inhalt jener esoterischen Lehren war, die der Christus seinen eingeweihten Schülern gegeben hat. Das, was er ihnen gegeben hat, war eben die Lehre von dem Tode, wie er sich von dem Schauplatze der Götterwelt ausnimmt.

Man muß, wenn man die ganze Tiefe dieser esoterischen Lehre einsehen will, sich klar sein darüber, daß es für den Menschen, der die ganze Menschheitsevolution versteht, eine Erkenntnis ist: Die Götter haben Ahriman besiegt, indem sie seine Kräfte für die Erde nutzbar gemacht haben, aber abgestumpft haben sie seine Macht, indem sie selber den Tod kennenlernten in der Wesenheit des Christus. Die Götter haben zwar den Ahriman eingefügt in die Erdenentwicklung, aber sie haben, indem sie ihn benutzt haben, ihn gezwungen, herunterzukommen in die Erdenentwicklung, nicht seine eigene Herrschaft bis zum Ende durchzuführen.

Vor dem Mysterium von Golgatha, in der ersten Kulturepoche der nachatlantischen Zeit, war die Sonne so, daß auf dem Sonnenkörper gleichsam zu erblicken war der Thron des Christus. Diejenigen, die gut waren im Leben, trafen auf dem Sonnenplan die Wesenheit des Christus an. Während der Zarathustra-Zeit war der Christus schon auf dem Wege zur Erde, und der Mensch konnte ihn auf der

Sonne nicht finden. Seit dem Mysterium von Golgatha ist der Christus mit der Erde vereinigt. Wenn die Menschen auf der Erde sich nicht den Christus-Impuls angeeignet haben, können sie zwischen dem Tode und einer neuen Geburt den Christus nicht finden. Wenn man dann Sonnenbewohner geworden ist und sich den Christus-Impuls einverwoben hat, so steht man vor einer Menge von Tatsachen, die wir als die Akasha-Chronik der Sonne bezeichnen. Hat man auf der Erde den Christus nicht gefunden, so kann man auch auf der Sonne die Akasha-Chronik nicht lesen. Wir können diese Schrift lesen lernen, wenn wir auf der Erde mit warmem Herzen das Mysterium von Golgatha aufgenommen haben, dann lernen wir auf der Sonne lesen, was der Christus seit Millionen von Jahren auf der Sonne getan hat.

> Zu diesem Hinweis auf den ersten «Thron» in der Sonnensphäre, den «Thron» des Christus, gehört jener andere, wonach auf dem zweiten Luzifer sitzt.

Das Christusleben ist so, daß man schon hier auf der Erde eine Beziehung zu ihm gewinnen muß, um es in der geistigen Welt zu verstehen. Wenn man hier eine solche Beziehung nicht gewinnt, dann kann man, wenn man initiiert wird, wohl alles mögliche sehen, aber den Christus kann man nicht sehen, wenn man nicht von der Erde aus eine Beziehung zu ihm gewonnen hat.

Daher verstehen so wenige, was das Mysterium von Golgatha ist. Es macht den Christus zu einer Wesenheit, welche gleichbedeutend ist für den primitiven Menschen und den höchsten Eingeweihten. Die primitivste Menschenseele kann eine Beziehung zu Christus haben, und der Eingeweihte muß sie auch finden.

Bevor wir genauer auf den Gang des Menschen durch die nachtodliche Welt eingehen, gilt es, die Aussagen Steiners darüber zusammenfassend zu betrachten; denn er hat die Entwicklung nach dem Tode unter verschiedenen Aspekten beschrieben. Als erstes folgt hier die Beschreibung des Weges, wie er vom Innern des Menschen aus gesehen werden kann.

Geschildert werden zunächst die sieben Gebiete der astralischen Welt.

Der Tod bedeutet, als Tatsache der physischen Welt betrachtet, eine Veränderung der Verrichtungen des Leibes. Dieser hört mit dem Tode auf, durch seine Einrichtung der Vermittler der Seele und des Geistes zu sein. Er zeigt fernerhin sich in seinen Verrichtungen ganz der physischen Welt und ihren Gesetzen unterworfen; er geht in dieselbe über, um sich in ihr aufzulösen. Nur diese physischen Vorgänge des Leibes können mit den physischen Sinnen nach dem Tode betrachtet werden. Was mit Seele und Geist dann geschieht, das entzieht sich diesen Sinnen.

Nach dem Tode ist die Seele nicht mehr an den Leib, sondern nur noch an den Geist gebunden. Sie lebt nun in einer seelischen Umgebung. Nur die Kräfte dieser Welt können daher noch auf sie eine Wirkung haben. Und an dieses Leben der Seele in der Seelenwelt ist zunächst auch der Geist gebunden. [...]

Es folgt auf den Tod für den Menschengeist eine Zeit, in der die Seele ihre Neigungen zum physischen Dasein abstreift, um dann wieder den bloßen Gesetzen der geistig-seelischen Welt zu folgen und den Geist freizumachen. [...]

Insofern die seelische Welt der Aufenthalt des Menschen unmittelbar nach dem Tode ist, kann sie der «Ort der Begierden» genannt werden. Die verschiedenen Religionssysteme, die ein Bewußtsein von diesen Verhältnissen in ihre Lehren aufgenommen haben, kennen diesen «Ort der Begierden» unter dem Namen «Fegefeuer», «Läuterungsfeuer» usw.

Die niederste Region der Seelenwelt ist diejenige der *Begierdenglut.* Durch sie wird nach dem Tode alles das aus der Seele ausgetilgt, was sie an gröbsten, mit dem niedersten Leibesleben zusammenhängenden selbstsüchtigen Begierden hat. [...]

Eine zweite Art von Vorgängen der Seelenwelt ist so, daß sich Sympathie und Antipathie bei ihnen das Gleichgewicht halten. Insofern eine Menschenseele in dem gleichen Zustande nach dem Tode ist, wird sie eine Zeitlang von diesen Vorgängen beeinflußt. [...]

Drittens kommen in der Seelenwelt die Vorgänge in Betracht mit vorherrschender Sympathie, diejenigen mit vorherrschender Wunschnatur. Ihre Wirkung erfahren die Seelen durch alles das, was eine Atmosphäre von Wünschen nach dem Tode erhält. Auch diese Wünsche ersterben allmählich wegen der Unmöglichkeit ihrer Befriedigung.

Die Region der Lust und Unlust in der Seelenwelt [...] legt der Seele besondere Prüfungen auf. Solange diese im Leibe wohnt, nimmt sie an allem teil, was diesen Leib betrifft. Das Weben von Lust und Unlust ist an diesen geknüpft. [...]

Die fünfte Stufe der Seelenwelt ist die des *Seelenlichtes.* Die Sympathie mit anderem hat in ihr bereits eine hohe Geltung. Mit ihr sind die Seelen verwandt, insofern sie während des physischen Lebens nicht in der Befriedigung niederer Bedürfnisse aufgegangen sind, sondern Freude, Lust an ihrer Umwelt gehabt haben. Die Naturschwärmerei, insofern sie einen sinnlichen Charakter an sich getragen hat, unterliegt z. B. hier der Läuterung. [...]

Durch die sechste Region, diejenige der *tätigen Seelenkraft,* findet die Läuterung des tatendurstigen Teiles der Seele statt, der nicht einen egoistischen Charakter trägt, doch aber in der sinnlichen Befriedigung, welche die Taten bringen, seine Motive hat. [...]

Die siebente Region, die des eigentlichen *Seelenlebens,* befreit den Menschen von seinen letzten Hinneigungen zur sinnlich-physischen Welt. Jede vorhergehende Region nimmt von der Seele das auf, was ihr verwandt ist. Was nun noch den Geist umgibt, das ist die Meinung, daß seine Tätigkeit der sinnlichen Welt ganz gewidmet sein soll. [...]

Man sieht aus dieser Darstellung, daß die Erlebnisse der seelischen Welt, und damit auch die Zustände des seelischen Lebens nach dem Tode, ein immer weniger der Seele widerstrebendes Aussehen gewinnen, je mehr der Mensch von dem abgestreift hat, was ihm von der irdischen Verbindung mit der physischen Körperlichkeit an unmittelbarer Verwandtschaft mit dieser anhaftet.

Die sieben Gebiete des höheren Devachanplanes oder der Geistwelt werden folgendermaßen geschildert:

Bevor nun der Geist auf seiner weiteren Wanderung betrachtet werden kann, muß das Gebiet selbst erst beobachtet werden, das er betritt. Es ist die «Welt des Geistes». Diese Welt ist der physischen so unähnlich, daß alles das, was über sie gesagt wird, demjenigen wie Phantastik vorkommen muß, der nur seinen physischen Sinnen vertrauen will. Und in noch höherem Maße gilt hier, was schon bei Betrachtung der «Welt der Seele» gesagt worden ist: man muß sich der Gleichnisse bedienen, um zu schildern. Denn unsere Sprache, die zumeist nur der sinnlichen Wirklichkeit dient, ist mit Ausdrücken, die sich für das «Geisterland» unmittelbar anwenden lassen, nicht gerade reich gesegnet. Besonders hier muß daher gebeten werden, manches, was gesagt wird, nur als *Andeutung* zu verstehen. Es ist alles, was hier beschrieben wird, der physischen Welt so unähnlich, daß es nur in dieser Weise geschildert werden kann. [...]

In dieser Welt sind nun zunächst die geistigen *Urbilder* aller Dinge und Wesen zu sehen, die in der physischen und in der seelischen Welt vorhanden sind. [...]

Außer dem, was durch «geistiges Sehen» in diesem «Geisterlande» wahrzunehmen ist, gibt es hier noch etwas anderes, das als Erlebnis des «geistigen Hörens» zu betrachten ist. Sobald nämlich der «Hellsehende» aufsteigt aus dem Seelen- in das Geisterland, werden die wahrgenommenen Urbilder auch *klingend.* Dieses «Klingen» ist ein rein geistiger Vorgang. Es muß ohne alles Mitdenken eines physischen Tones vorgestellt werden. Der Beobachter fühlt sich wie in einem Meere von Tönen. Und in diesen Tönen, in diesem geistigen Klingen drücken sich die Wesenheiten der geistigen Welt aus. In ihrem Zusammenklingen, ihren Harmonien, Rhythmen und Melodien prägen sich die Urgesetze ihres Daseins, ihre gegenseitigen Verhältnisse und Verwandtschaften aus. [...]

Nun ist zunächst notwendig, die verschiedenen Arten der Urbilder voneinander zu unterscheiden. Auch im «Geisterland» hat man eine Anzahl von Stufen oder Regionen auseinanderzuhalten, um sich zu orientieren. Auch hier sind, wie in der «Seelenwelt», die einzelnen Regionen nicht etwa schichtenweise übereinandergelagert zu denken, sondern sich gegenseitig durchdringend und durchsetzend. Die *erste Region* enthält die Urbilder der physischen Welt, insofern diese nicht mit Leben begabt ist. Die Urbilder der Mineralien sind hier zu finden, ferner die der Pflanzen; diese aber nur insofern, als sie rein physisch sind; also insofern man auf das Leben in ihnen keine Rücksicht nimmt. Ebenso trifft man hier die physischen Tier- und Menschenformen an. Damit soll dasjenige nicht erschöpft sein, was sich in dieser Region befindet; es soll nur durch naheliegende Beispiele illustriert werden. – Diese Region bildet das Grundgerüst des «Geisterlandes». Es kann verglichen werden mit dem festen Land unserer physischen Erde. Es ist die Kontinentalmasse des «Geisterlandes». [...] Die *zweite* Region des «Geisterlandes» enthält die Urbilder des Lebens. Aber dieses Leben bildet hier eine vollkommene Einheit. Als flüssiges Element durchströmt es die Welt des Geistes, gleichsam als Blut alles durchpulsend. Es läßt sich mit dem Meere und den Gewässern der physischen Erde vergleichen. Seine Verteilung ist allerdings ähnlicher der Verteilung des Blutes in dem tierischen Körper als derjenigen der Meere und Flüsse. Fließendes Leben, aus Gedankenstoff gebildet, so könnte man diese zweite Stufe des «Geisterlandes» bezeichnen. In diesem Element liegen die schaffenden Urkräfte für alles, was in der physischen Wirklichkeit als belebte Wesen auftritt. Hier zeigt es sich, daß alles Leben eine Einheit ist, daß das Leben in dem Menschen verwandt ist mit dem Leben aller seiner Mitgeschöpfe.

Als *dritte* Region des «Geisterlandes» müssen die Urbilder alles Seelischen bezeichnet werden. Man befindet sich hier in einem viel dünneren und feineren Element als in den beiden ersten Regionen. Vergleichsweise kann es als der *Luftkreis* des «Geisterlandes» bezeichnet werden. Alles, was in den Seelen der beiden anderen Welten vorgeht, hat hier sein geistiges Gegenstück. Alle Empfindungen, Gefühle, Instinkte, Leidenschaften usw. sind hier auf geistige Art noch einmal vorhanden. Die atmosphärischen Vorgänge in diesem Luftkreise entsprechen den Leiden und Freuden der Geschöpfe in den andern Welten. [...]

Die Urbilder der *vierten Region* beziehen sich nicht unmittelbar auf die andern Welten. Sie sind in gewisser Beziehung Wesenheiten, welche die Urbilder der drei unteren Regionen beherrschen und deren Zusammentritt vermitteln. Sie sind daher beschäftigt mit dem Ordnen und Gruppieren dieser untergeordneten Urbilder. Von dieser Region geht demnach eine umfassendere Tätigkeit aus als von den unteren.

Die *fünfte, sechste* und *siebente* Region unterscheiden sich wesentlich von den vorhergehenden. Denn die in ihnen befindlichen Wesenheiten liefern den Urbildern der unteren Regionen die *Antriebe* zu ihrer Tätigkeit. In ihnen findet man die Schöpferkräfte der Urbilder selbst. Wer zu diesen Regionen aufzusteigen vermag, der macht Bekanntschaft mit den *«Absichten»,*[4] die unserer Welt zugrunde liegen. Wie lebendige Keimpunkte liegen hier noch die Urbilder bereit, um die mannigfaltigsten Formen von Gedankenwesen anzunehmen. Werden diese Keimpunkte in die unteren Regionen geführt, dann quellen sie gleichsam auf und zeigen sich in den mannigfaltigsten Gestalten. Die Ideen, durch die der menschliche Geist in der physischen Welt schöpferisch auftritt, sind der Abglanz, der Schatten dieser Keimgedankenwesen der höheren geistigen Welt. Der Beobachter mit dem «geistigen Ohre», welcher von den unteren Regionen des «Geisterlandes» zu diesen oberen aufsteigt, wird gewahr, wie sich das Klingen und Tönen in eine «geistige Sprache» umsetzt. Er beginnt das «geistige Wort» wahrzunehmen, durch das für ihn nun nicht allein die Dinge und Wesenheiten ihre Natur durch Musik kundgeben, sondern in «Worten» ausdrücken. Sie sagen ihm, wie man das in der Geisteswissenschaft nennen kann, ihre *«ewigen Namen».*

4 Daß solche Bezeichnungen, wie «Absichten» auch nur als «Gleichnisse» gemeint sind, ist aus dem oben über die Schwierigkeiten des sprachlichen Ausdrucks Gesagten selbstverständlich. An ein Aufwärmen der alten «Zweckmäßigkeitslehre» ist nicht gedacht. [Anm. v. Rudolf Steiner]

Was der Mensch in diesen Regionen des Geisterlandes erlebt, nimmt sich wie folgt aus:

In der ersten Region des «Geisterlandes» ist der Mensch umgeben von den geistigen Urbildern der irdischen Dinge. Während des Erdenlebens lernt er ja nur die Schatten dieser Urbilder kennen, die er in seinen Gedanken erfaßt. Was auf der Erde bloß *gedacht* wird, das wird in dieser Region *erlebt.* Der Mensch wandelt unter Gedanken, aber diese Gedanken sind *wirkliche Wesenheiten.* Was er während des Erdenlebens mit seinen Sinnen wahrgenommen hat, das wirkt auf ihn jetzt in seiner Gedankenform. Aber der Gedanke erscheint nicht als der Schatten, der sich hinter den Dingen verbirgt, sondern er ist lebensvolle Wirklichkeit, welche die Dinge erzeugt. Der Mensch ist gleichsam in der Gedankenwerkstätte, in der die irdischen Dinge geformt und gebildet werden. Denn im «Lande des Geistes» ist alles lebensvolle Tätigkeit und Regsamkeit. Hier ist die Gedankenwelt am Werke als Welt lebendiger Wesen, schöpferisch und bildend. Man sieht da, wie das *gebildet* wird, was man im Erdendasein erlebt hat. Wie man im physischen Leibe die sinnlichen Dinge als Wirklichkeit erlebt, so erlebt man jetzt als Geist die geistigen Bildungskräfte als wirklich. [...]

Die nächste Region ist diejenige, in welcher das *gemeinsame Leben* der irdischen Welt als Gedankenwesenheit, gleichsam als das flüssige Element des «Geisterlandes», strömt. Solange man in physischer Verkörperung die Welt beobachtet, erscheint das Leben an einzelne *Lebewesen* gebunden. Im Geisterland ist es davon losgelöst und durchfließt als Lebensblut gleichsam das ganze Land. Es ist da die lebendige Einheit, die in allem vorhanden ist. Während des irdischen Lebens erscheint dem Menschen auch davon nur ein Abglanz. [...] – Im «Geisterland» erscheint nicht der Abglanz, sondern die wirkliche Gestalt als lebendige

Gedankenwesenheit. Hier kann sich der Mensch mit der Einheit, die er auf Erden verehrt hat, wirklich vereinigen. Die Früchte des religiösen Lebens und alles dessen, was damit zusammenhängt, treten in dieser Region hervor. Der Mensch lernt nun aus der geistigen Erfahrung erkennen, daß sein Einzelschicksal nicht getrennt werden soll von der Gemeinschaft, der er angehört. Die Fähigkeit, sich als Glied eines Ganzen zu erkennen, bildet sich hier aus. Die religiösen Empfindungen, alles, was schon im Leben nach einer reinen, edlen Moral gestrebt hat, wird während eines großen Teiles des geistigen Zwischenzustandes Kraft aus dieser Region schöpfen. Und der Mensch wird mit einer Erhöhung seiner Fähigkeiten nach dieser Richtung hin wiederverkörpert werden. [...]

Die dritte Region des «Geisterlandes» enthält die Urbilder der seelischen Welt. Alles, was in dieser Welt lebt, ist hier als lebendige Gedankenwesenheit vorhanden. Man findet da die Urbilder der Begierden, der Wünsche, der Gefühle usw. Aber hier in der Geisterwelt haftet dem Seelischen nichts von Eigensucht an. Ebenso wie alles Leben in der zweiten Region, bildet in dieser dritten alles Begehren, Wünschen, alle Lust und Unlust eine Einheit. Das Begehren, der Wunsch des andern unterscheiden sich nicht von meinem Begehren und Wünschen. Die Empfindungen und Gefühle aller Wesen sind eine gemeinsame Welt, die alles übrige einschließt und umgibt, wie der physische Luftkreis die Erde umgibt. Diese Region ist gleichsam die Atmosphäre des «Geisterlandes». Es wird hier alles Früchte tragen, was der Mensch im irdischen Leben im Dienste der Gemeinsamkeit, in selbstloser Hingabe an seine Mitmenschen geleistet hat. Denn durch diesen Dienst, durch diese Hingabe hat er in einem Abglanz der dritten Region des «Geisterlandes» gelebt. [...]

Es ist ersichtlich, daß die beschriebenen drei Regionen des «Geisterlandes» in einem gewissen Verhältnis stehen zu den unter ihnen stehenden Welten, zu der physischen und der seelischen Welt. Denn sie enthalten die Urbilder, die lebendigen Gedankenwesen, die in diesen Welten körperliches oder seelisches Dasein annehmen. Die vierte Region erst ist das «reine Geisterland». Aber auch diese ist es nicht im vollen Sinne des Wortes. Sie unterscheidet sich von den drei unteren Regionen dadurch, daß in diesen die Urbilder jener physischen und seelischen Verhältnisse angetroffen werden, die der Mensch in der physischen und seelischen Welt vorfindet, bevor er selbst in diese Welten eingreift. Die Verhältnisse des alltäglichen Lebens knüpfen sich an die Dinge und Wesen, die der Mensch in der Welt vorfindet; die vergänglichen Dinge *dieser* Welt lenken seinen Blick zu deren ewigem Urgrund; und auch die Mitgeschöpfe, denen sich sein selbstloser Sinn widmet, sind nicht durch den Menschen da. Aber durch ihn sind in der Welt die Schöpfungen der Künste und Wissenschaften, der Technik, des Staates usw., kurz alles das, was er als originale Werke seines Geistes der Welt einverleibt. Zu alledem wären, ohne sein Zutun, keine physischen Abbilder in der Welt vorhanden. Die Urbilder nun zu diesen rein menschlichen Schöpfungen finden sich in der vierten Region des «Geisterlandes». – Was der Mensch an wissenschaftlichen Ergebnissen, an künstlerischen Ideen und Gestalten, an Gedanken der Technik während des irdischen Lebens ausbildet, trägt in dieser vierten Region seine Früchte. [...]

In den noch höheren Regionen des «Geisterlandes» ist der Menschengeist nun jeder irdischen Fessel entledigt. Er steigt auf in das reine «Geisterland», in dem er die Absichten, die Ziele erlebt, die sich der Geist mit dem irdischen Leben gesetzt hat. Alles, was in der Welt schon verwirklicht ist, bringt ja die höchsten Ziele und Absichten nur in einem mehr oder weniger schwachen Nachbilde zum Dasein. Jeder Kristall, jeder Baum, jedes Tier und auch alles das, was im Bereiche menschlichen Schaffens verwirklicht wird, – all das gibt nur Nachbilder dessen, was der Geist beabsichtigt. Und der Mensch kann während seiner Verkörperungen nur anknüpfen an diese unvollkommenen Nachbilder der vollkommenen Absichten und Ziele. So kann er aber innerhalb einer seiner Verkörperungen selbst nur ein solches Nachbild dessen sein, was im Reiche des Geistes mit ihm beabsichtigt ist. Was er als Geist im «Geisterland» eigentlich ist, das kommt daher erst dann zum Vorschein, wenn er im Zwischenzustand zwischen zwei Verkörperungen in die *fünfte* Region des «Geisterlandes» aufsteigt. Was er hier ist, das ist wirklich er selbst. Das ist dasjenige, was in den mannigfaltigen Verkörperungen ein äußeres Dasein erhält. In dieser Region kann sich das wahre Selbst des Menschen nach allen Seiten frei ausleben. Und dieses Selbst ist also dasjenige, welches in jeder Verkörperung immer von neuem als das eine erscheint. Dieses Selbst bringt die Fähigkeiten mit, die sich in den unteren Regionen des «Geisterlandes» ausgebildet haben. Es trägt somit die Früchte der früheren Lebensläufe in die folgenden hinüber. Es ist der Träger der Ergebnisse früherer Verkörperungen. [...]

In der sechsten Region des «Geisterlandes» wird der Mensch in allen seinen Handlungen dasjenige vollbringen, was dem *wahren Wesen der Welt* am angemessensten ist. Denn er kann nicht nach dem suchen, was ihm frommt, sondern einzig nach dem, was geschehen soll nach dem richtigen Gang der Weltordnung. Die *siebente Region* des «Geisterlandes» führt an die Grenze der «drei Welten». Der Mensch steht hier den «Lebenskernen» gegenüber, die aus höheren Welten in die drei beschriebenen versetzt werden, um da ihre Aufgaben zu vollbringen. Ist der Mensch an der Grenze der drei Welten, so erkennt er sich somit in seinem eigenen Lebenskern. Das bringt mit sich, daß die Rätsel dieser drei Welten für ihn gelöst sein müssen. Er überschaut also das ganze Leben dieser Welten.

Und nun die Schilderung des nachtodlichen Weges, wie er von «außen» betrachtet werden kann.

Da zeigt sich eben wirklich, daß der Mensch, so wie er auf der Erde zwischen Geburt und Tod gleichsam auf seinen kleinsten Raum zusammengezogen ist, sozusagen immer mehr über diesen kleinsten Raum hinaustritt, wenn er diesen physischen Leib ablegt. Indem er durch die Pforte des Todes tritt, dehnt er sich immer weiter und weiter hinaus, er wächst und wächst. Er wächst stückweise in das Planetensystem hinein. Er wächst wirklich erst bis zu der Stelle in unserem Planetensystem, wo der Mond kreist. Und der Mensch wird so groß, daß seine äußersten Grenzen zusammenfallen mit der Sphäre, die durch die Stellung des Mondes markiert ist. Da hört das Kamaloka auf. Wenn der Mensch dann weiter wächst, so wächst er zunächst hinein in die Sphäre, die gebildet ist durch den Merkur, dann in die der Venus. Da wird tatsächlich der Mensch, indem er sich immer weiter und weiter ausdehnt, immer mehr und mehr wächst, da wird er so groß, daß sein Äußerstes durch die Sonnenbahn begrenzt ist, das heißt, wo man sagt, daß die scheinbare Sonnenbahn ist. Wir brauchen uns dabei nicht um das Kopernikanische Weltensystem zu kümmern [...].

Aber nun stellt sich eine Verschiedenheit heraus, wenn man verschiedene Menschen beobachtet. Die Verschiedenheit ergibt sich, wenn man zum Beispiel einen Menschen beobachtet nach dem Tode, der sein Leben hindurch in seinem Gemüte eine moralische, gute Stimmung hervorgerufen hat, der eine moralische Seelenverfassung durch den Tod hindurchträgt. Man kann einen solchen vergleichen mit einem, der eine weniger moralische Seelenverfassung durch die Pforte des Todes trägt; das macht einen großen Unterschied und dieses zeigt sich schon, indem der Mensch in die Kräfte des Merkur eintritt. Wie zeigt sich das? Nun, wenn der Mensch durch die Pforte des Todes gegangen ist, so nimmt er durch jene Wahrnehmungsmittel, die wir dann haben nach der Kamalokazeit, zum Beispiel die Wesenheiten wahr, die ihm im Leben nahegestanden haben, die weggestorben sind, ehe er selbst die Pforte des Todes durchschritten hat. Sind diese mit ihm verbunden? Gewiß, wir kommen mit allen diesen Wesenheiten zusammen, wir leben mit ihnen auch im Leben nach dem Tode.

Die moralische Seelenverfassung hat also eine große Bedeutung schon nach den ersten Zeiten im Kamaloka; sie entscheidet unser Schicksal auch für die nächste Zeit, die man die Venus-Zeit nennt. Es kommen aber noch andere Vorstellungen in Betracht, die der Mensch ausgebildet hat während des Lebens und die ihn angehen, wenn er in die geistige Welt eintritt. Diese anderen Vorstellungen sind die religiösen Vorstellungen. Anders lebt die Seele in der Venus-Sphäre nach dem Tode, wenn sie ein religiöses Band gehabt hat zwischen dem Vergänglichen und dem Unvergänglichen, und anders lebt sie, wenn sie dieses Band nicht gehabt hat.

> Und ein Drittes kommt hinzu, auf das näher eingegangen werden muß.

Nun kann uns das, was wir fühlen können aus einem einzelnen Religionsbekenntnis der Erde, niemals in der Seele das geben, was wir brauchen, um in der Sonnensphäre bestehen zu können. […] das kann uns nur werden aus dem Gemeinsamen, das in allen menschlichen Religionen fließt. Und was fließt darin? Nun, wenn Sie die verschiedenen Religionen der Welt vergleichen [...], so werden Sie eines finden. Sie werden finden, daß diese Religionen immer in ihrer Art vollkommen waren, aber gerade auf ein bestimmtes Volk, auf eine bestimmte Zeitepoche hin; daß sie diesem Volk, dieser Zeitepoche das Bedeutsamste gegeben haben, was diese Zeit erhalten konnte. Und wir wissen im Grunde genommen am meisten über eine Religion da, wo diese Religionen gerade haben dienen können ihrer Zeit und ihrem Volke dadurch, daß sie sich abgeschlossen haben in einer gewissen egoistischen Weise so, wie sie aus dem großen Urquell des Lebens gegeben waren.

[...] Darauf beruht die Größe der einzelnen Religionsbekenntnisse, daß sie für die einzelnen irdischen Verhältnisse zugeschnitten waren. Wer das nicht ins Auge faßt, daß die Religionen gerade darin ihre Vollkommenheit haben, daß sie auf einzelne irdische Verhältnisse sich beschränken, wer nur immer betont, daß alle Religionssysteme aus einer Einheitsquelle gekommen sind, der kann nie zu einer Erkenntnis kommen.

[...] Das Abendland hat sich zum Christus bekannt, der kein Abendländer ist, der ein Auswärtiger ist in bezug auf seine Abstammung. Nicht eine national-egoistische Art, sich an ein Bekenntnis zu binden, ist die Art, wie das Abendland sich zum Christus gestellt hat. [...] Angeführt werden sollte, daß die Art, wie sich das Abendland sein Religionsbekenntnis angeeignet hat, eine absolut unegoistische gewesen ist. Auch in einer anderen Art zeigt sich das Überwiegende des Christus-Prinzipes. [...] Die Frage möchte ich ihnen stellen, ob es in demselben Sinne in irgendeiner Religion etwas gibt, was über die ganze Erde hin Gültigkeit hat wie das Folgende: daß wir eine und dieselbe Bemerkung haben, die von zwei Seiten herkommend etwas ganz Verschiedenes bedeutet, wie im Christentum. Es ist eine tiefe Bemerkung im Evangelium, die da der Christus Jesus macht, indem er sagt zu denen, die er lehrte: In euch allen lebt ein Göttliches; seid ihr denn nicht Götter? Er sagt es mit aller Gewalt: «Ihr seid Götter» (Joh. 10, 34). Damit meint der Christus Jesus: Ein Funke liegt in jeder Menschenbrust, der göttlich ist, der angefacht werden muß, so daß man sagen kann: Seid wie die Götter! Zu einer anderen, und zwar gerade entgegengesetzten Wirkung führt ein Wort von Luzifer, als er an den Menschen herantritt, um ihn herabzuziehen aus dem Götterbereiche, indem er zu den Menschen sagt: «Ihr werdet sein wie Gott» (1. Mose, 3, 5). Da war der Sinn ganz anders. Der gleiche Ausspruch, der Menschheit zum Verderben, beim Beginn des Herabgehens in den Abgrund; derselbe Ausspruch, ein Hinweis auf unser höchstes Ziel! [...] Warum hat das Christentum diese wichtige Sache in sich aufgenommen? Damit sich zeigt, daß es auf den bloßen Inhalt nicht ankommt, sondern darauf, aus welcher Wesenheit er herkommt. Warum? Weil das Christentum begann, in richtigem Sinne darauf hinzuweisen und hinzuwirken, was sein Wesenskern verkündet: Nicht bloß Stammesverwandtschaft ist da, sondern Menschheitsverwandtschaft ist da, etwas, was ohne Unterschied von Rasse, Nationalität und Bekenntnis gilt, etwas, was über alle Rassen und über alle Zeiten herübergreift. Darum ist das Christentum zugleich so intim verwandt mit der menschlichen Seele, weil das, was das Christentum geben kann, keiner menschlichen Seele fremd zu bleiben braucht. [...]

Vielleicht wird noch einmal die Zeit kommen, wo man sehen wird, wie das, was wir über das Wesen des Christus-Impulses und sein Verhältnis zu allen Religionsbekenntnissen und Weltanschauungen zu sagen haben, ebenso tief zu unseren Herzen, zu unseren Seelen spricht, wie es sich bemüht, mit einer äußersten Konsequenz bis in die einzelnen Phasen zu gehen. – Es ist nicht leicht für den einzelnen, einzusehen, wie versucht wird, die Dinge zusammenzutragen, die zu einem wahren Verständnis des Christus-

Impulses führen können. Und es braucht der Mensch in seinem gegenwärtigen Zyklus ein Verständnis für das, was wir die Christus-Wesenheit nennen. Das Sich-Bekennen zum Christus hat nichts zu tun mit einem einzelnen, sich abschließenden Religionssystem; ein richtiger Christ ist nur derjenige, der gewohnt ist, einen jeden Menschen anzusehen als solchen, der das christliche Prinzip in sich selber trägt; für einen richtigen Christen wird das Christliche gesucht in einem Chinesen, einem Hindu und so weiter. – Das wahre Verständnis eines jeden, der sich zum Christus bekennt, beruht darin, daß er sich bewußt wird, daß der Christus-Impuls sich nicht beschränkt auf einen Teil der Erde – ein Irrtum wäre dies. Die Realität ist so, daß seit dem Mysterium von Golgatha wirklich wahr ist, was Paulus schon sagte für die Gebiete, für die er zu sprechen hatte. Paulus hat verkündet: Christus ist gestorben auch für die Heiden. – Verstehen aber muß die Menschheit, daß der Christus gekommen ist nicht für ein bestimmtes Volk, für eine bestimmte, beschränkte Zeit, sondern für die gesamte Erdenbevölkerung, für alle. [...] Wenn wir in dieser Art ein Verständnis entgegenbringen dem Christus-Impulse, so wird er es endlich machen, daß alle Menschen auf der Erde zum tiefsten Christus-Verständnis kommen, zum Verständnis des Christus-Wortes: «Wenn zwei oder drei in meinem Namen zusammen sind, so bin ich mitten unter ihnen.» Die in diesem Geiste zusammen arbeiten, sie finden die Brücke von Seele zu Seele. Das aber wird der Christus-Impuls über die ganze Erde hin machen. [...] dann wird in unsere Seelen etwas hineingesenkt, was sie geeignet macht, den Durchgang zu finden durch die Sonnensphäre, so daß der Ätherleib uns in der richtigen Weise wieder gegeben werden kann in der nächsten Inkarnation.

So leben wir uns durchchristet in die Sonnensphäre hinein. Dann leben wir weiter und kommen in eine Region hinein, wo wir die Sonne so unter uns haben, wie wir früher die Erde unter uns gehabt haben. Wir beginnen auf die Sonne zurückzublicken – und da beginnt etwas sehr Merkwürdiges. In diesem Augenblicke zeigt sich uns, daß wir noch einen anderen Geist in seiner eigenartigen Weise zu erkennen beginnen, den Luzifergeist.

[...] Erst wenn wir jenseits der Sonnensphäre angekommen sind, lernen wir ihn erkennen, wie er war, bevor er Luzifer geworden ist, als er noch ein Bruder des Christus gewesen ist. Denn daß er anders geworden ist, ist erst in der Zeit eingetreten, da Luzifer zurückgeblieben ist und sich losgelöst hat vom Fortschritt im Kosmos. Und dasjenige, was er Schlimmes tun kann, erstreckt sich nur bis zur Sonne hin. Darüber ist noch eine Sphäre, wo Luzifer seine Tätigkeit so entwickeln kann, wie sie vor seiner Loslösung war. Da ist nichts von Schaden, was er da entwickelt, und wenn wir uns mit dem Mysterium von Golgatha in der richtigen Weise zusammengehörig gemacht haben, gehen wir, geleitet von Christus, von Luzifer in Empfang genommen, in der richtigen Weise in die noch weiteren Sphären des Weltalls hinaus. Der Name Luzifer ist gut gewählt, wie überhaupt die Alten sich weise Namen gewählt haben. Wenn wir die Sonne unter uns haben, ist auch das Sonnenlicht unter uns. Da brauchen wir dann einen neuen Lichtträger, der uns hinausleuchtet in den Weltenraum. Wir kommen dann in die Mars-Sphäre. Solange wir unter der Sonne waren, blickten wir hinaus in die Sonne; jetzt ist die Sonne unter uns und wir blicken in den weiten Weltenraum hinaus. Und diesen weiten Weltenraum empfinden wir durch das, was immer genannt und so wenig verstanden wird, im eigentlichen Sinne durch die Sphärenmusik, durch eine Art von geistiger Musik. Immer weniger und weniger Bedeutung haben dann die Visionen, in die wir getaucht sind, immer größere und größere Bedeutung gewinnt, was wir geistig hören und vernehmen. [...] Und dasjenige, was der Mensch dabei innerlich erlebt, ist das, daß er immer mehr und mehr fühlt: das einzige, was ihm bleibt in diese Region hinein, ist das, was er als Spirituelles auf Erden aufgenommen hat. Dadurch entwickelt er seine Bekanntschaft mit den Wesenheiten dieser Sphäre, bleibt er ein geselliger Geist. [...]

Geistig aber lebt der Mensch in der Mars-Sphäre in der angedeuteten Zeit, dann lebt er wieder weiter, dann lebt er sich in die Jupitersphäre hinein. In der Jupitersphäre wird sozusagen der Zusammenhang mit der Erde, der vorher noch ein bißchen bestanden hat, schon ganz bedeutungslos für den Menschen; von der Sonne wirkt noch ein wenig auf den Menschen, dagegen wirkt mächtig der Kosmos auf ihn ein. So stellt es sich dar: Alles wirkt von außen herein und der Mensch nimmt Kosmisches auf. Der ganze Kosmos wirkt eben durch die Sphärenharmonie, die immer andere Formen annimmt, je weiter wir das Leben durchforschen zwischen dem Tode und einer neuen Geburt. Es ist schwer zu charakterisieren dieses Leben, diese Veränderung der Sphärenharmonie; man könnte, weil man diese Dinge nicht mit irdischen Worten ausdrücken kann, vergleichsweise sagen: Die Sphärenmusik verändert sich beim Durchgang vom Mars zum Jupiter so, man kann nur sagen, wie das Orchestrale in die gesangliche Musik. Es wird immer mehr zum Tone, zu dem, was den Ton zugleich durchsetzt als das Bedeutungsvolle, als das Sein-Wesen-Ausdrückende. Inhalt bekommt die Sphärenmusik, wenn wir uns in die Sphäre des Jupiter hineinbegeben, und sie wird dann in der Sphäre des Saturn zum völligen Inhalt, zum Ausdruck des Weltenwortes, aus dem alle Dinge geschaffen sind, und das gemeint ist im Johannes-Evangelium: «Im Urbeginne war das Wort...» Dieses Wort ist das Hineintönen der kosmischen Gesetzmäßigkeit und

Weisheit. Dann geht der Mensch, wenn er vorbereitet ist – der geistige Mensch weiter, der nicht geistige weniger weit –, in noch weitere Sphären, aber er geht auch über in einen ganz anderen Zustand als der ist, in dem er vorher war. Und wenn man diesen späteren Zustand charakterisieren will, müßte man sagen: Von da ab, wo der Mensch über den Saturn hinausgeschritten ist, beginnt ein geistiges Schlafen, während das Vorhergehende ein geistiges Wachen war. Das Bewußtsein dämpft sich herab von jetzt an, es tritt ein Benommensein ein, und dieses Benommensein wieder gestattet gerade dem Menschen andere Dinge durchzumachen, als er früher durchgemacht hat. Geradeso, wie wir im Schlafe die Ermüdung wegschaffen und uns neue Kräfte zuführen, so tritt dann durch das Herabdämpfen des Bewußtseins ein Einströmen geistiger Kräfte des Kosmos ein, wenn wir sozusagen eine weit, weit ausgedehnte spirituelle Raumkugel geworden sind. Erst haben wir es geahnt, dann haben wir es als Weltorchester gehört, dann hat es gesungen, dann haben wir es als Wort vernommen, dann schlafen wir ein [...].

Der ganze Vorgang ist nicht einfach zu verstehen; doch vielleicht kann man erahnen, was geschieht. Und das Erklingen der Sphärenmusik weist darauf hin, daß wir mit dem Zurückschreiten auch zurückgehen in unserer Entwicklung, in jene Zeit, da wir nur Ohr, ganz und gar Ohr waren.

Rudolf Steiner hat noch andere Wege durch die nachtodliche Welt aufgezeigt. Aus Platzgründen kann hier nicht darauf eingegangen werden. Doch sind sie, zusammen mit den entsprechenden Textstellen, in der Tabelle S. 299 im Anhang aufgeführt. Diese Tabelle zeigt auch, daß zwischen innerem und äußerem Weg, zwischen den Hierarchien und den Planeten eine Entsprechung besteht, daß sich alles ergänzt.

Zunächst etwas, was man in der Geheimwissenschaft bezeichnet als die Akasha-Chronik. Alles, was in der Welt geschieht und je geschehen ist, wird als Eindruck in einer feinen Stofflichkeit, die unvergänglich ist, erhalten. Ich möchte Ihnen das an einem Beispiel etwas verständlich machen: Ich spreche jetzt zu Ihnen; Sie würden mich aber nicht hören, wenn meine Stimme nicht die Luft in Schwingungen versetzen könnte. So ist also alles, was von mir gesprochen wird, in feinen Bewegungsformen ausgedrückt hier in der Luft. Diese Bewegungsformen vergehen natürlich; aber in jene feine, geistige Stofflichkeit, die wir erleben, wenn wir in jene höhere Welt kommen, da wird alles eingedrückt, was hier sich ereignet, und das bleibt ewig. Jedes Wort, jeder Gedanke, alles, was in der Menschheit je geschehen ist, kann in dieser Akasha-Chronik gelesen werden. Dazu gehört entweder Einweihung oder jener Moment, wo der Mensch nach dem Tode in dieses Gebiet des Devachan kommt, das heißt, wenn er sich so weit entwickelt hat, daß er nach dem Tode dieses immerhin hohe Gebiet des Devachan wahrzunehmen vermag. Dann kann er in die Vergangenheit hineinsehen. Diese Akasha-Chronik ist eine Schrift, in der alles aufbewahrt wird, was jemals geschehen ist. Es ist eigentlich keine Schrift im physischen Sinne, sondern es sind Bilder. Sie sehen zum Beispiel Cäsar in allen Situationen seines Lebens; nicht das, was er eigentlich getan hat, sondern die inneren Impulse, die ihn zu seinen Taten veranlaßt haben. Diese Akasha-Bilder haben einen hohen Grad von Leben, und wenn man sie nicht in der richtigen Weise zu deuten versteht, können sie die Veranlassung zu großen Täuschungen sein.

Diese Akasha-Chronik ist heute in der Sphäre des Saturns zu finden; denn der heutige Saturn ist ein Abbild, gewissermaßen eine Wiederholung des ersten Zustandes der Erdenentwicklung: des «alten Saturns». Doch nicht nur dort kann man auf «Eintragungen» stoßen: auf allen Stufen der nachtodlichen Welt sind solche Aufzeichnungen vorhanden.

Und wahr ist es: Was wir an Vollkommenheiten und Unvollkommenheiten haben, das wird getreulich in die Akashatafel eingeschrieben zwischen dem Tode und einer neuen Geburt. Das ist da überall verzeichnet. Die eine von unseren Eigentümlichkeiten ist in der Mondensphäre verzeichnet, andere Eigentümlichkeiten sind eingeschrieben in der Venus-, andere in der Mars-, andere in der Merkur-, andere in der Jupitersphäre und so weiter.

Doch bevor nun dieser nachtodliche Weg beschreibend beschritten werden soll, bedarf es noch einer Ergänzung: das Lebenstableau.

Wir würden nicht durch die Zeit, die zwischen dem Tode und der neuen Geburt verläuft, die Erinnerungen an unser Leben über diese Zeit hinübertragen können, wenn nicht etwas ganz Bestimmtes eintreten würde: wenn wir nicht eine Zeitlang, nachdem wir mit dem Tode den physischen Leib verlassen haben, im Äther- oder Lebensleibe bleiben würden. Das ist eben die Zeit [...], in welcher das verflossene Leben nach unserem Tode vor uns liegt wie ein großes Panorama, wie ein großes Tableau. [...] Dasselbe kann uns nur dadurch erscheinen, daß wir unsern Ätherleib noch eine Zeitlang nach dem Tode haben. Denn dieser Ätherleib ist durchaus eben das Werkzeug für die Erinnerungen. Würden wir ihn sogleich im Tode oder nach dem Tode verlieren, so würden wir dieses Tableau nicht haben können. Wir müssen uns dieses Ätherleibes oder Lebensleibes als eines Werkzeuges bedienen können, und es geschieht etwas, während wir dieses Lebenstableau haben. Während wir dieses Lebenstableau nach unserem Tode in unserer Seele haben, wird dieses ganze Lebenstableau eingetragen, eingraviert gleichsam [...] in den allgemeinen, den Raum durchdringenden Lebensäther. Nun ist es da drinnen. Was wir erst einige Tage hindurch hielten, ist nun gleichsam aufgezeichnet in den allgemeinen Lebensäther, in dem wir leben, in dem wir immer sind. Dadurch, daß es da aufgezeichnet ist, daß es da drinnen ist, ist es für unser weiteres Leben zwischen dem Tode und der neuen Geburt eben vorhanden. Und wir nehmen einen Extrakt aus unserem Ätherleibe mit, das wissen wir, damit wir immer eine Verbindung herstellen können zwischen uns selbst und diesem in den allgemeinen Lebensäther eingetragenen Lebenstableau. Das ist gleichsam unser fortlaufendes Organ, wodurch wir die Erinnerungen an unser letztes Leben immer haben können.

Notwendige Zwischenbemerkungen

Die Bedingungen und die Geschehnisse während des nachtodlichen Lebens sind schwierig in Worte zu fassen; denn unsere Sprache ist es gewohnt, Dinge und Ereignisse des physischen Lebens zu beschreiben, die wir mit unseren Sinnesorganen wahrnehmen und denkend erfahren können. Im Nachtodlichen verfügen wir jedoch über keine physischen Sinnesorgane.

Wir können beispielsweise dann die Farbe Blau nicht wahrnehmen, jedoch sehr wohl das, was diese Farbe uns seelisch bedeutet. Und so sehen wir unmittelbar nach dem Tode nicht etwa ein «Tableau» oder Bild, auf dem unser verflossenes Leben «aufgemalt» wäre. Wenn Steiner in diesem Zusammenhang von «Tableau» spricht, dann ist damit ein Vorgang beschrieben: daß etwas außerhalb von uns ist und objektiv vor uns steht, das wir in gleicher Weise betrachten, wie im Physischen ein Bild.

Derjenige, der wirklich sich dazu vorbereiten will, die Kräfte seiner Seele zu entwickeln, die ihn in die geistige Welt hineinführen, der muß mit dem, was ich eben gesagt habe, etwas Reales in seinem Seelenleben verbinden können. Er muß zum Beispiel real verbinden die Tatsache, daß er hier eine blaue Fläche sieht, damit, daß er sagt: Die nimmt mich freundlich auf, die läßt meine Seele mit ihren Kräften in unbestimmte Fernen ziehen. Aber die Fläche hier, die gelbe, stößt mich zurück; da kommen die Kräfte meiner Seele gleichsam als Nadelstiche in meine eigene Seele zurück. – Aber so ist es mit alledem, was man sinnlich wahrnimmt. Alles hat solche Nuancen. Unser seelisches Willenswesen ergießt sich in die Welt, wird entweder zurückgestoßen oder kann sich ergießen über die Welt. Entwickelt kann das werden, indem man an Farben oder sonstigen Eindrücken der physischen Welt seine seelischen Kräfte schult. Wie man das kann, finden Sie geschildert in dem Buche «Wie erlangt man Erkenntnisse der höheren Welten?».

Aber wenn man das entwickelt hat, wenn man weiß, wie es ist, wenn die Kräfte der Seele fortschwingen, blau werden – blau werden und fortschreiten ist ein und dasselbe, ist: sympathisch aufgenommen werden; gelb werden ist dasselbe wie zurückgestoßen werden, identisch mit Antipathie –, dann hat man diese Kräfte in sich. Sagen wir, man habe erfahren wie eine solche Seelennuance ist: sympathisch aufgenommen zu werden, und man stellt sich jetzt gar nicht einem physischen Wesen gegenüber, sondern es kann so sein, daß man ein geistiges Wesen, dem wir sympathisch sind, in sich einfließen läßt durch so entwikkelte Seelenkräfte. Wir nehmen so die Wesen der oberen Hierarchien und der elementarischen Welt wahr.

> Was wir hier im Leben zwischen Geburt und Tod als Raum und Zeit erleben, ist nach dem Tode in diesem Sinne nicht mehr vorhanden. Es existiert nur noch die «Zeit»

Die besondere Schwierigkeit über die Dinge der Geisteswissenschaft zu sprechen, liegt darin, daß wir uns, sobald wir den Blick hinaufwenden in die geistigen Welten, wirklich die ganze Anschauung abgewöhnen müssen, die wir hier entwickeln für das Raumesdasein; daß wir uns ganz abgewöhnen müssen die Raumesanschauung und wissen müssen, daß es Raum da nicht gibt, daß alles in der Zeit verläuft, und daß sogar die Organe da zeitliche Vorgänge sind. Man muß nicht nur umlernen, wenn man sich hineinfinden will in die Ereignisse des geistigen Lebens, sondern man muß auch in der Weise sich ganz umwandeln, ummodellieren, umlebendigen, daß man sich eine ganz andere Vorstellungsart aneignet. Und darinnen besteht das Schwierige, [...] das viele so sehr scheuen, selbst wenn sie eine noch so scharfsinnige Philosophie für den physischen Plan betreiben. Die Leute hängen eben an der Raumesvorstellung und können sich nicht hineinfinden, in bezug auf die Vorstellungen, in ein Leben, das lediglich in der Zeit verläuft.

> Und als Drittes müssen wir uns klar sein, daß im Leben nach dem Tode, in der Geistwelt eine große «Umstülpung» stattfindet: was hier in diesem Leben in uns ist, wird unsere Außenwelt, was hier in diesem Leben außerhalb von uns ist, wird unsere Innenwelt.

In der Zeit zwischen dem Tode und einer neuen Geburt wird dasjenige, was wir hier gewollt haben, was wir hier der Außenwelt mitgeteilt haben, was wir getan haben, das wird unsere Innenwelt. Was wir gedacht haben, was heruntergestiegen ist in uns, das beleuchtet unsere Außenwelt; das Äußere wird Innen, das Innere wird Außen. Halten Sie fest an diesem bedeutsamen Satz: das Außen wird Innen, das Innen wird Außen.

Das heißt aber auch, daß die Organe innerhalb unseres physischen Leibes zur Außenwelt werden, daß wir sie außerhalb von uns schauen. Und wir erfahren weiter, daß diese Organe einstmals Geistwesen waren, die sich für den Menschen geopfert haben.

Das alles, was wir da im physischen Leibe vor uns haben, das sind Schrumpfprodukte, verdorrte Produkte von einstmals existierenden Lebewesen; von Lebewesen, die in einer herrlichen Umgebung gelebt haben und die jetzt zusammengeschrumpft und verdorrt sind. Und in dem Leben, das sie heute in sich haben, diese Lunge, dieses Herz, diese Leber und die anderen Organe, in dem ist nur das letzte Dekadenzleben eines ursprünglichen gewaltigen innerlichen Lebens.

Kapitel II: Der Weg durch die nachtodliche Welt

Vom Wesen des Todes

Wie der Mensch nicht immer wachen kann, so kann er auch für die wirklichen Verhältnisse des Lebens in seinem ganzen Umfange nicht auskommen ohne das, was ihm das Übersinnliche zu geben vermag. Das Leben dauert fort im Schlafe, und die Kräfte, welche im Wachen arbeiten und schaffen, holen sich ihre Stärke und ihre Erfrischung aus dem, was ihnen der Schlaf gibt. So ist es mit dem, was der Mensch in der offenbaren Welt beobachten kann. Das Gebiet der Welt ist weiter als das Feld *dieser* Beobachtung. Und was der Mensch im Sichtbaren erkennt, das *muß* ergänzt und befruchtet werden durch dasjenige, was er über die unsichtbaren Welten zu wissen vermag. Ein Mensch, der sich nicht immer wieder die Stärkung der erschlafften Kräfte aus dem Schlafe holte, müßte sein Leben zur Vernichtung führen; ebenso muß eine Weltbetrachtung zur Verödung führen, die nicht durch die Erkenntnis des Verborgenen befruchtet wird. Und ähnlich ist es mit dem «Tode». Die lebenden Wesen verfallen dem Tode, damit neues Leben entstehen könne. Es ist eben die Erkenntnis des Übersinnlichen, welche klares Licht verbreitet über den schönen Satz Goethes: «Die Natur hat den Tod erfunden, um viel Leben zu haben.» Wie es kein Leben im gewöhnlichen Sinne geben könnte ohne den Tod, so kann es keine wirkliche Erkenntnis der sichtbaren Welt geben ohne den Einblick in das Übersinnliche. Alles Erkennen des Sichtbaren muß immer wieder und wieder in das Unsichtbare untertauchen, um sich entwickeln zu können. So ist ersichtlich, daß die Wissenschaft vom Übersinnlichen erst das Leben des offenbaren Wissens möglich macht; sie schwächt niemals das Leben, wenn sie in ihrer wahren Gestalt auftaucht; sie stärkt es und macht es immer wieder frisch und gesund, wenn es sich, auf sich selbst angewiesen, schwach und krank gemacht hat.

Der Tod ist etwas, was am allermeisten zwei total voneinander verschiedene Seiten hat. Der Tod von hier aus, von der physischen Welt aus gesehen, hat gewiß viele trostlose Seiten, viele schmerzliche Seiten. Aber es ist wirklich so, daß man von hier aus den Tod von der einen Seite nur ansieht; wenn man aber gestorben ist, sieht man ihn von der anderen. Da ist er das befriedigendste, vollkommenste Ereignis, das man überhaupt erlebt, denn er ist da lebendige Tatsache. Während er hier ein Beweis dafür ist, auch für unsere Empfindung, für unser Gefühl, wie hinfällig, wie vergänglich das physische Leben des Menschen ist, ist der Tod, angeblickt von der geistigen Welt aus, gerade ein Beweis dafür, daß immerdar der Geist den Sieg über alles Ungeistige davonträgt, daß immerdar der Geist das Leben ist, das unvergängliche, das nie versiegende Leben. Er ist gerade ein Beweis dafür, daß es keinen Tod gibt in Wirklichkeit, daß der Tod eine Maja, ein Schein ist. Darin liegt auch der große Unterschied zwischen dem Leben von dem Tode bis zu einer neuen Geburt und dem Leben hier von der Geburt bis zum Tode.

Denn sehen Sie, kein Mensch kann sich mit gewöhnlichen physischen Erkenntnismitteln an seine eigene Geburt erinnern. Die eigene Geburt kann niemand aus der Erfahrung beweisen, weil er sie nicht gesehen hat. Die Geburt ist etwas, das vor dem Menschenauge hier im physischen Leben nicht stehen kann. Die Geburt liegt vor der Zeit, an die man sich erinnert. Und die Geburt steht nie da. Der Tod aber – und dadurch unterscheidet er sich von der Geburt in seiner Bedeutung nach dem Tode – steht immer als das größte, bedeutendste, lebendigste, vollkommenste Ereignis vor dem geistigen Auge in der Zeit zwischen dem Tod und einer neuen Geburt. Denn der Tod ist eben das, wovon wir unser Ich-Bewußtsein nach dem Tode haben. Und ebenso wie es uns hier in unserem physischen Leben unmöglich ist, uns an unsere Geburt zu erinnern, ebenso notwendig und selbstverständlich ist es in der ganzen Zeit, die wir in der geistigen Welt verbringen, in dem Leben zwischen Tod und neuer Geburt, daß immer der Moment, wo der Geist sich losringt von dem Leibe, vor unserem geistig-seelischen Blick steht.

Tod und physischer Leib

Im Vergleich zur Häufigkeit, mit der Steiner über das Kamaloka gesprochen hat (95mal), über den Zustand also, in dem der Mensch nach dem Tode sein Leben rückwärts läuternd durchlebt, sind seine Angaben über das, was beim Tode mit dem physischen Leib geschieht, auffallend spärlich. Wie die Aussagen über das Innere der Erde wurden sie zum großen Teil in seiner frühen Lehrtätigkeit gemacht. In vielen späteren Vorträgen, die Steiner über das Wesen des Todes gehalten hat, finden sich darüber lapidare Worte wie die folgenden:

Was ereignet sich im Augenblick des Todes? Wenn nach dem Tod der Ätherleib, der Astralleib und das Ich des Menschen sich vom physischen Leib abgelöst haben, bleibt in der physischen Welt einzig der Leichnam zurück.

Sehen Sie, dazumal sind Sie auch in einem physischen Leibe auf der Erde gewandelt, selbstverständlich. Aber von all dem, was da physischer Leib an Ihnen war, ist ja nichts geblieben; das ist alles in die Erdenelemente aufgesogen worden, von dem ist nichts da. Dasjenige, was Ihr innerstes Wesen war in der damaligen Zeit, das ist ganz geistig geworden, das lebt in Ihnen als ganz Geistiges.

Irgendwie scheint es, als habe Steiner nach seinem Sich-Verbinden mit der theosophischen und später anthroposophischen Gesellschaft vermieden, über das «Physische» – sei es der physische Leib des Menschen oder das Innere der Erde – zu sprechen. Seine späteren Aussagen sind fast wie erratische Blöcke. Oder liegt der Grund darin, daß ihn niemand diesbezüglich gefragt hat, weil es den damaligen Menschen nicht wichtig war? Wir wissen aus anderen Zusammenhängen, daß er auf solche Fragen wartete.

Doch was ist in Wirklichkeit dieser physische Leib? Die nachfolgende Stelle gibt uns einen Hinweis, auch darauf, warum dieser physische Leib nach dem Tode nicht erhalten werden kann.

Du trägst an dir jenen Körper, den deine äußeren physischen Augen sehen. Der Mittelpunkt der Erde schickt diesem Körper die Kräfte, die ihn sichtbar machen. Das ist dein physischer Leib. Aber schaue dich um in der Umgebung deiner selbst auf der Erde. Du siehst die Steine, sie dürfen für sich auf der Erde sein, sie sind heimatlich auf der Erde. Sie können, wenn sie eine Gestalt angenommen haben, diese Gestalt behalten durch die Erdenkräfte. Sieh den Kristall: er trägt seine Form in sich, er behält diese Form seiner eigenen Wesenheit durch die Erde. Das kann dein physischer Leib nicht. Verläßt ihn deine Seele, dann zerstört ihn die Erde, dann löst sie ihn in Staub auf. Die Erde hat keine Macht über deinen physischen Leib. Sie hat die Macht, die durchsichtigen, wunderbar gestalteten Kristallgebilde zu bilden und zu erhalten; sie hat keine Macht, die Gestalt deines physischen Leibes zu erhalten, sie muß ihn in Staub auflösen. Nicht von der Erde ist dein physischer Leib. Dein physischer Leib ist von hoher Geistigkeit. Seraphim, Cherubim, Throne, ihnen gehört dasjenige, was Form und Gestalt deines physischen Leibes ist. Nicht der Erde gehört dieser physische Leib, den höchsten dir zunächst zugänglichen geistigen Mächten gehört dieser physische Leib. Die Erde kann ihn zerstören, niemals kann sie ihn aufbauen.

Und so können wir die eingangs gegebene Beschreibung (S. 9 f.) der Entwicklung der menschlichen Wesensglieder ergänzen:

Der physische Leib entstand auf dem «alten Saturn». Er war das Geschenk, die Opfergabe der Throne im Verein mit den Cherubim und Seraphim.

Der Ätherleib entstand auf der «alten Sonne» und war Geschenk, Opfergabe der Kyriotetes.

Der Astralleib entstand auf dem «alten Mond» und war Geschenk, Opfergabe der Dynamis.

Das Ich wurde dem Menschen auf der Erde geschenkt und war Opfergabe der Exusiai.

So zerfällt der physische Körper als Leichnam und wird von der Erde aufgenommen. Doch wir haben schon zu Beginn gesehen, daß er zwei «Teile» hat, den materiellen physischen Leib und den übersinnlichen Formleib.

Aber auch in bezug auf den physischen Leib müssen wir noch lernen umzudenken, richtig lernen umzudenken, wenn wir in dem rechten Maße das ins Auge fassen wollen, was uns nach dem Durchgang durch die Todespforte erwartet. Sie wissen ja, denn das kann noch von der physischen Welt aus beobachtet werden, beim Durchgang durch die Todespforte legt der Mensch seinen physischen Leib, wie man sagt, ab. Er wird übergeben durch Verwesung oder Verbrennung – die beiden Prozesse unterscheiden sich nur durch Zeitlänge – dem Element der Erde. Nun könnte es scheinen, als ob für den, der nun durch die Todespforte gegangen ist, dieser physische Leib als solcher einfach abgetan wäre. Das ist aber nicht der Fall. Der Erde können wir von unserem physischen Leib nämlich nur dasjenige übergeben, was von der Erde selber stammt.

> Hier sei eine Zwischenbemerkung erlaubt. Wir müssen uns bewußt sein, daß selbst das, was wir von der materiellen Erde in uns aufnehmen – sei es durch die Nahrung, die Atmung oder auf sonst eine Weise – durch unseren Ätherleib umgewandelt, durch unseren Astralleib «beseelt» wird und deshalb beim Ausscheiden – und der Tod ist ja ein totales «Ausscheiden» der Materie – nicht mehr den Gesetzen der Erde entspricht. Deshalb sagt Steiner an anderer Stelle:

Der Menschenstaub [...] macht ganz besondere Wege durch. Ich habe darauf hingewiesen, daß er eigentlich den Weg nach oben anzutreten versucht. Es würde tatsächlich der Staub, der vom Menschen kommt, anders als anderer Staub, in den ganzen Kosmos hinein zerstäuben, ganz gleichgültig, ob der Leichnam verbrannt wird oder verwest, wenn er nicht ergriffen würde von der Sonnenkraft, von der Kraft, die in der Sonne ist. In der Tat, diejenige Kraft, die uns an der Oberfläche des glitzernden Steines erglänzt, oder wenn wir die Pflanzenfarben sehen, das ist nur *eine* Kraft der Sonne, das ist diejenige Kraft, die Julian, der Apostat, die sichtbare Sonne genannt hat. Dann haben wir die unsichtbare Sonne, welche der sichtbaren zugrunde liegt, wie die Seele dem äußeren physischen Menschenorganismus. Diese Kraft, die natürlich nicht mit den physischen Ätherstrahlen herunterkommt, sondern die darin erst wieder lebt, diese Kraft belebt in einer ganz besonderen Weise den Menschenstaub, so wie sie sonst nichts, nicht den mineralischen, nicht den pflanzlichen und nicht den tierischen Staub belebt. Eine fortwährende Wechselwirkung findet statt post mortem zwischen dem, was rein äußerlich, leiblich, vom Menschen übrigbleibt, und den Kräften, die von der Sonne herunterstrahlen. Beides begegnet sich. Die Kräfte, die da herunterströmen, um den Menschenstaub zu bewegen, sind allerdings diejenigen Kräfte, die der Tote selber – jetzt als geistig-seelische Individualität – nach dem Tode entdeckt. Während wir, indem wir in den physischen Leib hinein inkarniert sind, die physische Sonne sehen, entdeckt der Tote, wenn er durch die Pforte des Todes gegangen ist, die Sonne zuerst als das Weltenwesen, welches da unten auf der Erde Menschenstaub belebt. Das ist eine Entdekkung, die der Tote unter den allgemeinen Entdeckungen, die er nach dem Tode macht, auch macht. Er lernt kennen das Ineinander-Verwobenwerden von Sonnenkraft, von seelischer Sonnenkraft mit Menschenstaub. Und indem er dieses Gewebe kennenlernt zwischen Menschenstaub und Sonnenkraft, lernt er erstens überhaupt das Geheimnis der Wiederverkörperung kennen, von der andern Seite gesehen, vorbereitend die nächste Inkarnation, aus dem Kosmos heraus webend die nächste Inkarnation. Und außerdem lernt er von der andern Seite gewisse Tatsachen erkennen, auf denen das Geheimnis der Wiederverkörperung beruht […].

Und nun wieder zurück zum vorherigen Text:

Nicht können wir der Erde übergeben von unserem physischen Leib dasjenige, was von dem alten Mondendasein herrührt, was von dem alten Sonnendasein herrührt, von dem alten Saturndasein herrührt. Dasjenige, was von dem alten Saturndasein herrührt, von dem Sonnendasein und vom Mondendasein, ja sogar von einem großen Teil des Erdendaseins noch, das sind übersinnliche Kräfte. Und diese übersinnlichen Kräfte, die in unserem physischen Leib drinnenstecken, von denen sich uns eben nur in der sinnlichen Anschauung, wie ich eben auseinandergesetzt habe, die Außenseite zeigt, diese übersinnlichen Kräfte, wohin kommen denn die, wenn wir durch die Todespforte hindurchgegangen sind? – Von unserem physischen Leib, von diesem wunderbarsten Gebilde, das überhaupt in der Welt vorhanden ist zunächst als Gebilde, von unserem physischen Leib wird, wie gesagt, nur dasjenige, was ihm die Erde gegeben hat, der Erde zurückgegeben. Das andere, wo ist es denn, wenn wir durch die Todespforte geschritten sind? – Das andere zieht sich zurück von dem, was in die Erde gleichsam hineinsinkt durch Verwesung oder Verbrennung; das andere wird aufgenommen in das ganze Universum. Und wenn Sie alles, alles, was Sie ahnen können im Umkreis der Erde, mit sämtlichen Planeten und Fixsternen denken, und wenn Sie das möglichst geistig denken, so werden Sie in diesem also geistig Gedachten den Ort haben, wo das Geistige von uns ist. Denn nur ein Stück dieses Geistigen wird abgetrennt, das in Wärme lebt, und das bei der Erde verbleibt. Wärme, unsere innere Wärme, unsere Eigenwärme wird abgetrennt, bleibt bei der Erde. Aber alles dasjenige, was sonst geistig ist am physischen Leib, das wird hinausgetragen in den ganzen Weltenraum, in den ganzen Kosmos.

Wenn wir nun als Mensch unseren physischen Leib verlassen, wohinein gehen wir denn, in was tauchen wir denn eigentlich unter? Wir tauchen wie in Blitzesschnelligkeit mit unserem Tode in das unter, was aus all den übersinnlichen Kräften unseren physischen Leib bildet. Sie können sich ganz ruhig vorstellen, daß alle die Baukräfte, die seit der Saturnzeit an Ihrem physischen Leib gewirkt haben, sich ins Unendliche ausdehnen und Ihnen den Ort bereiten, in dem Sie leben zwischen dem Tod und einer neuen Geburt. Alles das ist, möchte ich sagen, nur zusammengezogen in dem Raum, der von unserer Haut eingeschlossen ist zwischen der Geburt und dem Tode.

Und damit ist noch etwas anderes verbunden. Es ist etwas schwierig, über diese Dinge zu sprechen, weil, wie gesagt, keine entsprechenden Erfahrungen hier in der physischen Welt vorhanden sind, aber man muß versuchen, diese Dinge auch zu charakterisieren, so wie sie eben sind. Wenn wir also im weiteren Fortleben nach dem Tode hinblicken auf unser Gestorbensein, dann haben wir vor allen Dingen den empfindungs-, vorstellungsmäßigen Eindruck, daß da, wo wir gestorben sind, nunmehr, nachdem wir gestorben sind, nichts ist, nicht einmal Raum. Es ist, wie gesagt, schwer zu beschreiben, aber es ist so: Nichts ist da. Und im äußeren Sinne gesprochen: Herrlich, erhaben erscheint die Sache aus dem Grunde, weil überall sonst uns eine neue Welt aufgeht. Es drängt sich die flutende Geistwelt von allen Seiten heran, aber nichts ist da, aus dem wir herausgestorben sind.

So theoretisch beschrieben hat vielleicht die Sache etwas Grauenvolles, aber in der Empfindung nach dem Tode ist es nichts Grauenvolles. In der Empfindung nach dem Tode läßt es eine tiefe Befriedigung in die Seele quellen. Man lernt gleichsam sich ausdehnen in die ganze Welt und hinschauen auf etwas, was wie leer ist in der Welt. Und daraus entsteht die Empfindung: Das ist dein Platz in der Welt, der Platz, der aus allen den Weiten heraus ist, und der dein ist. – Und man bekommt die Empfindung, gerade aus dieser Leere, daß man einen Sinn hat für die ganze Welt, daß jedes einzelne Menschendasein – man bekommt es zunächst natürlich als Erklärung für sich selber – da sein muß. Dieser Platz würde immer leer sein, wenn ich nicht da wäre – so sagt sich jede Seele. Daß jeder, jeder als Mensch einen Platz zugeteilt hat im Weltenall, diese Empfindung, die unglaublich innerlich erwärmende Empfindung, die geht aus dieser Betrachtung hervor: daß die ganze Welt da ist, und daß diese ganze Welt herausgetrieben hat wie aus einer Symphonie die einzelne Note, die man ist, und die da sein muß, sonst wäre die Welt nicht da. Diese Empfindung, das ist diejenige, die aus der Rückschau auf das Todeserlebnis entsteht. Die bleibt, denn die gibt vorzugsweise das Ich-Bewußtsein, das Selbstbewußtsein zwischen dem Tod und einer neuen Geburt.

Wir haben vom physischen Leib nun betrachtet:

1. den materiellen physischen Leib

2. die physischen Kräfte, herrührend aus der Entwicklung seit dem «alten Saturn».

Zwei weitere Aspekte des physischen Leibes sind noch zu berücksichtigen:

3. die übersinnliche Form des physischen Leibes.

Bei dem berühmten Ausbruch des Vesuv, durch den im Jahre 79 Herkulanum und Pompeji verschüttet wurden, hat sich etwas Bemerkenswertes zugetragen. Bekanntlich ist dabei der berühmte römische Schriftsteller Plinius der Ältere zugrunde gegangen. Dessen Schicksal okkult zu verfolgen, ist außerordentlich bedeutsam, doch soll in unserem jetzigen Zusammenhang nicht auf sein individuelles Karma eingegangen werden, sondern auf etwas anderes. [...] Ich habe im Verlauf des Vortrags über die Eigentümlichkeit der achten Schicht [im Inneren der Erde] gesprochen, die man den Zersplitterer oder Zahlenerzeuger nennt. Diese Schicht hat nun auch für den physischen Leib des Menschen eine große Bedeutung. Was man gewöhnlich den menschlichen Leib nennt, geht nach dem Tode physisch-stofflich zugrunde. Es löst sich in den obersten Schichten der Erde auf, nicht aber die Kraftsumme, die den physischen Leib in der Form hält. Diese können Sie in der siebenten Schicht, dem sogenannten Erdspiegel, finden. Wenn Sie also in der Akasha-Chronik den Moment festhalten, in dem ein Mensch auf der Erde eben gestorben ist, und dann den Verbleib seiner einzelnen Wesensglieder verfolgen, werden Sie sehen, wie der physische Leichnam zugrunde geht, wie aber die physische Form als bleibend im Erdspiegel, in der siebenten Schicht, zu finden ist. [...] Tatsächlich ist dies eine Art von Reservoir für die Formen, die vorhanden bleiben. Die Materie geht zugrunde, aber die Form bleibt aufbewahrt.

Wenn Sie nun eine solche aufbewahrte Menschenform verfolgen, so sehen Sie, daß sie eine Zeitlang in dieser siebenten Schicht verbleibt. Dann wird sie in der achten Schicht, dem Zersplitterer oder Zahlenerzeuger, in der Tat zersplittert. [...] Dieser Formleib eines Menschen wird Ihnen viele Male geteilt erscheinen. Er tritt dann wieder beim Aufbau späterer Menschen in Erscheinung. Also wohlgemerkt, der Mensch, wie er unter uns lebt, hat nicht bloß seine Individualität, sein Innerstes; er trägt auch andere Menschen der Form nach in sich, in seiner Mitte im Körper. Und tatsächlich ist es möglich, den Einfluß aufzuzeigen, den die zersplitterte leibliche Form des Plinius auf das Denken materialistischer Naturforscher gehabt hat, welche diese zersplitterte Form in sich aufgenommen haben.

So geheimnisvoll sind die Zusammenhänge, die sich uns ergeben, wenn wir in die Konstitution der Erde eindringen. Sie werden es jetzt begreiflich finden, daß in gewisser Beziehung auch das Äußere, der Aufbau unserer Körper, von solchen vorhergehenden Ereignissen karmisch abhängig ist. Ein Geschehen wie der Untergang des Plinius wirkt auf den Aufbau späterer Gehirne nach, wirkt nicht auf die Seelen nach, sondern auf die leiblichen Formen. Das sind besonders feine Vorgänge, die sehr wichtig sind, wenn man die Zusammenhänge zwischen Mensch und Erde verstehen will.

Es wird bei der Betrachtung der Rückkehr und Inkarnation des Menschen notwendig sein, genau zu betrachten, wie solche Elemente aus der 8. Schicht des Erdinneren in die neue Gestalt hineinfließen können.

Der letzte noch zu berücksichtigende Aspekt des physischen Leibes ist schließlich:

4. der physische Geistkeim oder die Essenz.

Zu gleicher Zeit müssen wir uns eines klarmachen: Neben dieser Essenz vom Ätherleib bleibt, wenn auch wenig, nur gleichsam ein Kraftpunkt, auch eine Essenz von dem physischen Leibe des Menschen zurück; selbstverständlich nicht so, daß ihn ein physisches Auge sehen kann, sondern wie ein Kraftzentrum. Das ist mit dem Lebensleib ebenfalls verbunden, und das gibt dem physischen Leibe gerade die menschliche Form.

Es ist dies die einzige Stelle, in der Steiner vom «Geistkeim» des physischen Leibes spricht, und zwar bereits 1907, in einem der öffentlichen Vorträge.

Dagegen findet sich aber auch eine Aussage, in der vom Tod des physischen Leibes die Rede ist. Darauf muß hier näher eingegangen werden, da sie zu Mißverständnissen führen kann:

Unseren Kopf, wie wir ihn jetzt haben, verlieren wir ja unter allen Umständen durch den Tod, nicht nur als Materie, die sich mit der Erde vereinigt, sondern auch als Form; in die nächste Inkarnation tragen wir ja das, was Kopf wird, vom Extremitätenmenschen hinüber.

Aus der Goetheschen Metamorphosenlehre wissen wir, daß unsere Schädelknochen umgewandelte Knochen des Rückgrates sind. Wir können den Kopf in dieser Hinsicht noch detaillierter betrachten: Der Schädel mit dem Gehirn stellt dann gewissermaßen das «Haupt» des Menschen dar, der mittlere Kopfbereich mit den vielen Sinnesorganen (Sehsinn, Hörsinn, Geruchssinn, Gleichgewichtssinn, Geschmackssinn, aber auch Wärmesinn, Tastsinn) den «Rumpf» und der untere Teil mit Ober- und Unterkiefer den «Stoffwechsel-Gliedmaßenmenschen».

Wohin jedoch ein allzu wörtliches Interpretieren führen kann, illustriert folgendes Erlebnis.

Eine Frau hatte in einem Knie dauernd Schmerzen. Die ärztlichen Untersuchungen, auch von Spezialisten, zeigten keinen Befund. Es war ihr dann möglich, in ihr vergangenes Leben zurückzublicken, und da zeigte sich, daß sie damals – aus karmischen Gründen – das Knie gebrochen hatte, und da die karmische Verwicklung noch nicht ganz gelöst war, bereitete ihr das betreffende Knie auch in diesem Leben Schmerzen. Als sie diesen Befund einem anthroposophischen Freund mitteilte, sagte dieser mit Überzeugung: Das kann nicht sein. Rudolf Steiner hat selber gesagt, daß der Extremitätenmensch im nächsten Leben Kopf werde!

So etwas kann geschehen, wenn man einen Satz aus dem Zusammenhang reißt und vergißt, daß der «Extremitätenmensch» aus verschiedenen Gliedern besteht. Rudolf Steiner hat diese oben aufgeführte Aussage einige Monate später präzisiert:

Sie wissen ja aus den Auseinandersetzungen, die wir in der letzten Zeit gepflogen haben, daß das, was heute Kopf ist bei jedem Menschen, eigentlich der übrige Organismus, außer dem Kopfe, aus der früheren Inkarnation ist. Ich habe Ihnen das öfter auseinandergesetzt. Die Formationskräfte des Kopfes, natürlich nicht die physische Substanz, aber die Formationskräfte des menschlichen Hauptes, die ja auch in ihrer Rundung dem Kosmos gleichgebildet sind, gehen hinüber in den Kosmos. Was an Kräften unser Leben durchdauert zwischen Tod und neuer Geburt und in der nächsten Inkarnation zum Kopfe wird – dem sich dann aus dem Leibe der Mutter, befruchtet vom Vater, der übrige Organismus angliedert –, das ist der übrige Leib der vorhergehenden Inkarnation. Den Kopf verlieren wir in bezug auf seine Kräfte, indem wir durch den Tod gehen; den übrigen Leib in bezug auf seine Kräfte wandeln wir um zu unserem Haupte, zu unserem Kopf in der nächsten Inkarnation.

Es handelt sich dabei um einen geistigen, keinen physischen Vorgang. Das zeigt sich ganz klar in den folgenden Ausführungen

Man stelle sich vor gehend und vielleicht die Arme bewegend. Da denkt der Mensch gewöhnlich, daß er seine Beine bewegt und die Beine ihn weitertragen. Das ist ja auch die bequemste Vorstellung, die man haben kann. Man denkt, irgendeine unbekannte Kraft – es ist natürlich eine unbekannte Kraft, denn kein Mensch kann aus dem gewöhnlichen Bewußtsein von dieser Kraft etwas wissen –, die wird hineinströmen gelassen in die Beine. Ein Bein wird vor das andere gesetzt. So tragen wir uns selber durch die Welt.

So ist es nicht. Ganz und gar haben die Beine nicht die Aufgabe, uns durch die Welt zu tragen zunächst. Es ist einfach nicht wahr. Und wir geraten hier an einen Punkt, wo das gewöhnliche Bewußtsein sofort seine Maja zeigt; denn es ist Maja, wenn wir in dem Glauben leben, daß wir mit den Beinen, mit den physischen Beinen gehen, daß die physischen Beine dazu da seien, um zu gehen. [...]

Es handelt sich um folgendes. Man stelle sich nur einmal ganz schematisch vor: das seien die menschlichen Beine, wo eins vor das andere schreitet. Aber innerhalb dieser menschlichen physischen Beine ist ja der menschliche Ätherleib enthalten; der Teil des menschlichen Ätherleibes, der den Beinen entspricht. Da ist der Astralleib enthalten, der den Beinen entspricht, und dann noch die Ich-Organisation. Wir gehen nun nicht mit den physischen Beinen, wir gehen nicht mit den Ätherbeinen, wir gehen nicht einmal mit den astralischen Beinen, sondern wir gehen mit denjenigen Kräften, die der Ich-Organisation entsprechen. Wir leben mit diesen Kräften, die der Ich-Organisation entsprechen, in den Schwerkräften der Erde, die unsichtbar sind. Diese Schwerkräfte der Erde erleben wir mit den Kräften unserer Ich-Organisation. Und dasjenige, was zunächst dem Willen der Bewegung entspricht, vollzieht sich zwischen der unsichtbaren Ich-Organisation und den unsichtbaren Schwerkräften der Erde.

Nur ist die Ich-Organisation darauf angewiesen, daß sie etwas fühlt als Widerstand, wenn sie mit den Schwerkräften der Erde in Verbindung tritt. Dazu ist der Astralleib da der Beine, der Ätherleib und namentlich der physische Leib, bloß daß die Ich-Organisation sich selber fühlen kann, wahrnehmen kann. Und ohne die Wahrnehmung kann sie nicht mit der Erdenorganisation in Verbindung treten; denn sie muß bewußt mit der Erdenorganisation in Verbindung treten. Damit die Ich-Organisation im Schreiten ihrer selbst bewußt wird und mit den Erdenkräften in Verbindung treten kann, sind die physische Organisation und die anderen Organisationen da.

Das Gehen ist also ein ganz übersinnlicher Vorgang. Die sinnliche Organisation ist nur dazu zum Gehen da, daß das Gehen vom Menschen wahrgenommen werden kann, weil er so etwas nur ausführen kann, wenn er es wahrnimmt. Sie gehen ebensowenig mit den physischen

Beinen, wie Sie mit den Strümpfen gehen. Sie gehen mit dem, was in den Beinen Ihrer Ich-Organisation entspricht. Und wie Sie die Strümpfe haben, daß sie Ihnen warm geben, so haben Sie die physischen Beine, daß sie Ihnen Bewußtsein geben für das Gehen.

ERINNERN WIR UNS nun an diese Grundwahrheit, die wir in diesen Tagen im einzelnen etwas weiter ausgeführt haben, daß der Mensch im wesentlichen eine Doppelnatur genannt werden kann, und daß schon sein Äußeres zeigt, daß er eine Doppelnatur ist, indem der Kopf, das Haupt des Menschen, man möchte sagen, von einem ganz anderen Gesichtspunkte aus gebaut ist als der übrige Organismus. Wenn wir das Haupt eines Menschen betrachten, wie er es heute hat, so ist es im wesentlichen das Ergebnis dessen, was aus dem Leibe der vorhergehenden Inkarnation geworden ist. Und aus unserem jetzigen Leibe, mit Ausschluß des Hauptes, wird, wenn wir durchgegangen sein werden durch den Zeitraum zwischen Tod und neuer Geburt, unser Haupt der nächsten Inkarnation. So daß wir also schematisch den Fortgang des Menschen durch die Inkarnationen so zeichnen könnten: Der Mensch hat sein Haupt, er hat seinen übrigen Leib. Dasjenige, was jetzt sein Haupt ist, verliert er im wesentlichen; was sein übriger Leib ist, das wird in der nächsten Inkarnation umgewandelt erscheinen als sein Haupt, und seinen Leib wird er wiederum von der Erde bekommen. Dieser Leib wird dann wieder Haupt in der nächsten Inkarnation, und seinen Leib bekommt er dann wiederum von den Vorfahren, von der Erde. Das Haupt geht immer verloren. Natürlich handelt es sich dabei um die Kräfte. Die Materie des übrigen Leibes geht selbstverständlich auch verloren. Aber nicht um diese äußere Materie handelt es sich – die ist eigentlich im wirklichsten Sinne eine Maja –, sondern um all die Kräfte, die in dem Leib mit Ausschluß des Kopfes sitzen; die werden umgewandelt während unseres Durchgangs durch die Zeit zwischen Tod und neuer Geburt in die Kräfte des Hauptes. Und jetzt haben wir wahrhaft in unserem Haupte diejenigen Kräfte, die in unserer vorhergehenden Inkarnation an unseren Leib gebunden waren. Das war die Grundvorstellung, die wir im einzelnen mehr ausgearbeitet haben.

Und im Detail führt nun Steiner in diesem Vortrag aus, wie diese Umwandlung geschieht. Diese Kräfte, wie sie hier genannt werden, sind das, was wir uns in unserem Leben erarbeitet haben. Wir werden ihnen bei der Beschreibung des Äther- und Astralplanes nicht als abstrakte «Kräfte», sondern als lebendige «Wesenheiten» begegnen.

Tod und Ätherleib

Wir haben gesehen, daß bei Eintritt des Todes der physische Leib abfällt, Äther-, Astralleib und Ich des Menschen noch eine gewisse Zeit zusammenbleiben. Was das zur Folge hat, schildert Rudolf Steiner so:

Nachdem also der Mensch durch die Pforte des Todes geschritten ist, macht er ein Erlebnis durch in bezug auf das, was wir sein Denken, seine Gedanken nennen. Das Gedankenleben haben wir ja so im Leben zwischen Geburt und Tod, daß wir sagen: die Gedanken sind in unserer Seele, wir denken. Und diese Gedanken sind uns zwischen Geburt und Tod höchstens Bilder einer äußeren Wirklichkeit. Wenn der Mensch seinen physischen Leib abgelegt hat, dann werden die Gedanken in einer eigenartigen Weise zu einer äußeren Realität. Das ist das erste Erlebnis, welches der Verstorbene in der geistigen Welt hat, daß er die Gedanken wie losgelöst von sich empfindet, daß sie draußen, gleichsam außer seiner Seele sind, wie in dem Leben zwischen Geburt und Tod die sinnlichen Gegenstände draußen, außer uns sind. Es ist wie ein Herauswandern der Gedanken in eine seelische Außenwelt. Es machen, könnte man sagen, die Gedanken einen gewissen Weg durch; einen solchen Weg machen sie durch, daß sie von dem unmittelbaren seelischen Erleben ähnlich sich loslösen wie die Gedanken, die im gewöhnlichen Leben unsere Erinnerungen werden; nur daß wir bei unsern Erinnerungen das Gefühl haben; sie tauchen in ein unbewußtes Erleben hinunter, aus dem sie im entsprechenden Momente wieder hervorgeholt werden können; sie entreißen sich dem Gegenwartsleben, aber so, daß wir die Empfindung haben, daß sie in uns sind. Nach dem Tode reißen sich die Gedanken auch los, aber so, daß die ganze Gedankenwelt, welche der Mensch im Leben zwischen Geburt und Tod angesammelt hat, zu einer objektiven Welt wird. Sie reißen sich nicht los, daß wir das Bewußtsein haben: sie gehen hinunter in ein unbestimmtes Dunkel; sondern sie verselbständigen sich in der Weise, daß sie dann eine geistige Gedanken-Außenwelt außer uns bilden. In dieser Welt ist in Form von Gedanken alles, was wir im letzten Lebenslaufe zwischen Geburt und Tod an Lebenserfahrungen so gewonnen haben, daß wir uns sagen können: wir haben ein Leben durchlebt, haben dieses oder jenes erfahren und sind dadurch an Lebenserfahrungen eben reicher geworden. Dies ist gleichsam auseinandergelöst, wie zu einer Art Lebenstableau geworden, von dem wir uns sagen: das hast du in deinem letzten Leben so erfahren, daß es zu einer gedanklichen Lebenserfahrung wird; das steht um die Seele herum nach dem Tode. Aber nicht so steht es herum, daß es sich wie flüchtige Gedanken ausnimmt, sondern es nimmt sich so aus, wie wenn die Gedanken in dem Augenblick, da sie sich von der Seele losreißen und selbständiges Leben gewinnen, dichter, lebendiger, in sich bewegter würden und eine Welt von Wesenheiten bilden. Diese Welt, in der wir also dann leben, ist die Welt aus unsern herauswandernden Gedanken, die ein selbständiges Dasein haben.

Diese Welt wird auch oftmals geschildert wie eine Art von Erinnerungstableau an das letzte Leben. In der Tat ist sie wie ein Erinnerungstableau, aber wie eines, das sich selbständig gemacht hat, und von dem wir wissen: Das hast du dir erworben, aber das steht da in der Außenwelt drinnen, objektiviert; das lebt!

Nun dauert dieses Erleben der Seele in der objektiv gewordenen Gedankenwelt verschieden lange, individuell verschieden für die einzelnen Menschen, aber doch nur nach Tagen. Denn nach Tagen [...] erlebt dann der Mensch, der durch die Pforte des Todes geschritten ist, wie diese ganze Welt, die gleichsam seine Welt geworden ist, sich entfernt, sich wie in einer geistigen Perspektive von ihm entfernt, wie wenn sie weit, weit in der geistigen Sphäre von ihm wegginge. Nach Tagen dauert es, bis der Zeitpunkt dieses Weggehens, dieses Immer-dünner-und-dünner-Werdens, dieses Immer-nebeliger-und-nebeliger-, Immer-dämmeriger-und-dämmeriger-Werdens der Gedankenwelt eintritt, die da in die Ferne rückt.

Diese gleichsam ins Geistige umgewandelte Gedächtniskraft erwacht als eine erste geistig-seelische Kraft in uns, die nach dem Tode aus der menschlichen Seele so herauskommt, wie die Seelenkräfte beim heranwachsenden Kinde in den ersten Lebenswochen herauskommen. Indem diese Seelenkraft heranwächst, zeigt sich uns eben, daß hinter den Gedanken, die, während wir auf dem physischen Plane waren, nur Schattenbilder waren, Lebendiges steckt, daß ein Leben und Weben in der Gedankenwelt ist. Wir werden gewahr, daß das, was wir innerhalb des physischen Leibes als unser Gedankentableau haben, eben nur ein Schattenbild ist, daß es in Wahrheit eine Summe, eine Ausbreitung von Elementarwesen ist. Wir sehen gleichsam unsere Erinnerungen abglimmen und sehen dafür aus dem allgemeinen Weisheitskosmos heraus eine ganze Anzahl von Elementarwesen erwachen.

Sie könnten fragen: Ja, geht uns denn das nicht ab nach dem Tode, daß wir gerade die Erinnerungskraft überwinden und etwas anderes dann haben? Es geht uns nicht ab, denn wir haben reichlichen Ersatz dafür nach dem Tode. Statt daß wir uns wie im Leben an unsere Gedanken erinnern, merken wir nach dem Tode, daß diese Gedanken, die wir als Gedächtnisgedanken im Leben hatten, für uns sich nur so ausnehmen wie Erinnerungen. Oh, dieser Gedächtnisschatz während des Lebens, er ist etwas ganz anderes als ein bloßer Gedächtnisschatz! Sind wir aus dem physischen Leibe heraus, dann sehen wir diesen ganzen Gedächtnisschatz als lebendige Gegenwart, dann ist er da. Jeder Gedanke lebt als ein Elementarwesen. Wir wissen jetzt: Du hast gedacht während deines physischen Lebens, dir sind deine Gedanken erschienen. Aber während du in dem Wahne warst, du bildetest dir Gedanken, hast du lauter Elementarwesen geschaffen. Das ist das Neue, was du zum ganzen Kosmos hinzugefügt hast. Jetzt ist etwas da, was in den Geist hinein von dir geboren worden ist, jetzt taucht vor dir auf, was deine Gedanken in Wirklichkeit waren. Man lernt zunächst in unmittelbarer Anschauung erkennen, was Elementarwesen sind, weil man diejenigen Elementarwesen zuerst erkennen lernt, die man selber geschaffen hat. Das ist der bedeutungsvolle Eindruck der ersten Zeit nach dem Tode, daß man das Erinnerungstableau hat. Aber dieses fängt an zu leben, richtig zu leben, und indem es anfängt zu leben, verwandelt es sich in lauter Elementarwesen. Jetzt zeigt es sozusagen sein wahres Antlitz, und darin besteht sein Verschwinden, daß es etwas ganz anderes wird. Wir brauchen, wenn wir zum Beispiel mit sechzig oder achtzig Jahren gestorben sind, jetzt nicht mehr für irgendeinen Gedanken, den wir etwa im zwanzigsten Jahre unseres Lebens gehabt haben, Erinnerungskraft, denn er ist da als lebendiges Elementarwesen, er hat gewartet, und wir brauchen uns nicht an ihn zu erinnern. Denn wären wir zum Beispiel in unserem vierzigsten Lebensjahre gestorben, so wäre der Gedanke erst zwanzig Jahre alt – und das sehen wir ihm deutlich an. Diese Elementarwesen sagen uns selber, wie lange es her ist, seit sie sich gebildet haben. Die Zeit wird zum Raum. Sie steht vor uns, indem die lebendigen Wesen ihre eigenen Zeitensignaturen zeigen. Die Zeit wird zur unmittelbaren Gegenwart für diese Verhältnisse.

Wir lernen aus diesen unseren eigenen Elementarwesen, von denen wir im Leben schon umgeben waren, die wir im Tode erblicken, die Natur der elementarischen Welt überhaupt kennen und bereiten uns dadurch vor, auch solche Elementarwesen der Außenwelt zu verstehen im allmählichen Anschauen, die nicht wir geschaffen haben, sondern die ohne uns im geistigen Kosmos vorhanden sind. Durch unsere eigene elementare Schöpfung lernen wir die anderen kennen. Denken Sie sich einmal, wie unendlich verschieden eigentlich dieses Leben zwischen dem Tod und einer neuen Geburt ist von dem irdischen Leben. Das erste, was vorgeht nach der Geburt, ist, daß sich der Mensch noch nicht selber erkennt. Das, was er erlebt als ganz kleines Kind, das erleben die anderen mit ihm. Er ist geboren worden, und die anderen, seine Eltern, schauen dieses Geborene an. Nach dem Tode schaut man sich zunächst allerdings nicht selber an, aber sein Geborenes schaut man als eine Außenwelt an. Das, was draußen ist, was man geboren hat mit dem Augenblick des Todes, das schaut man selber an. So wahr der Mensch, wenn er durch die physische Geburt ins Dasein tritt, eine ihm unverständliche Außenwelt vor sich hat und eigentlich ein Wesen ist, welches nur für die anderen zappelt und weint und auch lacht, so ist man nach dem Tode, nach der Geburt für die geistige Welt, die für die physische Welt der Tod ist, zunächst so, daß man beginnt selber in der Umgebung zu sein, die man sich selber geboren hat, die man sich selber um sich herum aufrichtet, weil man sie geboren hat. Man hat die Welt geboren, während man, wenn man ins Physische geboren wird, von der Welt geboren wird. So ist es mit unseren Gedanken und mit dem, was aus den Gedanken wird mit der Erinnerung, dem Gedächtnisschatz.

Wir würden nicht durch die Zeit, die zwischen dem Tode und der neuen Geburt verläuft, die Erinnerungen an unser Leben über diese Zeit hinübertragen können, wenn nicht etwas ganz Bestimmtes eintreten würde: wenn wir nicht eine Zeitlang, nachdem wir mit dem Tode den physischen Leib verlassen haben, im Äther- oder Lebensleibe bleiben würden. Das ist eben die Zeit, in welcher das verflossene Leben nach unserem Tode vor uns liegt wie ein großes Panorama, wie ein großes Tableau. Wir haben oft von diesem Lebenstableau gesprochen. Dasselbe kann uns nur dadurch erscheinen, daß wir unsern Ätherleib noch eine Zeitlang nach dem Tode haben. Denn dieser Ätherleib ist durchaus eben das Werkzeug für die Erinnerungen. Würden wir ihn sogleich im Tode oder nach dem Tode verlieren, so würden wir dieses Tableau nicht haben können. Wir müssen uns dieses Ätherleibes oder Lebensleibes als eines Werkzeuges bedienen können, und es geschieht etwas, während wir dieses Lebenstableau haben. Während wir dieses Lebenstableau nach unserem Tode in unserer Seele haben, wird dieses ganze Lebenstableau eingetragen, eingraviert gleichsam – wenn ich mich dieses Ausdruckes bedienen darf – in den allgemeinen, den Raum durchdringenden Lebensäther. Nun ist es da drinnen. Was wir erst einige Tage hindurch hielten, ist nun gleichsam aufgezeichnet in den allgemeinen Lebensäther, in dem wir leben, in dem wir immer sind. Dadurch, daß es da aufgezeichnet ist, daß es da drinnen ist, ist es für unser weiteres Leben zwischen dem Tode und der neuen Geburt eben vorhanden. Und wir nehmen einen Extrakt aus unserem Ätherleibe mit, das wissen wir, damit wir immer eine Verbindung herstellen können zwischen uns selbst und diesem in den allgemeinen Lebensäther eingetragenen Lebenstableau. Das ist gleichsam unser fortlaufendes Organ, wodurch wir die Erinnerungen an unser letztes Leben immer haben können.

ABER MAN HAT AUCH das ganz deutliche innere Bewußtsein, daß dadurch, daß der Willensstern im Hintergrunde ist, in diesem Erinnerungstableau dasjenige ist, was wir uns im letzten Erdenleben errungen haben; daß darin das ist, um was wir reifer geworden sind, was wir sozusagen durch den Tod als ein Mehr hinausgetragen haben gegenüber dem, was wir beim Eintritt in unsere Geburt als ein Geringeres gehabt haben. Dieses, was wir wie eine Frucht des letzten Lebens bezeichnen können, das fühlen wir so, als wenn es nicht bleiben würde, wie es war während des Erinnerungstableaus, sondern wie wenn es sich fernte, wie wenn es fortginge, wie wenn es in der Zeiten Zukunft hineinginge und in der Zeiten Zukunft entschwände. [...]

Also es fernt sich unsere Lebensfrucht, wenn wir eine solche erlangt haben, und wir wissen in der Seele: diese Frucht ist irgendwie vorhanden, aber wir sind hinter ihr zurückgeblieben. Man hat das Bewußtsein, man ist an einem früheren Zeitpunkt verblieben, die Lebensfrucht zieht schnell fort, so daß sie früher ankommt an einem späteren Zeitpunkt, und wir müssen ihr nachziehen, dieser

Lebensfrucht. Das, was ich jetzt gesagt habe, dieses innere Erlebnis, daß die Lebensfrucht im Weltenall weilt, vorhanden ist, das müssen wir uns so recht vorstellen, denn das ist es, was den Grund bildet für unser Bewußtsein, für den Beginn unseres Bewußtseins nach dem Tode. [...] In den Verhältnissen unmittelbar nach dem Tode wird dieses Bewußtsein angefacht durch das innere Erfühlen und Erleben dessen, was die Frucht unseres letzten Lebens ist, was wir uns errungen, erobert haben. Das ist vorhanden, aber außer uns vorhanden. Durch dieses Erfühlen und Erleben unseres innersten irdischen Wesens außer uns haben wir die erste Entzündung unseres Bewußtseins nach dem Tode, daran belebt sich dieses Bewußtsein.

Allerdings stehen nicht alle unsere Gedanken vor uns.

DER MENSCH SELBST, der gestorben ist und das gewöhnliche Bewußtsein gehabt hat während des Erdenlebens, sieht ja sozusagen dasjenige, was er da vor sich hat als sein Erdenleben in einem mächtigen Panorama, das sieht er ja sozusagen von vorne. Mit dem Initiationsblick kann man es auch von der anderen Seite, von rückwärts anschauen, dann sprießt da heraus das Netz der karmischen Zusammenhänge. Da sieht man es dann, dieses Netz der karmischen Zusammenhänge, die ja zunächst noch aus Gedanken gesponnen sind, die in dem Willen während des Erdenlebens gelebt haben – da kommt es heraus.

Aber jetzt gliedert sich gleich ein anderes an. Ich habe es Ihnen ja oftmals betont: die Gedanken, die man während des Erdenlebens bewußt durchlebt, sind tot; diejenigen Gedanken aber, die ins Karma hineinverwoben sind, und die da herauskommen, sie sind lebendig. So daß nach dem Rückwärts der Lebensüberschau lebendige Gedanken heraussprießen. Und jetzt ist das ungeheuer Bedeutsame und Wesenhafte dieses, daß nun die Wesen der dritten Hierarchie herankommen und das, was da aufsprießt, ich möchte sagen von der Hinterseite der Lebensüberschau, in Empfang nehmen. Angeloi, Archangeloi, Archai saugen gewissermaßen dasjenige auf, was da aufsprießt, atmen es auf.

Diese Erinnerungen an unser vergangenes Leben, sie stehen als ätherische Wesenheiten vor uns, werden uns bewußt und ziehen dann fort und vereinigen sich mit dem allgemeinen Weltenäther.

Zugleich entsteht in uns ein Extrakt, ein Geistkeim aus unserem Ätherleib, der unser Ich – unsere unvergängliche Wesenheit – auf dem weiteren Weg durch die nachtodliche Welt begleitet. Zusammen erhalten sie uns – ähnlich wie der Anblick des Todeserlebnisses -- unser Selbstbewußtsein.

Mit diesen Ereignissen aber löst sich auch der Ätherleib auf, zurück bleiben der Astralleib und das Ich.

Tod und Astralleib

Mit dem Ablegen des Ätherleibes geht auch eine Verwandlung unseres Bewußtseins einher. Diesem Schritt kann nicht genug Aufmerksamkeit gewidmet werden; denn er ist für das Verständnis der nachtodlichen Welt von ausschlaggebender Bedeutung.

Wir haben gesehen, wie mit dem Tode die Aufgabe des Ätherleibes – das Aufrecht-Erhalten der Funktionen des physischen Leibes und damit der Lebensmöglichkeit auf der physischen Erde – wegfällt und die zweite Aufgabe des Ätherleibes, Gefäß für die Gedanken und Erinnerungen des Lebens zwischen Geburt und Tod zu sein, ganz in den Vordergrund tritt. Ferner: Wie aus dem Ätherleib das bis dahin Verborgene als eigenständige Gedankenwesen austritt, die wir vor uns hingestellt betrachten können, und wie sich diese Gedankenwesen nach einer gewissen Zeit entfernen und im allgemeinen Äther aufgehen. Was im Leben zwischen Geburt und Tod in uns geschlummert hat, das löst sich von uns und stellt sich vor uns hin als etwas Fremdes, Eigenständiges. Bis zu diesem Augenblicke stehen wir gewissermaßen an einem Punkte und schauen in den Umkreis, in die Weiten der nachtodlichen Welt.

Mit dem Auflösen des Ätherleibes erfolgt eine gewaltige Umwandlung unseres Wesens.

Wenn wir da zunächst den Astralleib betrachten, so zeigt sich uns, daß der Mensch nach dem Tode sich hinauslebt – wirklich buchstäblich sich hinauslebt, indem er sozusagen immer größer und größer wird, in alle die Planeten-Sphären hinein. Der Mensch wird durch die Ausdehnung seines geistig-seelischen Wesens zunächst während der Kamaloka-Zeit ein so großes Wesen – verschiedene Wesen durchdringen sich dabei –, daß er bis zu der Grenze kommt, die der Kreis angibt, welchen der Mond um die Erde beschreibt. Dann dehnt er sich aus bis zur Merkur-Sphäre – was hier im Okkultismus mit Merkur gemeint ist –, dann bis zur Venus-Sphäre, darauf weiter bis zur Mars-Sphäre, Jupiter-Sphäre und Saturn-Sphäre. Der Mensch erweitert sich immer mehr und mehr. Mit der Wesenheit, die er durch die Pforte des Todes getragen hat, lebt er im richtigen Sinne so, daß er ein Merkurbewohner, ein Venusbewohner, Marsbewohner und so weiter wird, und er muß in einer gewissen Weise die Fähigkeit haben, in diesen andern planetarischen Welten heimisch zu werden.

Damit aber müssen wir auch ein ganz anderes Bewußtsein entwickeln.

Man glaubt leicht, daß der Mensch, wenn er durch die Pforte des Todes gegangen ist, ein Bewußtsein sich erst wiederum erwerben müsse. So ist es eigentlich nicht. Was der Mensch durchmacht, wenn er durch die Pforte des Todes durchgeht, ist nicht ein Mangel an Bewußtsein. Mit dem Tode tritt nicht ein Mangel des Bewußtseins ein, das Gegenteil tritt ein. Ein Zuviel, eine Überfülle des Bewußtseins ist da, wenn der Tod eingetreten ist. Man lebt und webt ganz im Bewußtsein darin, und so wie das starke Sonnenlicht die Augen betäubt, so ist man zunächst vom Bewußtsein betäubt, man hat zuviel Bewußtsein. Es muß dieses Bewußtsein erst herabgedämmert werden, damit man sich orientieren kann in dem Leben, in das man nach dem Tode eingetreten ist. Das dauert längere Zeit, es geschieht nach und nach in der Weise, daß nach dem Tode immer mehr Momente eintreten, in denen das Bewußtsein eine solche Orientierung möglich macht; daß die Seele für eine mehr oder weniger kurze Zeit zu sich kommt und dann wiederum in eine Art schlafähnlichen Zustand eintritt, wie man es bezeichnen könnte. Dann werden nach und nach solche Momente immer länger, die Seele kommt immer mehr in solche Verhältnisse hinein, bis ein vollständiges Orientieren in der geistigen Welt da ist. […]

Es ist wichtig, wenn wir uns wirklich gute Vorstellungen über das Leben nach dem Tode machen wollen, daß wir diese ganz andern Zeitbegriffe ins Auge fassen; daß wir einsehen, wie da die Zeit nicht etwas ist, von dem man sagen kann, es ist verflossen, und man erinnert sich an die Dinge, die in der Zeit geschehen sind, sondern das Verflossene steht da. Wie der Tisch dasteht und dieser Tisch nicht mitgeht, wenn ich dorthin gehe, wie ich auf ihn zurückschaue, so bleibt nach dem Tode dasjenige, was geschehen ist, was eben nur erinnert werden kann, da stehen, und der Tote schaut darauf zurück, wie man im Leibe auf die räumlichen Gegenstände zurückschaut. Das ist sehr wichtig, ins Auge zu fassen. Was weiter von ganz besonderer Wichtigkeit ins Auge zu fassen ist, das ist, daß wir wirklich in Verbindung bleiben, daß unser Erdenleben in Verbindung bleibt mit dem, was wir nachher zwischen dem Tod und einer neuen Geburt erleben [...].

> Wir müssen uns noch eines anderen bewußt werden: Hier, im Leben zwischen Geburt und Tod, lokalisieren wir unsere Bewußtsein vor allem im Kopfe; denn der Kopf ist der physische Träger der meisten Sinnesorgane, der Träger des Gehirnes. Nach dem Tode, nach dem Ablegen des physischen Leibes sind der physische Kopf und damit auch die Sinnesorgane nicht mehr vorhanden, somit hat der Kopf auch keine Bedeutung mehr.

Nun ist es aber gerade so, daß dasjenige, was vom Haupt des Menschen nach dem Tode bleibt als Geistiges, am schnellsten in der geistigen Region verlorengeht; das verschwindet sozusagen fast ganz mit dem Durchgang durch die Mondenregion. Natürlich müssen Sie mich richtig verstehen: Die physische Stofflichkeit fällt mit dem Leichnam ab; aber im Kopfe haben wir nicht nur die physische Stofflichkeit, wir haben Kräfte, die diesen physischen Leib des Menschen formen und beleben, übersinnliche Kräfte; die gehen durch die Pforte des Todes, die sieht man mit der imaginativen Erkenntnis auch nach dem Tode als Geistgestalt des Menschen, nur sieht man an dieser Geistgestalt das Haupt, den Kopf des Menschen fortwährend schwinden, immer mehr schwinden.

> Und noch etwas müssen wir uns bewußt machen: Hier im Leben unterscheiden wir zwischen Denken, Fühlen und Wollen. Diese drei Seelenkräfte können relativ unabhängig voneinander sein. Nach dem Tode jedoch

ist das Denken verschwunden und das Fühlen und Wollen wird eine Einheit, es ist ein wollendes Fühlen oder fühlendes Wollen. Was wir fühlen, wird Wille und umgekehrt.

Die Mondensphäre: Das Kamaloka – Region der Begierdenglut, Region der Wünsche, Region der Sympathie und Antipathie

Nach dem Tode steht der Mensch noch in vielen Verbindungen seelischer Art mit dem vergangenen Erdenleben. Darin hat er sich vieles angeeignet, vieles zur Gewohnheit gemacht, was jedoch der physischen Erde, der physischen Gestalt bedarf, um Erfüllung zu finden, Realität zu werden. Diese seelischen «Bedürfnisse» können nun, in Ermangelung des Physischen, nicht mehr erfüllt werden.

In dieser Zeit [...] ist der Mensch ganz und gar noch verbunden mit der irdischen Welt. Die Wünsche, die Begierden, die Interessen, die Sympathien, die Antipathien, die er ausgebildet hat, die bilden Kräfte, [...] die ihn gleichsam zurückneigen zur irdischen Welt. Der Mensch ist da während der Kamalokazeit in einem gewissen Sinne eingeschlossen wie in eine Atmosphäre seiner eigenen astralischen Natur, wie er sie sich auf der Erde angeeignet hat. Er wünscht sich noch immer das, was er sich auf der Erde gewünscht hat; er hat Interesse an dem, woran er auf der Erde Interesse gehabt hat. Und diese Zeit des Kamaloka ist ja gerade dazu da, daß der Mensch diese Wünsche abwickeln kann, aber daß diese Wünsche und Begierden – insofern sie abhängig sind von den physischen Organen, und alle sinnlichen Genüsse zum Beispiel sind davon abhängig – ihm nicht befriedigt werden können und er sie also durch die Unmöglichkeit der Befriedigung sich abgewöhnt. Dies alles, was wir ja öfter geschildert haben in bezug auf den Menschen unmittelbar nach dem Tode, bezieht sich aber, wie wir leicht einsehen können, auf die Individualität des Menschen, im engsten Sinn des Wortes auf das, was der Mensch gleichsam aus seiner Astralität herauszureißen hat, was er sich abgewöhnen muß, was er von sich entfernen muß.

Zuerst geht es darum, in der Region der Begierdenglut den physischen «Bedürfnissen» zu entsagen. Dazu gehören z. B. auch Essen und Trinken. Essen und Trinken sind Dinge, deren der physische Körper bedarf. Das Gefühl des Hungers und des Durstes aber ist ein Seelisches, das bleibt. Diese Gefühle erleben wir. Nun ist es nicht schlimm, wenn wir uns während des Lebens angewöhnt haben, mit Essen und Trinken aufzuhören, sobald der physischen Körper ihrer nicht mehr bedarf. Wenn ich mir jedoch angewöhnt habe, aus Lust weiterzuessen oder weiterzutrinken, dann wird mich dies innerlich nach dem Tode «verbrennen», schmerzen. Andererseits ist es nicht ratsam, sich bezüglich der Nahrung einer Askese zu unterwerfen, um einfacher durch das Kamaloka zu kommen. Askese ist in der physischen Welt etwas Unnatürliches und muß in einer späteren Phase des Durchganges durch die Astralwelt sehr mühsam überwunden werden.

Auch von übrigen Wünschen, insofern sie physische Dinge betreffen, und von Sympathie und Antipathie, die wir physischen Gegenständen und Mitmenschen entgegengebracht haben, müssen wir uns trennen.

Und noch etwas anderes findet statt:

Nehmen wir einmal an, man erweise einem anderen Menschen eine Guttat oder eine böse Tat. Man wird

Erfolge sehen aus der guten Tat, die Zufriedenheit des anderen Menschen, das Befriedigtsein, vielleicht auch wird er in dieser oder jener Hinsicht gefördert sein. Man wird also jene Folgen einer solchen Handlungsweise sehen, die in der physischen Welt eintreten können. Hat man eine böse Tat ausgeführt, wird man sehen können, wie man den Menschen geschädigt hat, wie der Mensch unbefriedigt geworden ist, wie er sogar vielleicht physisch Leid davongetragen hat und so weiter. Das alles wird, wenn man nicht davor flieht, wenn es einem nicht unangenehm ist, die Folgen seiner Taten bei dem anderen Menschen zu beobachten, das alles wird man innerhalb des physischen Lebens beobachten können. Aber das ist nur eine Seite der Sache. Jede Handlung, die wir begehen Menschen gegenüber, ja auch Handlungen, die wir begehen den anderen Naturreichen gegenüber, hat noch eine andere Seite. Nehmen wir einmal an, Sie erweisen einem Menschen eine Guttat. Diese Guttat, sie hat in den geistigen Welten ein Dasein, eine gewisse Bedeutung. Sie wärmt gewissermaßen in den geistigen Welten; sie ist wie der Ausgangspunkt von geistigen Wärmestrahlungen. Seelenwärme in der geistigen Welt strömt aus von einer guten Tat, die man einem anderen Menschen erweist. Seelenkälte strömt aus von einer bösen Tat, die man einem anderen Menschen erweist. Und so ist es wirklich, als ob man Seelenwärme und Seelenkälte hineintrüge in die geistige Welt nach der Art, wie man sich zu anderen Menschen verhält.

Wir leben in unserem Seelenleben [zwischen Geburt und Tod] in den mannigfaltigsten Gefühlen und Empfindungen, in Gedanken und Vorstellungen, in Ideen und Willensimpulsen. Das alles läuft ab in unserem Seelenleben vom Morgen bis zum Abend. Wenn wir den Menschen oberflächlich betrachten, so erscheint uns ja dieses

Seelenleben mit Recht als etwas in sich Geschlossenes, wie etwas in sich Zusammengehöriges. Betrachten Sie, wie Ihr Leben verfließt, wenn Sie des Morgens den ersten Gedanken hegen, wenn die erste Empfindung durch Ihre Seele zuckt, der erste Willensimpuls von Ihnen ausgeht; und betrachten Sie, wie bis zum Abend, wo das Bewußtsein in Schlaf versinkt, Vorstellung an Vorstellung, Gefühl an Gefühl sich angliedert, Willensimpuls an Willensimpuls. Das alles sieht aus wie ein fortlaufender Strom. Im tieferen Sinne betrachtet, ist das aber kein so fortlaufender Strom, denn durch das, was wir denken, fühlen und empfinden, stehen wir in einer fortwährenden Beziehung – allerdings die den meisten Menschen ganz unbewußt bleibt – zu den höheren Welten. Betrachten wir nun heute die Beziehung, in der wir stehen, in bezug auf die astralische Welt.

Wenn wir irgendein Gefühl haben, wenn Freude oder Schreck durch unsere Seele zuckt, so ist das zunächst ein Ereignis in unserer Seele. Aber nicht bloß das. Wenn ein Mensch das hellseherisch prüfen kann, so kann er bemerken, daß in dem Augenblicke des Schrecks oder der Freude von ihm etwas ausgeht wie eine leuchtende Strömung, die hineingeht in die astralische Welt. Aber sie geht nicht sinn- und richtungslos hinein, sondern nimmt ihren Weg zu einer Wesenheit der astralischen Welt, so daß dadurch, daß in uns eine Empfindung aufglänzt, wir in eine Verbindung kommen mit einem Wesen der astralischen Welt. [...] Und so ist es für jeden Gedanken, jede Vorstellung, jede Empfindung. Von dem ganzen Strom des Lebens, der abfließt von der Seele, gehen fortwährend Strömungen nach den verschiedensten Wesen der astralischen Welt. Es wäre eine ganz irrtümliche Vorstellung, zu glauben, daß diese Strömungen, die da ausgehen, etwa alle zu *einem* Wesen der astralischen Welt gingen. Das ist nicht der Fall. Sondern von all diesen einzelnen Gedanken, einzelnen Empfindungen und Gefühlen gehen die verschiedensten

Strömungen aus, und sie gehen zu den verschiedensten Wesen der astralischen Welt. Das ist das Eigenartige dieser Tatsache, daß wir als einzelne Menschen nicht nur mit *einem* solchen Wesen in Verbindung stehen, sondern daß wir die verschiedensten Fäden spinnen zu den verschiedensten Wesen der astralischen Welt. Die astralische Welt ist von einer großen Anzahl von Wesenheiten bevölkert, ebenso wie die physische Welt, und diese Wesen stehen mit uns in der mannigfaltigsten Weise in Verbindung.

Wenn wir aber das ganz Komplizierte dieser Sache einsehen wollen, müssen wir noch etwas anderes in Erwägung ziehen. Nehmen wir an, zwei Menschen sehen einen Blitzstrahl und haben dem gegenüber eine ganz ähnliche Empfindung. Dann geht von jedem der beiden Menschen eine Strömung aus; aber beide Strömungen gehen jetzt zu ein und demselben Wesen der astralischen Welt. So daß wir sagen können: es gibt ein Wesen, einen Bewohner der astralischen Welt, mit dem setzen sich die beiden Wesen der physischen Welt in Verbindung. Es kann sein, daß nicht nur ein Wesen, sondern fünfzig, hundert oder tausend Menschen, die eine ähnliche Empfindung haben, Strömungen aussenden zu einem einzigen Wesen der astralischen Welt. Indem diese tausend Menschen nur in dem einen Punkte übereinstimmen, stehen sie in Verbindung mit dem gleichen Wesen der astralischen Welt. Aber denken Sie, was diese Menschen, die in dem einen Falle eine gleiche Empfindung haben, sonst an verschiedenen Empfindungen, Gefühlen und Gedanken in sich tragen! Dadurch stehen sie mit anderen Wesenheiten der astralischen Welt in Verbindung; dadurch gehen die verschiedensten Verbindungsstränge von der astralischen Welt hinein in die physische Welt.

[...] Nehmen Sie eine große Anzahl von Menschen der europäischen Welt, und nehmen wir einmal von den Seeleninhalten dieser Menschen den Begriff, die Idee des

Rechtes. Sonst mögen die Menschen die mannigfaltigsten Erlebnisse haben und dadurch mit den verschiedensten Wesen der astralischen Welt in der verwickeltsten Weise in Verbindung stehen. Dadurch aber, daß diese Menschen über den Begriff des Rechtes in gleicher Art denken, in der gleichen Weise diesen Begriff sich angeeignet haben, stehen sie alle mit einem Wesen der astralischen Welt in Verbindung, und dieses Wesen der astralischen Welt können wir geradezu wie ein Zentrum, wie einen Mittelpunkt ansehen, von welchem nach all den Menschen, die da in Betracht kommen, Strahlen ausgehen. Und sooft diese Menschen sich vergegenwärtigen den Begriff des Rechtes, sooft stehen sie in Verbindung mit diesem einzigen Wesen. Genau so, wie die Menschen Fleisch und Blut haben und sich daraus zusammensetzen, so besteht dieses Wesen in dem Begriff des Rechtes; es lebt darinnen. Ebenso gibt es eine astralische Wesenheit für den Begriff des Mutes, des Wohlwollens, der Tapferkeit, der Rache und so weiter. Also für das, was im Menschen Eigenschaften sind, Seeleninhalte, gibt es Wesenheiten in der astralischen Welt. Dadurch ist über eine größere Anzahl von Menschen etwas ausgebreitet wie ein astralisches Netz.

Wir haben gesehen, wie der nachtodliche Mensch – sein Astralisches und sein Ich – sich weitet, immer größer wird, bis er die Sphäre erreicht, die der Mond in seiner Bahn umschreibt. In dieser Sphäre, d. h. in ihm selber, treten nun diese astralischen Wesenheiten auf. Und indem er sein Leben zurückerlebt vom Tod hin zur Geburt, begegnet er in sich selber diesen astralischen Wesen, die durch seine vergangenen Taten gezeugt wurden, und sie lassen ihn erfahren, was diese bedeutet haben.

Dann kommt etwas noch schwerer zu Verstehendes hinzu. Während dieser ganzen Kamalokazeit fühlt sich der Mensch so, wie wenn er richtig im Raume aufgeteilt wäre. Sie werden das besser so begreifen: Wenn der Mensch während der Kamalokazeit, wie ich Ihnen geschildert habe, sein Leben zurücklebt bis zur Kindheit, fühlt er alles, was er erlebt hatte, wie im Spiegelbild. So fühlt der Mensch richtig die Ohrfeige, die er damals jemandem gegeben hat; er fühlt sich richtig als Stück von dem Ort, den der andere eingenommen hat. Wenn Sie zum Beispiel hier in Kassel gestorben sind und der andere Mensch, dem Sie damals die Ohrfeige gegeben haben, in Paris lebt, dann fühlen Sie sich wie mit einem Stück von Ihnen dort. Und so fühlen Sie sich wie aufgeteilt im Weltenraum; Sie fühlen sich stückweise überall da, wo Sie sozusagen etwas zu suchen haben. Das ist nun so zu verstehen, daß Sie in dem Zwischenraum von Paris und Kassel nichts fühlen. So daß, wenn Sie alle Ereignisse Ihres Lebens in dieser Weise in Betracht ziehen, Sie sich während des ganzen Durchgehens durch den Zeitraum nach dem Tode förmlich zerstückelt fühlen.

Die Zeitdauer dieses Rückwärts-Erlebens hat Steiner jahrelang einfach mit einem «Drittel seiner Lebenszeit» angegeben. «Wurde der Mensch fünfundsiebzig Jahre alt, so dauert der Aufenthalt in Kamaloka etwa fünfundzwanzig Jahre.»

1915 dann ermöglichen ihm seine neueren Forschungsergebnisse, die Begründung für dieses Drittel zu geben:

Alles, was wir den Tag über erleben, das verarbeiten wir während der Nacht, so daß wir sozusagen Lehren daraus ziehen, wie wir es brauchen für unser ganzes folgendes Leben über den Tod hinaus, bis in die nächste Inkarnation hinein. Wir sind unsere eigenen prophetischen Verarbeiter unseres Lebens, wenn wir in Schlaf versinken. Dieses Schlafleben ist ein tief Rätselvolles, weil es viel inniger zusammenhängt mit dem, was wir erleben, als es mit dem äußeren Bewußtsein zusammenhängen kann. Aber wir verarbeiten das alles unter dem Gesichtspunkte seiner Fruchtbarkeit für das folgende Leben. Was wir aus uns machen können dadurch, daß wir das erfahren haben, darauf geht unsere Arbeit in der Zeit zwischen dem Einschlafen und dem Aufwachen. Wenn wir in der Seele energischer, mächtiger werden oder wenn wir uns Vorwürfe zu machen haben –: wir verarbeiten das, was wir auf diese Art erleben, so, daß es Lebensfrucht wird. Sie sehen daraus, daß dieses Leben zwischen dem Einschlafen und Aufwachen wirklich ungeheuer bedeutungsvoll ist, daß es tief einschneidet in das ganze Menschenrätsel.

Nun kommt dem Geistesforscher eines Tages die Intention – ja, man kann wohl sagen, die Absicht kommt dem Geistesforscher eines Tages –, nun einmal dieses Leben des Schlafes zu vergleichen mit einem anderen Leben, mit einem außersinnlichen Leben. Und da verfällt er dann darauf, es zu vergleichen mit den Tagen, die folgen auf das Lebenstableau, im Kamaloka. Und siehe da – aber es ergibt sich das eben erst dem Blick der Forschung –, während man sich hier im Leben gedächtnismäßig erinnert an all das, was man im Tagesleben erlebt hat, nach dem Tode, nachdem der Moment vorbei ist, bis zu dem das Lebenstableau gedauert hat, da bekommt man ein Gedächtnis für alle seine Nächte. Und das ist ein wichtiges Geheimnis, das einem aufgeht. Man erinnert sich an alles Nachtleben. Dieser Rückgang stellt sich so dar, daß man wirklich von der letzten Nacht, die man hier verbracht hat im Leben, zur vorhergehenden und so immer weiter zurücklebt. Man erlebt da das ganze Leben wieder zurück, aber so, wie man es angeschaut hat von der Nachtseite aus.

Also alles das, was man über das Leben unbewußt gedacht und geforscht hat, erlebt man wiederum im rücklaufenden Gedächtnis. Man geht sein Leben wirklich durch, aber nicht von der Tagseite aus.

Wie lange kann das ungefähr dauern? Nun, denken Sie sich, daß man ungefähr ein Drittel seines Lebens verschläft. Es gibt Menschen, die schlafen natürlich noch viel länger, aber im Durchschnitt ist es doch ein Drittel des Lebens, das man verschläft. Deshalb dauert auch der Rückgang ungefähr ein Drittel des verbrachten Erdenlebens, weil man die Nächte durchlebt. Denken Sie, wie wunderbar das zusammenstimmt mit den anderen Gesichtspunkten, die sich ergeben. Wir haben immer gesagt, daß das Kamaloka-Leben ungefähr ein Drittel dauert der Lebensdauer. Wenn man aber das vorher Gesagte in Betracht zieht, dann sieht man ein, daß es wiederum ein Drittel sein muß. So stimmen die Dinge zusammen! Alle einzelnen Dinge stimmen immer wieder zusammen. Das ist das Wunderbare bei der Geistesforschung: Man lernt eine Tatsache kennen, und ist sie bestimmt, so lernt man sie von einer anderen Seite kennen.

Damit ist jedoch noch etwas ganz Wesentliches gesagt: Was wir während des Tages erleben, mag gut oder eben nicht gut sein; es hat jedoch nur für dieses Leben zwischen Geburt und Tod Gültigkeit und kann aus der Erinnerung verschwinden, vergessen werden. Während der Nacht jedoch, während des Schlafes schreiben wir, indem wir sie rückwärts erleben und von «der anderen Seite» aus sehen, alle Ereignisse des vergangenen Tages in die Akasha-Chronik, d. h. in die Geistwelt, ein. Dadurch werden sie unvergeßlich, und erst anschließend werden sie für unser weiteres Schicksal bestimmend.

Wir haben gesehen, wie wir das Unrecht unserer schlechten Taten einsehen können, indem wir sie selber erleiden. Im Nachtodlichen gibt es jedoch gegenüber dem Leben zwischen Geburt und Tod einen großen Unterschied.

Das müssen wir uns so vorstellen: Hier im Leben haben wir jederzeit die Möglichkeit, die Lebensverhältnisse, die Lebensbeziehungen zu ändern. Nehmen wir einmal an: einen Menschen haben wir durch eine gewisse Zeit nicht so geliebt, wie er es verdient hätte. In dem Augenblick, wo wir dieses einsehen, wo wir zur Besinnung kommen, können wir die richtige Liebe eintreten lassen, wenn wir stark genug sind. Diese Möglichkeit fehlt uns nach dem Tode. Wenn wir nach dem Tode einen Menschen antreffen, dem wir auf der Erde zu wenig Liebe oder ungerechtfertigte Liebe entgegengebracht haben, so sehen wir das zwar, wir nehmen die Sache viel genauer wahr als hier auf der Erde; aber wir können nichts daran ändern. Es muß so bleiben. Das eben ist das Eigentümliche, daß die Lebensbeziehungen eine gewisse Konstanz haben. Dadurch, daß sie etwas Bleibendes werden, bildet sich in unserer Seele die Kraft aus, durch welche sich das Karma ordnet. Wenn wir also einen Menschen fünfzehn Jahre lang zu wenig geliebt haben, so sehen wir dies ein; und während wir es durchleben, bilden wir die Kraft aus, wenn wir wieder inkarniert werden auf der Erde, dieses anders zu machen; dadurch bilden wir die Kraft und den Willen zum karmischen Ausgleich aus. Das ist die Technik des Karma. Vor allen Dingen müssen wir uns über eines klar sein. In den ersten Zeiten nach dem Tode, also während der Mond- und der Merkurzeit, und auch noch während der nächsten Zeit, [...] da leben wir in der geistigen Welt so, daß unser Leben abhängt von der Art, wie wir hier auf Erden, in der physischen Welt gelebt haben; aber so, daß nicht nur in Betracht kommt unser Bewußtsein, wie wir es auf Erden haben, sondern daß auch in Betracht kommt unser Unterbewußtsein. So wie wir hier auf der Erde leben normal, im Wachzustande, so leben wir in unserem Ich. Unter unserem Ich-Bewußtsein ist das astrale Bewußtsein, das Unterbewußtsein. Und das wirkt zuweilen auf Erden ganz anders, ohne daß der Mensch es weiß, als das Oberbewußtsein, das Ich-Bewußtsein.

> Dadurch, daß der Mensch in seiner Entwicklung selbständig geworden ist und sich heute schon – wenn auch erst in Ansätzen – zwischen Gut und Böse entscheiden kann, ist es auch in der Geistwelt eine Änderung eingetreten.

Wenn wir die höheren Welten genauer, als wir das früher getan haben, beschreiben wollen, so müssen wir uns klar werden, daß doch noch ein anderer Unterschied besteht zwischen der astralischen Welt und der devachanischen Welt. Unsere astralische Welt nämlich, wie wir in ihr leben und wie sie unseren physischen Raum durchdringt, ist in einer gewissen Beziehung eine Doppelwelt, während die devachanische Welt in einer gewissen Weise eine einfache ist. [...] Es gibt gewissermaßen zwei astrale Welten, und die beiden unterscheiden sich in der Weise, daß die eine sozusagen die astralische Welt des Guten, die andere die astralische Welt des Bösen ist, während es bei der devachanischen Welt noch unrichtig wäre, diesen Unterschied in so schroffer Weise hinzustellen. Wir müssen also sagen, wenn wir die Welten von oben nach unten betrachten: zuerst das höhere Devachan, dann die niedere devachanische Welt, dann die astralische Welt, und dann die physische Welt. Dann betrachten wir noch nicht die Gesamtheit unserer Welten, sondern wir müssen noch tiefere Welten betrachten als die physische. Es gibt noch eine unter unserer physischen Welt liegende untere astralische Welt. Diejenige, die die gute ist, liegt über dem physischen Plan, diejenige, die die böse ist, darunter, und auch diese durchdringt die physische Welt praktisch. Nun gehen die verschiedensten Strömungen hinüber zu den Wesen der astralischen Welt. Dabei müssen wir unterscheiden, daß Strömungen von guten und schlechten Eigenschaften von den Menschen ausgehen zu den astralen Wesenheiten. Die, welche gute Strömungen sind, gehen auch zu einer guten Wesenheit hin, und die schlechten Strömungen gehen zu einem entsprechenden schlechten Wesen der astralischen Welt hin. Und wenn wir die Summe aller guten und bösen Wesen der astralischen Welt nehmen, haben wir in einer gewissen Weise zwei astralische Welten.

WENN DER MENSCH SEINE KAMALOKA-ZEIT durchgemacht hat, dann ist er reif, den veredelten Teil seines Astralkörpers herauszuheben aus dem niederen. Dieser niedere Teil bleibt zurück, und was er aus sich gemacht hat, das zieht er heraus. Beim Wilden und wenig kultivierten Menschen bleibt ein großer Teil als niederer Astralleib zurück, beim Gebildeten weniger. [...] Das, was zurückbleibt, ist der dritte Leichnam des Menschen: die niederen Triebe und Instinkte, die der Mensch noch nicht veredelt hat. Dieser Leichnam schwebt fortan überall im Astralraum umher, und mancher schädliche Einfluß geht von ihm aus.

Dieser dritte Leichnam ist in der niederen astralischen Welt zu finden. Er löst sich erst nach einer gewissen Zeit auf. Nicht aufgelöst werden jedoch unsere Empfindungen, die wir gehabt haben beim Erleben unserer schlechten Taten, unserer Unvermögen, unserer Verfehlungen dem Leben und den Mitmenschen gegenüber. Es ist ja nicht so, daß uns die Erlebnisse unseres Unvermögens, unserer Verfehlungen «unangenehm» gewesen wäre. Im Gegenteil: wir verbinden sie mit unserem Willen, es im nächsten Leben auszugleichen und diese Verbindung bleibt in der Mondensphäre erhalten, wird dort getreulich von den Urlehrern (siehe S. 46) aufbewahrt, damit wir sie beim Heruntersteigen in ein neues Leben wieder mitnehmen können. Allerdings werden nicht nur die Ereignisse unseres letzten Lebens in der Mondensphäre aufbewahrt: auch die Ereignisse unserer früheren Leben, soweit sie nicht aufgearbeitet wurden, sind dort weiterhin «lesbar» und beim Durchgang durch die Mondensphäre wird sich der Mensch auch ihrer bewußt.

Das, was der Mensch während seiner Beziehungen zur Mondenbevölkerung durchmacht, das bringt wieder herauf in der Menschenseele eine Zeit, die der Mensch durchgemacht hat in früheren Erdenleben so, daß er in diesen früheren Erdenleben schon in einem solchen Verhältnisse zu ihnen gestanden hat wie jetzt. Der Mensch schaut über eine Reihe von Erdenleben, die ähnlich sind dem gegenwärtigen. Dann aber blickt der Mensch weiter zurück auf eine Erdenzeit, in der er auf Erden selbst der heutigen Mondenbevölkerung noch nähergestanden hat. Er blickt zurück in eine Zeit, von der ihn im äußeren physischen Dasein trennt das, was die Geologen die Eiszeit nennen. Er blickt zurück auf eine Form der Erdenentwicklung, die Sie in meiner Literatur als die atlantische Zeit beschrieben finden. Aber er blickt auch weiter zurück auf das, was Sie als lemurische Zeit beschrieben finden. Da war er zur Erde noch in einem ganz anderen Verhältnisse. Da lebte der Mensch noch nicht in der Weise erdgebunden, daß er mit seinen Füßen auf der Erde herumging. Da lebte er noch mehr in dem Umkreis der Erde, in der Atmosphäre der Erde selber als ein ätherisches Wesen.

In der Mondensphäre begegnen wir neben verschiedenen übersinnlichen Wesenheiten, deren Darstellung hier zu weit führen würde, auch bereits Verstorbenen.

Jede einzelne Seele ist da, so daß alle Seelen, die gleichzeitig im Kamaloka sind, den Raum ausfüllen, den die Mondbahn umgrenzt. Sie stecken alle ineinander. und doch ist dieses Ineinanderstecken keineswegs ein Beisammensein, sondern das Sich-beisammen-Fühlen, das Miteinandersein hängt von ganz anderem ab als von dem Ausfüllen eines gemeinschaftlichen Raumes. Da können zwei Seelen nach dem Tode in demselben Raume sein und können tatsächlich unendlich ferne voneinander sein, das heißt ihr Erleben ist so, daß sie gar nichts voneinander zu wissen brauchen, während andere Seelen ebenfalls in demselben Raume sind, aber sich familiär fühlen, sich beisammen fühlen, miteinander sich erleben.

Die Merkursphäre: Region der Lust und Unlust, Region des Seelenlichtes

Auch wenn wir zum besseren Verständnis die nachtodlichen Ereignisse in verschiedene Sphären unterteilen, müssen wir uns doch stets bewußt sein, daß diese sich überschneiden, daß ein fließender Übergang stattfindet.

Und dann wachsen wir weiter hinaus in den Weltenraum, in unser ganzes Planetensystem hinein, und wachsen dann zunächst in das, was der Okkultist die Merkursphäre nennt, hinein. Das heißt, wir werden – in den Grenzen, die Sie sich ja selbst abstecken, wenn Sie die Dinge richtig verstehen –, wir werden nach der Kamalokazeit Merkurbewohner, und wir fühlen uns auch durchaus dann so, daß wir den Weltenraum bewohnen. So wie wir uns während unseres physischen Daseins als Erdenbewohner fühlen, so fühlen wir uns dann als Merkurbewohner. […] Wir sind jetzt nicht etwa nur in einem so kleinen Raumteil eingegrenzt wie auf der Erde, sondern unser ganzes Sein umfaßt tatsächlich diesen weiten Umkreis, der begrenzt wird durch die Bahn, die der Merkur beschreibt.

Aus der Art, wie wir gelebt haben, ergibt sich jedoch ein großer Unterschied des Erlebens:

Aber nun stellt sich eine Verschiedenheit heraus, wenn man verschiedene Menschen beobachtet. Die Verschiedenheit ergibt sich, wenn man zum Beispiel einen Menschen beobachtet nach dem Tode, der sein Leben hindurch in seinem Gemüte eine moralische, gute Stimmung hervorgerufen hat, der eine moralische Seelenverfassung durch den Tod hindurchträgt. Man kann einen solchen vergleichen mit einem, der eine weniger moralische Seelenverfassung durch die Pforte des Todes trägt; das macht einen großen Unterschied und dieses zeigt sich schon, indem der Mensch in die Kräfte des Merkur eintritt. Wie zeigt sich das? Nun, wenn der Mensch durch die Pforte des Todes gegangen ist, so nimmt er durch jene Wahrnehmungsmittel, die wir dann haben nach der Kamalokazeit, zum Beispiel die Wesenheiten wahr, die ihm im Leben nahegestanden haben, die weggestorben sind, ehe er selbst die Pforte des Todes durchschritten hat. Sind diese mit ihm verbunden? Gewiß, wir kommen mit allen diesen Wesenheiten zusammen, wir leben mit ihnen auch im Leben nach dem Tode. Aber es ist ein Unterschied, wie wir leben mit den Wesenheiten, mit denen wir gelebt haben auf der Erde. Es ist ein Unterschied, je nachdem der Mensch eine moralische Seelenverfassung durch den Tod bringt oder ob er eine unmoralische Seelenverfassung hat. […] Die Seele aber mit einer moralischen Seelenverfassung, die Seele mit solchen inneren Vorstellungen, die wir haben, wenn wir unseren Willen läutern, die wird sozusagen ein geselliger Geist und findet immer die Brücken und Zusammenhänge mit den Wesen, in deren Sphäre sie lebt. Ob wir einsame oder gesellige Geister sind, das entscheidet sich nach unserer unmoralischen oder moralischen Seelenverfassung. Diese Entscheidung hat etwas sehr Wichtiges im Gefolge. Derjenige, der ein geselliger Geist ist, [...] dieser Mensch arbeitet fruchtbar an der Fortentwicklung, an dem Fortschritt der ganzen Welt [...].

Wie schon in der Mondensphäre, so vermögen wir auch in der Merkursphäre – sofern wir moralisch den Ansprüchen genügen – nur mit solchen Menschen in Verbindung zu treten, mit denen wir im vergangenen Leben verbunden waren. Dies wird auch in den noch höheren Sphären so bleiben. Das heißt aber auch, daß wir unser zukünftiges Leben zusammen mit jenen Menschen vorbereiten, mit denen wir schon im vergangenen und in früheren Leben verbunden waren.

Auch nach dem Erleben des Kamaloka, den Ereignissen in der Mondensphäre, sind noch nicht alle Verbindungen zum vergangenen Erdenleben gelöst. In der Merkursphäre werden dazu in zwei verschiedenen Regionen weitere Schritte vollzogen:

Region der Lust und Unlust und Region des Seelenlichtes

Im irdischen Leib dient uns das Weben von Lust und Unlust, des Wohl- oder Unbehagens, als Grundlage unseres Selbstgefühls. Da Lust und Unlust mit unserem physischen Leib verbunden sind, wähnen wir, daß dieser physische Leib unser Selbst ist. Doch:

Nach dem Tode fehlt der Leib als Gegenstand dieses Selbstgefühls. Die Seele, welcher dieses Gefühl geblieben ist, fühlt sich deshalb wie *ausgehöhlt.* Ein Gefühl, wie wenn sie sich selbst verloren hätte, befällt sie. Dieses hält so lange an, bis erkannt ist, daß im Physischen nicht der wahre Mensch liegt. Die Einwirkungen dieser vierten Region zerstören daher die Illusion des leiblichen Selbst. Die Seele lernt diese Leiblichkeit nicht mehr als etwas Wesentliches empfinden. Sie wird geheilt und geläutert von dem Hang zu der Leiblichkeit. Dadurch hat sie überwunden, was sie vorher stark an die physische Welt kettete, und sie kann die Kräfte der Sympathie, die nach außen gehen, voll entfalten. Sie ist sozusagen von sich abgekommen und bereit, teilnahmsvoll sich in die allgemeine Seelenwelt zu ergießen.

Es soll nicht unerwähnt bleiben, daß die Erlebnisse dieser Region im besonderen Maße Selbstmörder durchmachen. Sie verlassen auf künstlichem Wege ihren physischen Leib, während doch alle Gefühle, die mit diesem zusammenhängen, unverändert bleiben. Beim natürlichen Tode geht mit dem Verfall des Leibes auch ein teilweises Ersterben der an ihn sich heftenden Gefühle einher. Bei Selbstmördern kommen dann noch zu der Qual, die ihnen das Gefühl der plötzlichen Aushöhlung verursacht, die unbefriedigten Begierden und Wünsche, wegen deren sie sich entleibt haben.

Die fünfte Stufe der Seelenwelt ist die des *Seelenlichtes.* Die Sympathie mit anderem hat in ihr bereits eine hohe Geltung. Mit ihr sind die Seelen verwandt, insofern sie während des physischen Lebens nicht in der Befriedigung niederer Bedürfnisse aufgegangen sind, sondern Freude, Lust an ihrer Umwelt gehabt haben. Die Naturschwärmerei, insofern sie einen sinnlichen Charakter an sich getragen hat, unterliegt z.B. hier der Läuterung. Man muß aber *diese* Art von Naturschwärmerei wohl unterscheiden von jenem höheren Leben in der Natur, das geistiger Art ist und welches den Geist sucht, der sich in den Dingen und Vorgängen der Natur offenbart. Diese Art von Natursinn gehört zu den Dingen, die den Geist selbst entwickeln, und die ein Bleibendes in diesem Geiste begründen. Von *diesem* Natursinn ist aber eine solche Lust an der Natur zu unterscheiden, die ihren Grund in den Sinnen hat. Dieser gegenüber bedarf die Seele ebenso der Läuterung wie gegenüber anderen Neigungen, die im bloßen physischen Dasein begründet sind. Viele Menschen sehen in Einrichtungen, die der sinnlichen Wohlfahrt dienen, in einem Erziehungssystem, das vor allem sinnliches Behagen herbeiführt, eine Art Ideal. Von ihnen kann man nicht sagen, daß sie nur ihren selbstsüchtigen Trieben dienen. Aber ihre Seele ist doch auf die Sinnenwelt gerichtet und muß durch die in der fünften Region der seelischen Welt herrschende Kraft der Sympathie, der diese äußeren Befriedigungsmittel fehlen, geheilt werden. Die Seele erkennt hier allmählich, daß diese Sympathie andere Wege nehmen muß. Und diese Wege werden gefunden in der durch die Sympathie mit der Seelenumgebung bewirkten Ausgießung der Seele in den Seelenraum.

In dieser Region muß geläutert werden, was im physischen Leben oft als sehr positiv, als idealistisch betrachtet wird, was sich aber nur in Verbindung mit dem physischen Leben realisieren läßt – also, wie oben erwähnt, Naturschwärmerei, aber auch Kunstgenuß, idealistische Bestrebungen für eine bessere Welt usw. – Auch wenn dies für die Welt, in der wir leben, von großer Bedeutung ist, «kettet» es uns an die physische Welt. Da diese physische Welt im nachtodlichen Leben nicht mehr vorhanden ist, müssen wir uns auch von diesen Regungen befreien.

Nach dem Durchgang durch die Merkursphäre erweitern sich unser Astralleib und Ich bis zur Größe jener Sphäre, die die Venus umschreibt.

Hier ist eine Zwischenbemerkung zum besseren Verständnis notwendig: Die Namen der Planetensphären sind vom alten ptolemäischen System abgeleitet: Erde – Mond – Merkur – Venus – Sonne, in dem Sinne, daß die Zeiten – die Umlaufszeiten – maßgeblich sind. Die kopernikanische Betrachtungsweise, bei der das Räumliche maßgebend wurde, vertauschte Merkur und Venus. Die «Merkursphäre» ist demnach die Sphäre, welche die heutige Venus als Himmelskörper umschreibt, und zwar als Sphäre «um die Erde herum»! Und die «Venussphäre» ist die Sphäre, die der heutige Merkur, ebenfalls in bezug auf die Erde, umschreibt. Sie ist daher größer als die «Merkursphäre».

Wenn beim Durchgang durch die Merkursphäre die richtige moralische Gesinnung wichtig war, um die dort auferlegten Aufgaben zu bestehen, so ist dies für die Venussphäre zusätzlich noch eine richtige religiöse Gesinnung.

Die moralische Seelenverfassung hat also eine große Bedeutung schon nach den ersten Zeiten im Kamaloka; sie entscheidet unser Schicksal auch für die nächste Zeit, die man die Venus-Zeit nennt. Es kommen aber noch andere Vorstellungen in Betracht, die der Mensch ausgebildet hat während des Lebens und die ihn angehen, wenn er in die geistige Welt eintritt. Diese anderen Vorstellungen sind die religiösen Vorstellungen. Anders lebt die Seele in der Venus-Sphäre nach dem Tode, wenn sie ein religiöses Band gehabt hat zwischen dem Vergänglichen und dem Unvergänglichen, und anders lebt sie, wenn sie dieses Band nicht gehabt hat. Wiederum hängt es davon ab, ob wir gesellige Geister werden oder einsame, einsiedlerische Geister, je nachdem wir religiös gestimmt waren im Leben oder nicht.

> Diese religiöse Stimmung, dieses religiöses Erleben ist unabhängig davon, welchen Glaubens der Verstorbene war. Allein maßgebend ist, ob der Mensch in seinem Glauben durchdringen kann zu der Stimmung, zu der Erkenntnis, daß hinter den religiösen Dogmen – die ja immer vorhanden sind – ein Göttlich-Geistiges lebt.

Die menschliche Entwicklung konnte ja nur so fortschreiten, daß aus dem einheitlichen Quell, zum Beispiel des religiösen Lebens, zu den verschiedensten Zeiten und für die verschiedensten Völker, je nach ihren Anlagen, je nach ihren klimatischen und anderen Verhältnissen die verschiedenen Religionsbekenntnisse gegeben worden sind von denen, die dazu berufen worden waren durch die Weltenverhältnisse. Es stammen also diese religiösen Bekenntnisse aus einer einheitlichen Quelle; aber sie sind verschieden abgestuft je nach den Bedingungen der einzelnen Völker. Und bis in unsere Zeiten herein unterscheiden sich die Menschen nach Gruppen auf der Erde in bezug auf ihre religiösen Bekenntnisse, in bezug auf ihre Weltauffassung. Durch das aber, was ein religiöses Bekenntnis, eine Weltauffassung in unserer Seele bildet, bereiten wir uns das Verständnis und die Anschlußfähigkeit für die Venus-Sphäre. Die religiösen Empfindungen des Hinduisten, die religiösen Empfindungen des Chinesen, des Muselmanen, des Christen, sie bereiten seine Seele so, daß diese Seele in der Venus-Sphäre vor allen Dingen Verständnis, Hinneigung und Sympathie hat für diejenigen Wesenheiten, welche die gleichen Empfindungen haben, und die ihre Seelen aus den gleichen Bekenntnissen heraus gebildet haben. Man darf wirklich sagen: Es ist klar ausgesprochen für die okkulte Forschung, während die Menschen auf der Erde heute noch – obwohl das für die Zukunft ja durchkreuzt werden wird und schon beginnt, durchkreuzt zu werden – nach Rassen, Stämmen und so weiter abgeteilt sind, und wir sie nach diesen Merkmalen unterscheiden können, ist in der Venus-Sphäre, die wir da mit andern Menschen und andern Wesen durchleben, keine solche Rasseneinteilung. Da gliedern sich die Menschen so, daß einzig ihre religiösen Bekenntnisse, ihre Weltanschauungen maßgebend sind.

Region der tätigen Seelenkraft

In dieser sechsten Region der Seelenwelt findet die Läuterung alles dessen statt, was den Menschen in nicht egoistischer Weise mit der Erde verbunden hat: Idealismus, Kunstverständnis, Hoffnungen auf eine bessere Welt, Aufopferungsfähigkeit.

ER ENTWICKELT EIN GEFÜHL DAFÜR, daß der Mensch nicht stehenbleiben darf bei den endlichen, den begrenzten Idealen, bei den Idealen, die nur seiner Zeit angehören. Sehen Sie sich Sokrates an oder Robespierre oder die Idealisten unserer Zeit. Versuchen Sie, ob deren Ideale für irgendein anderes Volk, für irgendein anderes Zeitalter gepaßt hätten. Versuchen Sie, ob die Ideale und Hoffnungen eines Kolumbus in einer anderen Zeit und in einem anderen Volke in die Wirklichkeit hätten umgesetzt werden können. Diese Beschränkung auf eine Zeit oder auf ein Volk, das muß der Mensch in dieser lichtvollen sechsten Region des Kamaloka abstreifen.

Wir sind am Ende der Astralsphäre angelangt. Doch wozu dienen alle diese uns auferlegten schweren Erlebnisse? Der nachfolgende etwas längere Vortragsauszug zeigt in schöner Weise die Zusammenhänge auf.

Die Anlagen zu sieben [...] Tugenden liegen im Menschen bei seiner ersten Verkörperung. Nach Millionen von Jahren wird er wieder hinausziehen aus seiner Erdenpilgerschaft, und diese Anlagen werden dann zu Tugenden ausgebildet sein. Er wird dann diese Fähigkeiten verwenden können in einer zukünftigen planetarischen Entwicklung. Diese sieben Tugenden sind:

1. Gerechtigkeit
2. Urteilsenthaltsamkeit
3. Starkmut
4. Klugheit

Das sind die vier niederen Tugenden. Die Klugheit faßt alles das zusammen, was uns befähigt, über unsere irdischen Verhältnisse ein Urteil zu fällen und dadurch selbst einzugreifen in den Gang der irdischen Verhältnisse. Durch das Sich-Erarbeiten dieser Fähigkeiten gewinnt der Mensch die Kraft, durch die er kraftvoll und führend in die Welt eingreifen kann.

Die drei höheren Tugenden sind:

Glaube
Hoffnung
Liebe.

Goethe hat es ausgedrückt mit den Worten: «Alles Vergängliche ist nur ein Gleichnis». Wenn der Mensch in allem, was er sehen und hören kann, nur ein Sinnbild sieht für ein Ewiges, das es ausdrückt, dann hat er den «Glauben». Das ist die erste der drei höheren Tugenden. Die zweite ist, ein Gefühl dafür zu entwickeln, daß der Mensch nie auf dem Punkte stehenbleiben soll, auf dem er steht, ein Gefühl dafür, daß wir heute Menschen der fünften Menschheitsepoche sind, später aber uns höherentwickeln werden. Das ist die Hoffnung. Wir haben also den Glauben an das Ewige, und dann das Vertrauen, die Hoffnung auf die höhere Entwicklung. Die letzte Tugend ist die, welche als letztes Ziel unseres Kosmos auszubilden ist, es ist die Liebe. Deshalb nennen wir auch unsere Erde den «Kosmos der Liebe». Was wir in uns entwikkeln müssen, indem wir der Erde angehören, das ist die Liebe, und wenn wir unsere Erdenpilgerschaft vollendet haben werden, dann wird die Erde ein Kosmos der Liebe sein. Die Liebe wird dann eine selbstverständliche Kraft aller menschlichen Wesen sein. Sie wird mit einer solchen Selbstverständlichkeit auftreten, wie beim Magneten die magnetische Kraft der Anziehung und Abstoßung selbstverständlich ist.

Nach und nach, durch verschiedene Verkörperungen hindurch, muß der Mensch diese Tugenden entwickeln. Ungefähr auf der Mitte dieses Weges ist er jetzt angelangt. Was diese Tugenden einmal sein werden, ist von der christlichen Theologie richtig so bezeichnet worden: «Was kein Auge gesehen und kein Ohr gehöret hat und keinem Menschen ins Herz gekommen ist»; das soll bedeuten, daß niemand sich eine Vorstellung machen kann, in welch vollendeter Weise diese Tugenden einmal in dem Vollendeten vorhanden sein werden. Von Stufe zu Stufe arbeiten wir uns in den verschiedenen Verkörperungen. Wir steigen gleichsam mit der Anlage zu diesen sieben Tugenden aus der geistigen Welt herunter und müssen diese Tugenden im Leben ausbilden, um sie dann wirklich zu haben. So ist das irdische Leben nichts anderes als das Hindurchziehen durch ein Land, um daran zu arbeiten, die Anlagen in wahre Fähigkeiten umzusetzen. Wer hineinzieht in dieses Land, der muß sich zunächst hingeben an die Arbeit, und während der Arbeit wird er vielleicht nicht hinblicken können auf jenes hohe Ziel. Er entwickelt die Tugenden, indem er mit den anderen Menschen in Verbindung tritt, um so Starkmut, Gerechtigkeit, Hoffnung, Liebe und so weiter auszubilden. Er kommt mit anderen Menschen zusammen, und er muß diese Begegnungen benützen zur Ausbildung der Tugenden. Um die Tugenden auszubilden, muß der Mensch heruntersteigen aus der geistigen Welt in die physische Welt. Er wird verstrickt in dasjenige, was die physische Welt enthält, und immer enthält diese auch das Astrale, die Welt der Begierden, der Lüste: Kamaloka.

Wir können nicht unsere Klugheit so [umfassend] ausbilden, daß sie die ganze Welt erschüttert. Nein, wir müssen zufrieden sein, daß wir an dem Ort und zu der Zeit, in die wir hineingeboren sind, in entsprechender Weise wirken können. Galilei, Giordano Bruno haben in ihrem Volk und in ihrer Zeit ihre höheren Seelenkräfte, ihr Kama-manas [Verstandesseele] ausgebildet. Giordano Brunos Verstand taugte für sein Volk und für seine Zeit. Würde er in ein anderes Volk gesetzt worden sein und zu einer anderen Zeit geboren worden sein, so hätte er andere Fähigkeiten haben müssen. Der Mensch ist durch seine Aufgaben mit der physischen Umwelt verstrickt, und so ist es auch mit unseren höheren Fähigkeiten; wir sind in jeder Inkarnation auf ein enges Gebiet beschränkt. Auch unser Verstand und unsere höheren Seelenkräfte sind auf ein gewisses eng begrenztes Gebiet beschränkt, und erst recht unsere Wünsche, Begierden, unsere Leidenschaften und Instinkte.

Wir müssen das, was wir mitgebracht haben aus dem Geistigen, in die Wünsche hineingießen. Wenn ich das Höchste will, so muß ich das Höchste mit dem Wunsche umgeben. Um seine Aufgaben in der physischen Welt zu erfüllen, muß der Mensch zusammenwachsen mit der physischen Welt, und er bildet eine Art von Schale um sich, durch die er zusammenhängt mit der Welt der Wünsche und Begierden. Wie Sie mit den Gegenständen der physischen Welt so zusammenhängen, daß Sie sich an ihnen stoßen, so hängen Sie durch Ihre Wünsche,

Begierden und Leidenschaften mit der Welt des Astralischen zusammen. Und wie Sie unmittelbar mit dem Tode sich aus der Welt des Physischen loslösen, so müssen Sie nach dem Tode auch von der astralen Welt nach und nach sich losreißen. Mit denjenigen Menschen, mit denen der Mensch zusammenwirkte, ist er zusammengewachsen. Er muß diese Schale erst abstreifen. Das geschieht im Kamaloka. Hat der Mensch die Erdenhülle unmittelbar mit dem Tode verloren, so ist er noch verbunden mit der Welt seiner Wünsche, Begierden und Leidenschaften. Durch eine Leidenschaft, durch die er noch innig verbunden ist mit diesem irdischen Dasein, hat er eine Zeit der Auseinandersetzung mit diesem irdischen Dasein durchzumachen. Dieses nennen wir den Aufenthalt im Kamaloka.

Wie die irdisch-physische Welt aus verschiedenen Gebieten besteht, so besteht auch die astrale Welt aus verschiedenen Gebieten, und diese können wir gliedern nach den sieben Tugenden, die ich genannt habe. Dadurch, daß wir diese Tugenden ausbilden, sind wir in einer ganz bestimmten Weise mit der Welt des Astralischen verstrickt und verkettet.

Der Mensch muß lernen, Gerechtigkeit bewußt zu üben. Das kann er nur durch Überwinden der astralen Kräfte. Gerechtigkeit kann es nur geben in einer Welt, wo die Einzelnen Sonderwesen sind; nur von Einzelwesen zu Einzelwesen ist Gerechtigkeit möglich. Bewußt muß ich mich zu anderen Einzelwesen [gerecht] verhalten. Ich muß mich also zuerst als Sonderwesen fühlen, um gegenüber den Mitmenschen Gerechtigkeit üben zu können. Vorbedingung dazu ist das Abgesondertsein des einen von dem anderen. Erst sondert sich der Mensch als Einzelwesen ab, und dieses Sondersein führt es zu einem Kampf ums Dasein. Der Kampf ums Dasein ist der Gegensatz, der entgegengesetzte Pol zur Gerechtigkeit, er muß überwunden werden durch die Tugend der Gerechtigkeit.

Abstreifen muß der Mensch alles, was gegen den anderen Menschen sich stellt, abstreifen alle Untugenden, welche aus dem Kampf ums Dasein entspringen. Die Region, in der die Kräfte des Kampfs ums Dasein walten, ist die dunkelste Region des Kamaloka. In ägyptischen Urkunden wird uns erzählt von dieser Region, die schwarz ist wie die Nacht, in der die Wesen hilflos herumirren. «Hier ist keine Luft, kein Wasser, hier vermag kein Mensch mit Ruhe im Herzen zu leben.»

Die Enthaltsamkeit des Urteils, die Urteilsenthaltsamkeit gegenüber der Umgebung, das ist die zweite Tugend, die geübt werden muß. Gewöhnlich urteilt der Mensch nach Sympathie und Antipathie, mit der er anderen gegenübersteht. Nach und nach lernt er erkennen, daß, wenn man einen Menschen begreifen will, man über Sympathie und Antipathie hinauskommen muß, sie überwinden muß. Und wie die Gerechtigkeit als Gegenpol den Kampf uns Dasein hat, so hat die Enthaltsamkeit des Urteils als entgegengesetzte Untugend das Sich-Hingeben an alle Reize der Außenwelt. Antipathie und Sympathie müssen abgestreift werden in der zweiten Region von Kamaloka.

Die Tugend des Starkmutes kann nur der entwickeln, der nicht bewahrt ist vor Versuchung. Wir können diese Tugend nur dadurch entwickeln, daß die ihr entgegengesetzten Pole da sind und wir in sie hineinverstrickt sind. Tag für Tag, Stunde für Stunde sind wir den Versuchungen ausgesetzt. Das müssen wir auf der dritten Stufe ablegen, indem wir in dieser Region die Tugend des Starkmutes entwickeln.

Klugheit kann nur dadurch ausgebildet werden, daß der Mensch durch unzählige Irrtümer hindurchgeht. Goethe sagt: «Es irrt der Mensch, solang er strebt.» – So wie das Kind dadurch lernt, daß es sich beim Fallen verletzt, so haben alle großen Menschen aus Erfahrungen gelernt, die sie durch Irrtümer gemacht haben. Das geschieht in der vierten Region des Kamaloka.

Nun die höheren Tugenden. Die erste ist der Glaube; das ist das Erkennen des Ewigen im Zeitlichen und Irdischen, die Anschauung, daß alles Vergängliche nur ein Gleichnis ist. Die verschiedenen Weltanschauungen sind fortlaufende Versuche, die Menschen da oder dort, dieser oder jener Nation, auf den verschiedensten Wegen zur Erkenntnis des Ewigen zu führen. Der Mensch muß durch den Buchstaben zum Geist vordringen, vom Dogma zur wahren, inneren Erkenntnis. Der Mensch wird immer in Versuchung kommen, in ein umgrenztes Buchstabenfeld verstrickt zu sein. Weil wir im Leben notwendigerweise ein Glied eines bestimmten Zeitalters sind, so müssen wir erst das ablegen, was unserer Zeit zum Dogma geworden ist, um zu *der* Wahrheit zu kommen, welche sich in *allen* Weltanschauungen und Religionen ausspricht. In der fünften Region treffen wir die Frommen, die Buchstabengläubigen aller religiösen Bekenntnisse, aller Weltanschauungen: buchstabengläubige Hindus, buchstabengläubige Mohammedaner, buchstabengläubige Christen und auch Theosophen, die an den Buchstaben glauben.

Die nächste Tugend ist diejenige, die das Christentum «Hoffnung» genannt hat. Hoffnung kann der Mensch nur ausbilden, wenn er an eine Fortentwicklung glaubt. Nach und nach können wir das begreifen lernen durch die theosophische Lehre, die uns hinführt zu dem Gedanken der Fortentwicklung. Gewaltig war schon die menschliche Entwicklung vor unserer Zeit. Noch größer ist der Ausblick in eine zukünftige höhere Entwicklung für den Chela [Geistesschüler]. Er entwickelt ein Gefühl dafür, daß der Mensch nicht stehenbleiben darf bei den endlichen, den begrenzten Idealen, bei den Idealen, die nur seiner Zeit angehören. Sehen Sie sich Sokrates an oder Robespierre oder die Idealisten unserer Zeit. Versuchen Sie, ob deren

Ideale für irgendein anderes Volk, für irgendein anderes Zeitalter gepaßt hätten. Versuchen Sie, ob die Ideale und Hoffnungen eines Kolumbus in einer anderen Zeit und in einem anderen Volke in die Wirklichkeit hätten umgesetzt werden können. Diese Beschränkung auf eine Zeit oder auf ein Volk, das muß der Mensch in dieser lichtvollen sechsten Region des Kamaloka abstreifen.

Damit der Mensch die «Liebe» lernt, muß er im Endlichen anfangen. Um einen höheren Begriff der Liebe zu lernen, muß er mit dem Kleinen anfangen, mit dem Vergänglichen und dem Endlichen und sich weiterentwickeln. Die Liebe muß eine Selbstverständlichkeit, eine selbstverständliche Kraft werden. Sie muß das Ziel sein und das Streben der Menschen. Wenn der Mensch die Liebe entwickelt, dann erlebt er sich in der siebenten und höchsten Region des Kamaloka. Sieben Läuterungsfeuer gibt es im Kamaloka, durch die die Seele hindurchziehen muß. Dann steigt sie auf in das Devachan, wo es wiederum sieben Regionen gibt. Nur das, was Frucht eines hohen Ideals ist, das kann mit hinübergenommen werden in ein neues Dasein, in eine neue Verkörperung. Was an Ort und Zeit gebunden ist, das muß abfallen im Kamaloka.

So hat der Mensch, je nachdem, ob er die eine oder die andere Läuterung durchzumachen hat, die sieben Regionen des Kamaloka zu durchlaufen. Wenn ein Mensch zum Beispiel Starkmut ausbilden und deshalb gestärkt werden muß gegenüber Wünschen und Verlangen, so wird er in der Region, in der er das Negative läutern kann, erwachen. Die übrigen Regionen wird er mehr schlafend durchgehen. Das ist dasjenige, was die Theosophie den Aufenthalt im Kamaloka nennt. Was wir auf der Pilgerfahrt unseres irdischen Lebens durchzumachen haben, ermöglicht uns, daß wir von Entwicklungsstufe zu Entwicklungsstufe gehen und daß wir in den Zwischenzuständen [zwischen dem Tod und einer neuen Geburt] durch Seelenläuterungsorte hindurchgehen müssen und die Schlacken in Kamaloka abstreifen.

Erst dem Sehenden erscheinen die verschiedenen Orte in Kamaloka verständlich. Für den Chela kommt die Stufe, wo er die Helle verstehen lernt, der Augenblick, in welchem unser Auge für die astrale Welt geöffnet wird. Was in der physischen Welt ist, ist dann nicht mehr da. Er sieht die Sonne um Mitternacht glänzen. Die anderen Menschen können die Sonne nicht um Mitternacht glänzen sehen. Es ist dies kein Symbol, es ist so wörtlich wie nur möglich zu verstehen: Für das astrale Auge wird die Sonne um Mitternacht sichtbar. Der Chela kann diese Schwelle überschreiten, er erkennt das, was der Mensch normalerweise nur sieht, wenn er die Pforte des Todes überschreitet. Das ist nicht Theorie, sondern es ist wirkliche Erfahrung, von der so erzählt werden kann, wie zum Beispiel jemand Ihnen seine Erlebnisse erzählen kann, der eine Reise nach Amerika gemacht hat. Daß es solche höheren Welten gibt, davon hatten die materialistischen Weltanschauungen und Gesinnungen der letzten Jahrhunderte wenig Ahnung. Wieder ein Bewußtsein davon zu erwecken, daß es solche höheren Welten gibt, das hat sich die Theosophie zur Aufgabe gemacht. Daß eine solche Kunde notwendig ist, besonders in unserer gegenwärtigen Kultur, das hat der Theosophischen Gesellschaft ihren Ursprung gegeben. Es ist notwendig, daß wiederum die Stimme einer höheren Welt in diese unsere Welt hineintönt. Wir müssen hingeführt werden zu dem, was die sieben Tugenden uns lehren und was durch sie gelernt werden kann. Wir müssen erkennen, wie diese Tugenden ausgebildet werden können.

Die letzte Aufgabe ist: «Weisheit in der Liebe» und «Liebe in der Weisheit». Liebe in der Weisheit ist es, was der Mensch nach der Ausbildung der sieben Tugenden erlangen wird und was er mit hinaustragen kann aus dieser

Weltentwicklung. Dies finden Sie schon ausgesprochen in der Salomonischen Weisheit in den Worten: «Und weil ich gebetet habe um Klugheit, ward sie mir gegeben, und weil ich gefleht habe um Weisheit, ist der Geist der Weisheit zu mir gekommen. Und ich habe gelernt, diesen Geist der Weisheit höher zu achten als Fürstentümer und Königreiche».

Das ist dasjenige, worauf es ankommt: Nicht asketisch uns von dem physischen Dasein zurückzuziehen, sondern es zu einem höheren zu erheben; die «Reiche der Welt» zu hegen und zu pflegen und dasjenige zu entwickeln, was das Mittelalter «Spiritus sapientiae» nannte – Geist der Weisheit. Und mit dem Geist der Weisheit werden die Menschen hinausziehen zu einem neuen planetarischen Dasein.

Für uns im irdischen Leben ist das Verständnis des Zustandes der astralen Welt schwierig.

Die astrale Welt ist verwirrend für den, der zum erstenmal einen Blick in sie tut. Sie unterscheidet sich auch dadurch von der physischen Welt, daß die Dinge nicht fest sind, sondern durchlässig. Wir nennen sie daher auch die Region der Durchlässigkeit. Es gibt da für das astralische Auge keine Grenzen des Körpers wie in der physischen Welt; von jedem Körper ist seine Rückseite ebenso sichtbar wie die Vorderseite. Wir sehen im Grunde genommen in der Astralwelt gar nicht von außen wie im Physischen. Sie wissen, im Physischen sehen wir die Dinge so, wie sie sich sozusagen vor uns hinstellen, zum Beispiel sehen wir in einer von uns abgehenden Allee die Bäume perspektivisch. Der Raum bietet uns ein perspektivisches Schauen. Die entfernteren Bäume scheinen einander nähergerückt zu sein, die näheren Bäume scheinen weiter voneinander entfernt. Diese Art zu schauen hört vollständig auf im

Astralen. Dort schauen wir die Dinge von innen. Wenn Sie einen Würfel von außen anschauen, so erscheinen Ihnen die Seiten des Würfels perspektivisch. Das astrale Schauen ist gleichsam so, als wenn Sie in der Mitte des Würfels stehen würden und ihn nach allen Seiten von innen beschauen könnten. [...] Wir können davon nur eine Art Sinnbild, eine Art Projektion geben. Unsere Worte beziehen sich nur auf die physische Ebene; wir müssen daher das, was wir astral schauen, erst in die physische Sprache übertragen. Wenn wir sagen, wir sehen im Astralen die Dinge von innen an, so ist das nur eine Übersetzung dessen, was im Astralen vorhanden ist, in die physische Projektion hinein. Für den Anfänger wird dadurch eine Art Verwirrung geschaffen, daß er die Dinge von einer anderen Seite sieht [als von der gewohnten]. Sein Gesichtspunkt ändert sich vollständig. Allen Anfängern ist diese Erfahrung gemeinsam. Wenn Sie zum Beispiel eine Zahl im Astralen schauen, zum Beispiel 265, dann sehen Sie sie nach alter Gewohnheit so, wie Sie sie im Physischen von außen sehen. Im Astralen haben Sie aber den Standpunkt, die Dinge von innen zu sehen. Die Zahl muß im Astralen 562 gelesen werden, weil der Standpunkt von innen ist, also von der anderen Seite symmetrisch umgekehrt gelesen werden muß.

Und doch können wir schon hier auf Erden einen «Abglanz» dessen erfahren, was wir nach dem Tode in der astralen Welt erleben. Nehmen wir an, eine «Rock-Band» gebe ein Konzert. Die Bühne ist aufgebaut, die Lautsprecher eingerichtet. Schon Stunden vor dem Konzert strömen Hunderte zum Festplatz. Dicht gedrängt stehen sie da, und wer zu spät kommt, muß hinten anstehen; denn es ist physisch nicht möglich, durch die Menschen vor ihm durchzugehen. Wenn aber das Konzert beginnt, dann strömen aus allen Seelen, aus allen Herzen Freude, Begeisterung, Liebe, ja

Entrücktheit, und diese Gefühle strömen zusammen, durcheinander. Der Raum spielt keine Rolle; denn wir sind im seelischen – astralen – Bereich. Auch wenn einige Zuhörer die Musiker ablehnen und Verachtungsgefühle, ja Hassgefühle ausströmen, so mischen sich diese Gefühle in die anderen. Und all das, was im seelischen Bereich wirkt und webt, kann durch die Musiker aufgenommen werden, wenn sie die nötigen Veranlagungen dazu haben.

So begegnen wir unseren nächsten, schon verstorbenen Angehörigen, Freunden, auch Menschen, mit denen wir religiös verbunden waren. So begegnen wir aber auch Astralwesen, die nie in einem irdischen Körper inkarniert waren, wie zum Beispiel die oben erwähnten Astralwesen des Rechtes, des Mutes und so weiter.

Ferner begegnen wir auch den Wesenheiten der dritten Hierarchie, den Angeloi, den Archangeloi und den Archai.

Nun können wir versuchen, den Weg durch die astrale Welt wie folgt zusammenzufassen:

Beim Eintritt in die astrale Welt erleiden wir große Entbehrungen, da wir den physischen Körper nicht mehr haben, um unsere Triebe und Begierden des Lebens zwischen Geburt und Tod befriedigen zu können. Je mehr wir uns diesen Trieben und Begierden hingegeben haben, desto größer sind die Entbehrungen, desto länger dauert es, bis wir uns von diesen Fesseln befreien können, und desto stärker wird das Phantom, das alle diese von uns schließlich abgelegten Triebe und Begierden enthält. Desto länger wird es auch dauern, bis dieses sich aufgelöst hat.

Wir bemerken, wie sich unsere Wesenheit immer mehr vergrößert, bis sie schließlich das Ausmaß der

Venussphäre erreicht. Wir müssen uns jedoch im klaren sein, daß wir hierbei nicht von Raum sprechen, sondern von Bewußtseinsstufen.

Je bewußter wir werden, desto mehr begegnen wir astralen Wesenheiten, vor allem jenen, die wir selber durch unser Tun im Leben zwischen Geburt und Tod hervorgerufen haben. Wir erfahren die guten Taten und können uns daran erfreuen; wir erfahren aber auch unsere schlechten Taten, vor allem in der Mondensphäre. Da sie in uns selber entstehen, erleiden wir sie, können sie aber nicht korrigieren. Damit entsteht in uns der Wille, das Unrecht in einem nächsten Leben zu korrigieren, und dieser Wille bleibt zusammen mit unseren schlechten Taten in der Mondensphäre zurück. Zugleich ist damit der Wille verbunden, wirklich in ein nächstes Leben hinabzusteigen.

Wir begegnen den guten astralen Wesenheiten, wie z. B. den schon erwähnten Wesen des Rechtes, des Mutes, und können aus ihnen Kräfte für das zukünftige Leben gewinnen.

Daneben begegnen wir auch mit uns im Leben verbundenen, doch schon vor uns oder mit uns verstorbenen Menschen und später auch Menschen, die mit uns die gleiche religiöse Überzeugung hatten, sowie Wesenheiten der dritten Hierarchie, Engeln, Erzengeln und Archai; auch hier wieder vor allem denjenigen Wesen, die uns schon während des Lebens begleitet haben.

Wir haben gesehen, daß es im Leben drei Verhaltensweisen gibt, die uns das nachtodliche Leben erleichtern. Als erstes dürfen wir nicht Sklave unserer Begierden und Triebe – in weitestem Sinne – sein. Ferner ist eine moralische Gesinnung wichtig; denn sie verbindet uns mit der Astralwelt. Und schließlich kommt es auf eine religiöse Gesinnung an, die uns schon in diesem Leben hinschauen läßt auf eine übersinnliche Welt; sie ermöglicht uns, in einen größeren Kreis aufgenommen zu werden.

Unser Ich-Bewußtsein, unsere «Ichheit» wird im Nachtodlichen durch Verschiedenes bewirkt:

– Durch den Anblick des Todesmomentes. Dieser Anblick gibt während der nachtodlichen Zeit die Gewähr, ein «Ich», eine Individualität zu sein.

– Durch den Anblick der «Leere» im physischen Leben, jener Leere, die unser physischer Körper ausfüllte.

– Durch den Empfang eines «ätherischen Extraktes» nach dem Verblassen des Lebens-Tableaus. Dank ihm bleiben wir auch später in Verbindung mit der ätherischen Welt

– Durch den Empfang eines «astralischen Extraktes» nach dem Durchgang durch den Astralplan. Dank ihm bleiben wir in Verbindung mit der astralen Welt.

Vielleicht ist es nützlich, noch einmal auf die Natur dieser «Extrakte» zurückzublicken.

Wenn der Ätherleib nach dem Tode von dem Menschen losgelöst ist […], so bleibt von ihm doch für alle spätere Entwicklung des Menschen noch etwas zurück, was man wie einen Extrakt oder eine Essenz desselben bezeichnen kann. Dieser Extrakt enthält die Früchte des verflossenen Lebens. Und er ist der Träger alles dessen, was während der geistigen Entwicklung des Menschen zwischen dem Tode und einer neuen Geburt sich wie ein Keim zum folgenden Leben entfaltet.

Was nimmt die Seele mit? Die geläuterten Begierden und Leidenschaften. Die sind jetzt vergeistigt und herausgeläutert aus dem Physischen.

Ist nun das Kamaloka durchlebt, so wird eine Art dritter Leichnam abgelegt. Zuerst war es der physische Leichnam, dann der ätherische, der sich im allgemeinen Weltenäther auflöst, und jetzt ist es der astralische Leichnam. Dieser umfaßt alles das von des Menschen astralischem Leibe, was er noch nicht von seinem Ich aus geläutert und geordnet hat. Das, was er einst mitbekommen hat als Träger seiner Triebe und Leidenschaften, und was er nicht vom Ich aus umgearbeitet, vergeistigt hat, das löst sich los nach dem Kamalokazustand. Mit nimmt der Mensch auf seiner weiteren Bahn einen Extrakt vom Astralkörper: erstens die Summe all der guten Willensimpulse, und zweitens alles das, was er vom Ich aus umgewandelt hat. Alles, was er veredelt hat von seinen Trieben: das Schöne, das Gute, das Moralische, das bildet den Extrakt seines astralischen Leibes. Der Mensch besteht nun am Ende der Kamalokazeit aus dem Ich, und um dieses gleichsam herumgelagert hat er den Extrakt des astralischen Leibes und des Ätherleibes, die guten Willensimpulse.

Hier wäre noch zu ergänzen: und der «Kraftpunkt», die physische «Essenz» (siehe S. 94).

Das Verhältnis von Stein, Pflanze und Tier zur Geistwelt

Ein tabellarischer Überblick über die Wesensglieder der verschiedenen Naturreiche und des Menschen in ihrer Stufenfolge sieht gemäß Steiner so aus:

	Mensch	Tier	Pflanze	Mineral
Oberes Devachan	–	–	–	Ich
Unteres Devachan	–	–	Ich	Astralleib
Astralplan	–	Ich	Astralleib	Ätherleib
Physische Welt	Ich	–	–	–
	Astralleib	Astralleib	–	–
	Ätherleib	Ätherleib	Ätherleib	–
	physischer Leib	physischer Leib	physischer Leib	physischer Leib

Wir haben in der Einleitung gesehen, daß das Tier einen physischen Leib, einen Ätherleib und einen Astralleib besitzt. Was den tierischen Astralleib betrifft, so ist die Tabelle jedoch zu modifizieren:

Wir treffen in der Astralwelt auch noch Wesenheiten, welche namentlich dem Anfänger unverständlich sind. Das sind Wesenheiten, welche von höchster innerlicher Beweglichkeit sind und verschiedene Formen und Gestalten annehmen und in ganz anderer Art ihren Zusammenhang mit der Welt zeigen als der menschliche Astralleib. Der menschliche Astralleib hat eine in Grenzen eingeschlossene Gestalt, er hat bestimmte Konturen. Solche bestimmten Umrisse hat der Astralkörper der Tiere nicht. Die Astralkörper der Tiere sehen ganz anders aus. Sie gehören nicht zu einem einzelnen Wesen, sondern für ganze Gruppen von Tieren sind Gruppenseelen vorhanden. Gleichsam an einem gemeinsamen Stamm hängen die einzelnen physischen Tiere, und von diesen einzelnen Tieren führen dann eine Art Stränge zu den Gruppenseelen, welche die Tiere bewegen.

Das heißt, der Astralkörper der Tiere ist nicht vollständig im einzelnen Tier inkarniert, sondern bildet die «Gruppenseele» der Tiergattung in der Astralwelt. Auch das Ich der Tiergattung ist dort zu finden.

Wenn nun der Mensch gestorben ist, dann ist sein Ich auf dem Astralplan mit den Ichs – dieser ungewöhnliche Plural kann nicht umgangen werden – der Tiere zusammen, und er kann dort eine Arbeit verrichten wie die Ichs der Tiere. Diese Arbeit besteht darin, daß er die Tierwelt nach und nach verändert.

Auch die Pflanzen besitzen einen Astralleib, der sich in der Astralwelt befindet und sich auf die Pflanze senkt, wenn sie blüht.

Nun können Sie einmal die Frage aufwerfen: Haben die Pflanzen gar nichts von einem Astralleibe? Es wäre falsch, würde man das behaupten; er ist nur nicht drinnen, wie er in dem Tiere drinnen ist. Wenn das hellseherische Bewußtsein die Pflanze beschaut, so sieht es namentlich oben, wo die Blüten sind oder entstehen, die ganze Pflanze eingetaucht in eine astrale Wolke, eine helle Wolke, die die Pflanze namentlich an diesen Teilen umgibt und einhüllt, wo sie blüht und Früchte trägt. Also die Astralität senkt sich gleichsam auf die Pflanze nieder und hüllt einen Teil der Pflanze ein. Der Astralleib der Pflanze ist eingebettet in diese Astralität.

Hinsichtlich des Ätherleibes und des Astralleibes der Pflanzen sind – mit Ausnahme der oben aufgeführten Tabelle – keine weiteren Angaben Steiners vorhanden. Dagegen über die «Iche»:

Im unteren Devachan findet er die Ichs der Pflanzen als seine Genossen; da kann er die Pflanzenwelt verändern. Auf diese Weise wirkt er selbst mit an der Umgestaltung der Erde.

Sie haben gesehen, daß ganze, gleich oder ähnlich gestaltete Gruppen von Tieren zusammen zu einer Gruppenseele oder einem Gruppen-Ich gehören, und daß wir die Löwenseele, die Tigerseele und andere Gruppen-Iche der Tiere wie abgeschlossene Personen auf dem Astralplan treffen, denen wir dort begegnen können, wenn wir – trivial gesprochen – auf dem Astralplan spazierengehen, so wie wir den Menschen der physischen Welt hier begegnen können. Ebenso finden wir in noch höheren Gebieten, auf dem Devachanplan, die Iche von ganzen Pflanzengruppen, und in den höchsten Partien des Devachans finden wir die Iche der Mineralien als abgeschlossene Persönlichkeiten, wie es hier die Menschen auf dem physischen Plan sind. Daraus sehen wir, daß wir in diesen höheren Welten gewisse Wesenheiten antreffen, die sozusagen ihre Organe, ihre einzelnen Glieder hinunterstrecken bis in die physische Welt.

Bevor wir den Durchgang durch die nachtodliche Welt wieder aufnehmen, ist es vielleicht angebracht, kurz die Frage aufzugreifen: wo befinden sich eigentlich die geschilderten «übersinnlichen» Welten?

Immer wieder müssen wir uns [...] klarmachen, daß der Aufenthalt des Menschen im Devachan nicht irgendwo anders ist als da, wo wir sonst auch sind. Denn Devachan, die astrale und die physische Welt sind durchaus drei ineinandergeschobene Welten. Die richtigste Vorstellung vom Devachan kann man sich machen, wenn man sich die Welt der elektrischen Kräfte denkt, bevor die Menschen die Elektrizität entdeckt haben. Davor schon war alles in der physischen Welt enthalten, nur war es damals eine okkulte Welt. Alles was okkult ist, wird einst entdeckt. Der Unterschied zwischen dem Leben im Devachan und demjenigen in der physischen Welt ist der, daß der Mensch in seinem gegenwärtigen Zyklus mit Organen ausgerüstet ist, die ihn befähigen, die physische Welt zu schauen, aber nicht mit Organen, die ihn befähigen, die Erscheinungen des Devachans zu schauen.

Der Eintritt in die Sonnensphäre

Allmählich wird es für die Seelen immer schwieriger, die Erinnerungen an die Erdenzeit zu bewahren; ein Vergessen alles Erlebten breitet sich immer mehr aus. Begegnet man zum Beispiel in dieser Zeit zwischen dem Tode und der neuen Geburt einem früher bekannten Menschen, so erkennt man ihn zunächst leicht, allmählich aber immer schwerer; später kann man sich nur noch an die Beziehung zu ihm erinnern, wenn man an das Mysterium von Golgatha anknüpft. Je mehr man von diesem durchdrungen ist, desto leichter erkennt man seine Umgebung wieder.

> Beim Eintritt ins Devachan, in die Sonnensphäre, macht man eine überraschende Entdeckung: man erblickt zwei «Throne», wobei der eine von einer realen Gestalt, der andere nur von einem «Bild» besetzt ist.

Jetzt beginnt die Zeit, wo man, als ein reales Wesen sich gegenüberstehend, dasjenige kennenlernt, was man immer bezeichnet hat als Luzifer. Wenn man sich jetzt in der Sonne fühlt, dann fühlt man sich nicht in strömendem physischem Lichte, sondern man fühlt sich in rein geistigem Lichte. Und von diesem Zeitpunkt an empfindet man

Luzifer wie ein Wesen, das jetzt nicht mehr gegnerisch ist wie früher, sondern man empfindet ihn immer mehr als ein in der Welt durchaus berechtigtes Wesen. Man fühlt jetzt die Notwendigkeit, im weiteren Verlauf des Lebens nach dem Tode Luzifer und das Christuswesen wie zwei nebeneinander gleichberechtigte Mächte anzusehen.

Luzifer ist die eine, die reale Gestalt. Doch woher stammt das Bild auf dem zweiten «Thron»?

Aber dieser Christusgeist ist von der Sonne heruntergestiegen, und im Mysterium von Golgatha ist er sozusagen ausgeflossen in das Leben der Erde. Und indem er da in das Leben der Erde ausgeflossen ist, hat er die Sonne verlassen, und man findet heute zwischen dem Tod und einer neuen Geburt in der Sonne bloß das Akasha-Bild von dem Christus. Der Thron ist dort nicht eingenommen von dem wirklichen Christus.

Er hat sich verbreitet bis in die Erdensphäre hinein durch das Mysterium von Golgatha, und seit jener Zeit müssen die Erdenbewohner hier auf Erden sich ein Verständnis für den Christus-Impuls aneignen können und diesen Impuls gedächtnismäßig behalten: dann können sie erkennen das Bild, das in der Akasha-Chronik erscheint, wenn sie sich hineinleben in diese Sonnensphäre. Wer hier auf Erden sich nicht dieses Verständnis errungen hat, der erkennt nicht, wer da einstmals auf diesem Thron gesessen hat und was jetzt nur noch im Bild vorhanden ist, und er kann sich nicht zurechtfinden im Leben innerhalb der Sonnensphäre zwischen Tod und neuer Geburt. Da sehen wir, wie es Erdenmission der Menschenseelen ist, hier sich den Zusammenhang mit dem Mysterium von Golgatha zu suchen, wie wir ihn suchen innerhalb unserer spirituellen

Bewegung. Dadurch behalten wir die Erinnerung zwischen Tod und neuer Geburt von dem Christus-Impuls und werden innerhalb der Sonnensphäre kein Einsiedlerwesen, sondern ein geselliges Wesen durch die Kräfte, die wir mitgenommen haben; so daß wir dann gleichsam durch unsere eigene, mitgebrachte Kraft das Bild beleben – das nur noch als Bild in der Sonnensphäre ist – von dem Christus. Und wir müssen uns so viel Kraft von der Erdenzeit mitnehmen, daß diese Kraft uns auch für die folgende Zeit bleibt und nicht verlorengehen kann.

Seitdem der Christus sich vereinigt hat mit der Erde, muß man auf Erden Verständnis gewinnen für den Christus. Man muß das Christus-Verständnis mitbringen, sonst kann man drüben den Christus nicht finden. Wenn wir uns gegen die Sonne zu entwickeln, dann verstehen wir, wenn wir hier ein Verständnis für den Christus gewonnen haben, dasjenige, was in die Akasha-Chronik eingetragen ist. Denn das hat er auf der Sonne zurückgelassen. Das ist das Bedeutsame, daß das Verständnis für den Christus hier auf der Erde angeregt werden muß, dann kann man es auch in den höheren Welten behalten.

Doch wie sollen wir uns auf Erden ein Verständnis des Christus-Impulses aneignen? Genügt es zu wissen, daß die Christuswesenheit ein hohes Geistwesen gewesen war, das sich bei der Jordantaufe in einen physischen Menschen «eingewohnt» hatte; daß er gekreuzigt wurde und auferstanden ist? Was bedeutet das paulinische Wort: «Nicht Ich, sondern Christus in mir»?

Eine Antwort habe ich für mich erst vor kurzem gefunden, als ich wieder einmal die Matthäus-Passion von Johann Sebastian Bach hörte. Beim Anhören ist mir bewußt geworden: Ich habe mich dann mit dem

Christus vereinigt, wenn ich mit ihm aus meinem tiefsten Herzen, mit all meinem Fühlen und Wollen, die Antwort in Gethsemane geben kann: «Mein Vater, ist's nicht möglich, daß dieser Kelch von mir gehe, ich trinke ihn denn, so geschehe dein Wille.» Denn dann habe ich auch meine größte Freiheit errungen: zu meinem eigenen Schicksal ja sagen zu können.

Wenn ich mich wirklich in der richtigen Art mit Christus verbunden habe, dann habe ich mich auch über alles Religiöse erhoben.

FÜR DIE SONNEN-SPHÄRE liegt die deutliche, die eminente Notwendigkeit vor, wenn wir in ihr zwischen dem Tode und der neuen Geburt gedeihen wollen, nicht bloß eine gewisse Gruppe von Menschen zu verstehen, sondern alle menschlichen Seelen zu verstehen, zu allen Seelen gewissermaßen Anknüpfungspunkte gewinnen zu können. Und in der Sonnen-Sphäre fühlen wir uns schon als Einsiedler, als Vereinsamte, wenn wir durch die Vorurteile irgendeines Religionsbekenntnisses eingeschnürt sind und nicht in der Lage sind, denjenigen zu verstehen, der von einem andern Bekenntnisse seine Seele durchdrungen hat. Wer auf der Erde zum Beispiel nur die Möglichkeit gewonnen hat, alles Vortreffliche zu empfinden bei irgendeinem religiösen Bekenntnis, der versteht – können wir jetzt sagen – alle Bekenner anderer Religionsbekenntnisse während der Sonnen-Sphäre nicht. Aber dieses Nichtverstehen ist nicht so wie auf der Erde. Hier können die Menschen nebeneinander gehen, ohne sich bis in die Seele hinein zu verstehen, können sich spalten in verschiedene Religionsbekenntnisse und Weltanschauungen. In der Sonnen-Sphäre – da wir uns alle bis dahin ausdehnen und durchdringen, sind wir zugleich zusammen und durch unser Inneres getrennt –, da ist jede Trennung und jedes Nichtverstehen zugleich ein Quell furchtbaren Leidens.

Zugleich müssen wir uns bewußt sein, daß die Sonne etwas ganz anderes ist, als sie uns hier auf Erden erscheint.

INDEM MAN IN DEN GEISTIGEN Sonnenbereich eintritt, ist die Sonne nicht mehr da an einem Orte, sondern sie ist überall im Umkreise. Man ist in der Sonne drinnen, und die Sonne strahlt einem von der Peripherie herein. Sie ist in der Tat die geistige Haut des Menschenwesens, das man jetzt geworden ist. Und nicht außerhalb der Sonne, sondern im Innern des geistigen Sonnenbereiches hat man jetzt das, was man wiederum als Organe ansprechen muß: wie im irdischen Dasein Kopf, Herz, Gliedmaßen, wie unmittelbar nach dem Tode Mond, Merkur, Venus, so hat man jetzt als Organe in sich, was man so ansprechen muß wie Mars, Jupiter, Saturn. Man ist also jetzt Sonne und hat die Organe in sich: Mars, Jupiter, Saturn. Das sind die inneren Organe, wie hier das Herz, wie hier die Zirbeldrüse oder wie hier die Niere. Aber das alles ist ins Geistige metamorphosiert. Und diese Organe, sie müssen erst nach und nach ausgebildet werden.

TRITT ER DANN in den Bereich der Sonnenbevölkerung ein, so ist das wie das Überkommen einer mächtigen kosmischen Erinnerung an eine uralte Zeit. Ich habe sie in dem Buche «Die Geheimwissenschaft im Umriß» von einem anderen Gesichtspunkte aus beschrieben. Es überkommt ihn etwas wie eine Erinnerung an eine uralte Zeit, in der auch die Sonne noch mit der Erde, die Sonnenbevölkerung noch mit der Erde verbunden war. So daß wir hineinwachsen in den geistigen Kosmos nach dem Tode so, daß wir gewissermaßen in zwei geistige, kosmische Länder hineinwachsen, wo wir auf Bevölkerungen auftreffen, mit denen wir einmal, als wir noch ganz andere Wesen auf Erden waren, auf Erden verbunden waren.

Die Erinnerung an unsere frühesten Inkarnationen tritt auf.

UND WÄHREND DER MENSCH hier im wesentlichen auf Erden nur einen Teil der Menschheitsentwicklung durchmacht während seines Erdendaseins, macht er zwischen dem Tode und einer neuen Geburt einen Teil der gesamten kosmischen, der gesamten Weltentwicklung durch. Es ist also im wesentlichen die Sonnenbevölkerung eine solche, die in viel älterer Zeit schon hinaufgestiegen ist über die Erfahrungen, die man als Erdenwesen machen kann, und die auch schon hinaufgestiegen ist über dasjenige an Erfahrungen, was man als Mondenwesenheit machen kann.

Beim Eintreten in die Sonnensphäre verliert man die letzte Bindung an das vergangene Leben in der Region des Seelenlebens.

WAS ALS DIE HÖCHSTE, als die seelischeste Region der Seelenwelt geschildert worden ist, die Region des eigentlichen Seelenlebens, das wird durchlebt, wenn die Seele durchgeht durch die Region des Sonnenlebens. So daß man auch sagen kann: Etwas bis über die Mond-Sphäre hinaus, wie schon erwähnt ist, dauert die eigentliche Kamaloka-Sphäre; dann beginnen die lichteren Regionen der Seelenwelt, bis zur Sonne hin. Was die Seele an der Sonne erlebt, ist eben gerade die Region des Seelenlebens. Seelisches Erleben ist das Charakteristische in der Zeit nach dem Tode bis zu der Epoche hin, wo die Seele durch die Sonnenregion durchgeht. Wir wissen auch, daß die Seele in dieser Sonnenregion dann ihre besonders genaue Bekanntschaft macht mit dem Lichtgeist, der ihr auf der Erde zum Versucher, zum Verderber geworden ist: mit Luzifer. Und wir wissen, daß sie, wenn sie in ihre Vergrößerung hinausgeht in die Weltenräume, immer mehr und mehr denjenigen Kräften sich nähert, welche sie befähigen, nunmehr das zu entwickeln, was sie für die nächste Erdenverkörperung braucht. – Wenn die Seele durch die Sonnenregion durchgeht, durch die Region des Sonnenlebens, dann ist sie erst mit der letzten Erdeninkarnation fertig geworden.

> Wesentlich für unsere Erlebnisse und Erfahrungen in der Sonnensphäre ist das, was wir hier auf Erden als Gedanken-Intuitionen in uns getragen haben. Diese beginnen Realität zu werden und verbinden uns mit höheren Geistwesenheiten.
>
> Das eine, worauf es dabei ankommt, ist, das Bewußtsein der Christus-Tat aus dem Leben vor dem Tode mitzubringen, das andere, daß man im Leben vor dem Tode das Gute entwickelt hat.

In der Sonnenregion beginnt alles dasjenige, was der Mensch nur im kleinsten Gedanken als gute Intentionen getragen hat, Realität zu sein, auf die dann hinschauen Exusiai, Dynamis, Kyriotetes. Wie man das Gute in sich hat, denken und empfinden und erleben konnte, so wird man von den Wesen der Sonnenregion angesehen. Daher kann ich Ihnen die Sonnenregion nicht schildern auf theoretische Weise, sondern nur schildern auf lebendige Weise. Man kann nicht gut eine Definition geben, wie wirkt das oder jenes Gute in der Sonnenregion, man muß so reden, daß dem Zuhörer klar werden kann: Hast du als Mensch in der Erdenregion einen guten Gedanken gehabt, so hast du in der Sonnenregion in dem Leben zwischen dem Tod und einer neuen Geburt den Umgang mit Exusiai, Dynamis und Kyriotetes. Du darfst ein geistig geselliges Leben führen mit diesen Wesenheiten. Hast du aber Böses gedacht, das du sozusagen mit deinem eigenen Wesen in der Mondregion zurückgelassen hast, so bist du ein Einsamer, verlassen von Exusiai, Dynamis und Kyriotetes. So wird das Gute Realität in der Sonnenwelt durch unser Zusammenleben mit diesen Wesenheiten. Wir verstehen die Sprache dieser Wesenheiten nicht, wenn wir nicht Gutes gedacht haben; wir können nicht vor sie hintreten, wenn wir nicht Gutes vollbracht haben. Da ist alles Realität als reale Wirksamkeit unseres Guten in der Sonnenregion.

> Diese Wesenheiten der höheren Hierarchie, die Exusiai, Dynamis, Kyriotetes, sind Schöpferwesen; durch ihre Opfertaten wurde die Erde, der «alte Mond», die «alte Sonne» geschaffen. Und mit ihnen zusammen schaffen wir an unserer Zukunft.

Mit dem Eintritt also in das Sonnenall treten wir in eine Sphäre, wo unsere Interessen wesentlich erweitert werden, wo wir aber im Zusammenarbeiten mit Exusiai, Dynamis und Kyriotetes in der Lage sind, so vorzuarbeiten, daß der Geistkeim eines physischen Leibes entstehen kann, den dann für uns ein Elternpaar gebären kann. Niemals würde einen für uns geeigneten physischen Leib ein Elternpaar gebären können als physischen Leib, wenn dieser physische Leib nicht vorbereitet wäre durch lange Zeiten, durch eine Arbeit mit höchsten, erhabenen geistigen Wesenheiten im Geistkosmos. Und unsere Arbeit im Geistkosmos besteht im wesentlichen darinnen – und sie ist wahrlich größer, umfangreicher als dasjenige, was wir im kleinen Erdendasein tun –, all das zu besorgen mit den Wesen höheren Grades zusammen, was in diesen Wesenheiten als Geist-Ereignisse sich abspielt wie hier die Naturereignisse, als Geistkunst sich abspielt wie hier die Naturkunst, und was uns zuletzt in den Stand bringt, all dasjenige, was da gearbeitet ist, zusammenzuschließen in einem mächtigen geistigen Urbilde, das aber der Geistkeim, gewissermaßen der vorhergeworfene Schatten ist desjenigen, was dann als unser physischer Leib auf Erden geboren wird.

Hier wird zum ersten Mal auf etwas hingewiesen, was zunächst überraschen mag: Wir arbeiten in unserem nachtodlichen Leben nicht an unserem Ich, daß es sich weiterentwickle, an unserer Seele oder an unserem Ätherleib. Wir arbeiten – und das ist die Hauptarbeit während des ganzen zukünftigen Durchganges durch das Devachan bis zur sogenannten Weltenmitternacht –, wir arbeiten an unserem physischen Leib, am Geistkeim, aus dem bei der Geburt unser physischer Leib entstehen wird!

Das Devachan oder die Geistwelt

Die Sonnensphäre bildet die Mitte unseres nachtodlichen Aufstiegs. 7 Sphären gibt es unter ihr im Astralbereich, 7 Sphären über ihr im Geistbereich. Die Sonnensphäre bildet zugleich den Übergang zwischen dem Ablegen des vorhergehenden und der Vorbereitung des künftigen Erdenlebens. Nach der Sonnensphäre treten wir ein in die Marssphäre.

Marssphäre – 1. Region des Geisterlandes

Mir dem Eintritt in die erste Region des Geisterlandes, die Marssphäre, ist auch ein Wechsel der Wahrnehmung verbunden. In der Astralwelt bestand die Wahrnehmung vor allem im Erkennen von Farben.

Es beginnt jene Form des Wahrnehmens, die man immer bezeichnet hat – die man aber wenig versteht – als die Sphärenmusik. Alles was ist, wird wahrgenommen, indem es uns aus dem Umkreis des Kosmos entgegentönt. Doch so, wie wenn man lauter Harmonien vernehmen würde, tönt es heraus aus dem Kosmos, nicht wie die Klänge aus der physischen Welt. Man gelangt zu einem Punkte des Erlebens, wo man sich selbst wie im Mittelpunkte des Kosmos fühlt, und von allen Seiten hereinklingend nimmt man die Weltentatsachen durch diese Sphärenmusik wahr.

Und von nun an haben wir, sofern wir uns im Leben vor dem Tode in der richtigen Weise mit Christus verbunden haben, zwei Begleiter.

Nachdem wir uns als Sonnenbewohner gefühlt haben, merken wir allmählich, daß so, wie wir früher die Erde hinter uns gelassen haben, wir nun die Sonne hinter uns lassen, und wir fühlen uns in bezug auf unsere kosmische Wirklichkeit als Bewohner des Mars. Und für das Leben, das wir jetzt durchmachen, scheint es uns in der Tat so, daß Christus uns alles Vergangene gegeben hat, das hinter uns liegt, und Luzifer uns vorbereitet für die künftige Reinkarnation. Wenn wir dieses Marsleben bewußt durchmachen und uns später auf Erden durch Initiation daran erinnern können, so erfahren wir, daß alles, was wir nicht als Erlebnisse aus dem Erdendasein in uns tragen durch den großen Weltenraum, daß alles, was wir nicht von der Erde aus haben, uns Luzifer gibt. Unser früheres menschliches Interesse wird jetzt immer kosmischer. Während wir auf Erden das, was uns das Mineral, die Pflanze, das Tier, was uns Luft und Wasser, Berg und Tal gibt, aufnahmen, nehmen wir von diesem Zeitpunkte an die Erfahrungen des Kosmos auf, dasjenige, was von der Welt des Kosmos auf uns eindringt.

Das Einzige, was dem Menschen von seinem vergangenen Erdenleben bis in diese Region hinauf bleibt, ist das, was er sich an Spiritualität angeeignet hat. Und so erkennen wir nun die verschiedenen Stufen der Lebensführung auf Erden, die uns, zusammen mit der Verbindung mit Christus, ermöglichen, die nachtodliche Welt bewußt zu erleben:

Moralität – Religiosität – Gutsein – Spiritualität.

Die Menschen, die sich heute abschließen von dem Spirituellen, geraten trotz des Moralischen, trotz des religiösen Lebens auch nicht in die spirituelle Welt. Da ist nichts zu machen. Es ist ja natürlich durchaus möglich, daß solche Menschen in der nächsten Inkarnation dazukommen. Alle materialistisch Gesinnten werden, wenn sie über die Sonne hinaus in die Mars-Sphäre kommen, Einsiedler; das ist nicht anders.

Der Mars gilt ja als der «kriegerische Planet».

Wenn wir in ältere Jahrhunderte zurückgehen, finden wir, daß vom Mars ausgestrahlt sind diejenigen Kräfte, welche die Menschen enthusiasmiert haben zu dem, was die Menschen in älteren Zeiten brauchten: physische Kräfte, um die Menschheitsevolution zu fördern. Es ist nicht bloß ein Mythus, sondern eine okkulte Wahrheit, daß dasjenige, was als kriegerische Kraft und kriegerische Verwicklung sich in der Welt entwickelt hat, was die Menschen tatkräftig, mutig gemacht hat durch Jahrhunderte und Jahrtausende, von der Einströmung der Marskräfte herrührt.

Es gilt jedoch zu berücksichtigen, daß – wie der Mensch, wie die Erde – auch die Planeten einen Lebenszyklus durchmachen.

Nun, wie die Erde eine Entwicklung durchmacht, eine absteigende Entwicklung bis zum Christus-Mysterium hin und eine aufsteigende Entwicklung vom Mysterium von Golgatha ab, so machen auch die anderen Planeten in ihrer Art eine Entwicklung durch. Und wie sozusagen vom Jahre 33 ab – es ist nicht ganz genau, aber doch annähernd so – eine aufsteigende Entwicklung auf der Erde beginnt, also da der eigentliche Schwerpunkt der Erdenentwicklung ist, so war auf dem Mars der Beginn des siebzehnten Jahrhunderts dieser Schwerpunkt, und alle Verhältnisse entwickeln sich sozusagen bis zu diesem Punkt hin auf dem Mars in einer Art absteigender Linie, von da ab in einer ganz anderen, aufsteigenden Linie.

Und wie auf der Erde *ein* Ereignis die Wende herbeigeführt hat – das Mysterium von Golgatha – so mußte auf dem Mars ein ähnliches Ereignis die Wende bewirken: dies geschah durch eine Tat der Individualität Buddhas. Auf die Wesenheit des Buddha und sein Wirken brauche ich nicht mehr einzutreten. Was Buddha für die Mars-Wesenheit tat, umschreibt Steiner wie folgt:

Dann aber, als das siebzehnte Jahrhundert heranrückte, zog sich der Buddha zurück von dem Erdenleben, und da vollbrachte dann der Buddha für den Mars ein ähnliches Ereignis, wenn auch nicht von solcher Größe wie das Mysterium von Golgatha, so doch das, was auf dem Mars dem Mysterium von Golgatha entspricht. Also im Beginne des siebzehnten Jahrhunderts wurde der Buddha der Mars-Erlöser, das heißt er wurde die Individualität, welche eine Sphäre von Frieden in dieses aggressive Element des Mars hineinzumischen hatte. Und seit jener Zeit ist der Buddha-Impuls auf dem Mars ebenso zu finden, wie seit dem Mysterium von Golgatha auf der Erde der Christus-Impuls.

Nicht der Durchgang durch den Tod, wie es beim Mysterium von Golgatha der Fall ist, war das Buddha-Schicksal auf dem Mars, aber in gewisser Beziehung war es auch eine Art Kreuzigung, die darin bestand, daß diese wunderbare Individualität, die ausstrahlte nach den Vorbedingungen ihres irdischen Lebens überallhin Friede und Liebe, mitten hinein versetzt wurde unter das, was ihr völlig fremd war: unter das aggressive, unter das kriegerische Element des Mars. Besänftigend zu wirken hatte der Buddha auf dem Mars.

Es ist ein wunderbarer Moment und es hat etwas Eindrucksvolles, wenn man danebenstellt den Moment, wie im Beginn des siebzehnten Jahrhunderts der Buddha auf dem Mars ankommt mit all der Summe von Friedens- und Liebeskräften, um in jenem aggressiven Elemente drinnen seinen Frieden, seine Liebe auszuströmen und dadurch allmählich die aufsteigende Entwicklung des Mars zu inaugurieren. So daß also, wenn eine Seele vor dem Zeitpunkt des Buddha-Mysteriums durch den Mars durchgegangen ist, sie vorzugsweise ausgestattet worden ist mit den aggressiven Eigenschaften, jetzt aber etwas eigentlich wesentlich anderes durchmacht, wenn sie wirklich Anlage hat, von den Kräften des Mars etwas zu empfangen. Es muß, damit kein Mißverständnis entsteht auf diesem Gebiet, aufmerksam gemacht werden, daß ebenso wenig, wie die ganze Erde heute etwa schon verchristet ist, der ganze Mars zu einem Friedensplaneten geworden wäre. Das wird noch lange dauern, so daß also, wenn die Seele Veranlassung hat, aggressive Elemente aufzunehmen, noch genügend Gelegenheit ist, auch solche Elemente in sich aufzunehmen; aber das Ereignis, von dem gesprochen worden ist, muß eben ins geistige Auge gefaßt werden.

Für die Entwicklung des Menschen und der Menschheit war dieses Ereignis von entscheidender Bedeutung. Denn mit dem Aufkommen des Bewußtseins-Seelen-Zeitalters und der damit verbundenen und notwendigen materialistischen Seelenverfassung bestand die Gefahr, daß die Menschheit sich in zwei unversöhnliche Strömungen teilen werde, auf die hier jedoch nur kurz eingegangen werden kann.

Aber es konnte nicht so kommen, daß auf der Erde in dem Zeitalter, das schon einmal die materialistische Mission hatte, viele Seelen sich etwa einer Franz-von-Assisi-Gemeinschaft anschlossen. Diejenigen konnten es nicht tun, die mit der Zeit fortzuschreiten hatten. So war gewissermaßen ein Zwiespalt geschaffen. Es konnte nicht kommen, daß auf der einen Seite nur äußere, materielle Kultur war, auf der anderen Seite Bekenner des Franz von Assisi. So groß und gewaltig Franz von Assisi ist, so wenig konnte das für die späteren Zeiten taugen, was er als Regeln gegeben hatte.

Der Mensch wird mit dem Erdenleib arbeiten müssen, wird sich hineinleben müssen äußerlich zwischen Geburt und Tod in das materielle Dasein, und er wird mitgehen müssen mit den Triumphen dieses materiellen Daseins. Aber die Möglichkeit muß geschaffen werden für jede Seele, die sich hineinlebt, sich befreundet mit dem materiellen Dasein, mit einem Teil ihres Wesens gleichsam Verständnis für das innerliche Erlebnis zu haben dessen, was im Franz-von-Assisitum liegt. – Darin besteht ja das Wesen des Fortschrittes der Seelen auf Erden, daß diese Seelen gleichsam zwei Naturen erhalten müssen, immer mehr, je weiter sie der Zukunft entgegengehen; daß wir mit unseren Seelengliedern die Impulse des Erdendaseins ergreifen und uns damit befreunden können; daß wir aber in uns auch Augenblicke und Stunden entwickeln müssen, in denen wir einsam hingegeben sein können dem Leben der Seele selber. Während wir weltfreundlicher und weltvertrauter werden, müssen wir zugleich Stunden haben, in denen wir seelenvertraut werden können. Während wir auf der einen Seite dem Edison nachfolgen, müssen wir auf der andern Seite ganz still im Innern Schüler des Franz von Assisi oder seines großen Lehrers, des Buddha, werden können.

Das Leben in der Marssphäre gibt uns für unsere zukünftige Inkarnation jene moralischen Impulse, die dann in unserem Unterbewußtsein wirksam werden.

Das Marsdasein stellt alles das dar, was zwar nicht moralische Gebote sind, die man sich innerlich auferlegt, was aber doch, ich möchte sagen, aus der ganzen charakterologischen Beschaffenheit des Menschen hervorgehende Impulse sind. Ob ein Mensch mutartig ist in bezug auf sein sittliches Handeln, ob er lässig ist, das liegt in den Kräften, die man kennenlernt, wenn man die Marsordnung von der anderen Seite anschaut; also nicht die vollbewußten, moralischen Impulse, die ich in meiner «Philosophie der Freiheit» als im reinen Denken wurzelnd geschildert habe, sondern die noch immer mit einem starken Grad der Unbewußtheit behafteten Impulse.

Auch das Soziale wird in der Marssphäre gestärkt.

Und der Mensch selbst wird in diesem Lande sich immer mehr bewußt, daß er, seinem eigentlichen Wesen nach, der Geisterwelt angehört. Er nimmt sich als Geist unter Geistern, als ein Glied der Urgeister wahr, und er wird in sich selbst des Urgeistes Wort fühlen: «Ich bin der Urgeist.» (Die Weisheit des Vedanta sagt: «Ich bin Brahman», d. h. ich gehöre als ein Glied dem Urwesen an, aus dem alle Wesen stammen.) – Man sieht: was im Erdenleben als schattenhafter Gedanke erfaßt wird und wohin alle Weisheit abzielt, das wird im «Geisterland» unmittelbar erlebt. Ja es wird während des Erdenlebens nur deswegen *gedacht, weil* es im geistigen Dasein eine Tatsache ist.

So sieht der Mensch während seines geistigen Daseins die Verhältnisse und Tatsachen, in denen er während des Erdenlebens mitten drinnen steht, von einer höheren Warte aus, gleichsam von außen. Und in der untersten Region des «Geisterlandes» lebt er auf solche Art gegenüber den irdischen Verhältnissen, die unmittelbar mit der physischen körperlichen Wirklichkeit zusammenhängen. – Der Mensch ist auf der Erde in eine Familie, in ein Volk hineingeboren; er lebt in einem gewissen Lande. Durch alle diese Verhältnisse wird sein irdisches Dasein bestimmt. Er findet, weil es die Verhältnisse in der physischen Welt mit sich bringen, diesen oder jenen Freund. Er treibt diese oder jene Geschäfte. Alles das bestimmt seine irdischen Lebensverhältnisse. Alles das tritt ihm nun während seines Lebens in der ersten Region des «Geisterlandes» als *lebendige* Gedankenwesenheit entgegen. Er durchlebt das alles in einer gewissen Art noch einmal. Aber er durchlebt es von der tätig-geistigen Seite aus. Die Familienliebe, die er geübt hat, die Freundschaft, die er entgegengebracht hat, werden in ihm von innen aus lebendig und seine Fähigkeiten werden in dieser Richtung gesteigert. Dasjenige im Menschengeist, was als Kraft der Familien-, der Freundesliebe wirkt, wird gestärkt. Er tritt in dieser Beziehung später als ein vollkommenerer Mensch wieder ins irdische Dasein. – Es sind gewissermaßen die alltäglichen Verhältnisse des Erdenlebens, die in dieser untersten Region des «Geisterlandes» als Früchte reifen. Und dasjenige im Menschen, das mit seinen Interessen ganz in diesen alltäglichen Verhältnissen aufgeht, wird den längsten Teil des geistigen

Lebens zwischen zwei Verkörperungen mit dieser Region sich verwandt fühlen.

Das Reich des Devachan hat für den Menschen den Sinn, daß das, was er während des Erdenlebens gelernt hat, als höhere Fähigkeit ausgebildet werden kann. Der Mensch soll in der physischen Welt Erfahrungen sammeln und diese sollen in Fähigkeiten umgewandelt werden. Wir sollen gebessert und gestärkt aus der Schule des Lebens hervorgehen.

> Nun macht uns Rudolf Steiner auf eine Schwierigkeit aufmerksam: die seelisch-geistige Entwicklung der meisten Menschen heute erlaubt es ihnen noch nicht, bewußt über die Mars-Sphäre hinauszuschreiten.

Und durch das, was die Menschen durch die Beziehung zum Mysterium von Golgatha auf Erden aufnehmen, wird ihnen der Eingang ins Geisterland, das heißt, ins geistige Sonnenland möglich gemacht, um zu werden so, daß sie innerlich aufnehmen können in der Marsregion die Marsorgane, in der Jupiterregion die Jupiterorgane, in der Saturnregion die Saturnorgane, in dreifachem Kreisen, das viel langsamer verläuft als das Mondenkreisen. Nur unterliegt das auch wiederum der Weltentwicklung. Und eigentlich tritt die vollständige Erfüllung desjenigen, was ich jetzt geschildert habe, das Werden eines Mars-Jupiter-, Saturnmenschen, für den Menschen erst in der Zukunft ein. In der Epoche, in der wir gegenwärtig leben, ist es dem Menschen durch das Wirken der Weltenkräfte nur möglich, die Marsregion vollständig zu durchkreisen, so daß er also nach dem Tode den Marskreis vollendet und noch nicht vollständig eintreten kann in die Jupiterregion, sondern diese nur berühren kann. Er wird erst im Verlaufe des weiteren Erlebens zwischen dem Tode und einer neuen Geburt voll in die Jupiterregion eintreten können und noch später in die Saturnregion.

Dafür aber, daß der Mensch, weil er noch nicht in die Jupiterregion eintreten kann, dennoch auch schon heute während der Zeit zwischen seinem Tode und einer neuen Geburt etwas von den Kräften von Jupiter und Saturn empfängt, sind eingestreut zwischen Mars und Jupiter die vielen Planetoiden, die so von den Astronomen ihrem äußeren Dasein nach immer wiederum entdeckt werden, die aber diejenige Region sind, die der Mensch auch nach dem Tode in bezug auf das Geistige passiert, weil er noch nicht nach dem Jupiter hin kann. Und diese Planetoiden haben das Eigentümliche, daß sie gewissermaßen in ihren geistigen Wesenheiten Kolonien sind von Jupiter und Saturn. Wesen von Jupiter und Saturn sind zurückgegangen zu den Planetoiden. Und der Mensch trifft deshalb gewissermaßen vorher, bevor er schon reif ist zum Erdendasein, in der Planetoidenregion, die unserem Weltenall eingestreut ist, dasjenige, was ihm vorläufig, bevor er in die Jupiter- und Saturnregion eintreten kann, eine Art Ersatz sein kann. So daß der Mensch im wesentlichen jetzt in der Zeit, nachdem er durch den Tod und eine neue Geburt gegangen ist, also wieder geboren ist, die Marsorganisation durchgemacht hat, und von Jupiter- und Saturnkräften dasjenige, was in der Planetoidenregion kolonisiert ist, aufgenommen hat; mit den Nachwirkungen davon, die wir noch kennenlernen werden, betritt der Mensch nun das neue Erdendasein, wenn er wieder geboren wird.

Das heißt, den weiteren Weg legen diese Menschen «schlafend» zurück, geleitet zuerst von Christus und Luzifer, später von den Wesenheiten der 1. Hierarchie. Und schlafend gestalten sie für sich das, was sie in diesen Regionen zu gestalten haben.

Wir jedoch wollen betrachten, wie ein Mensch, der in Zukunft die entsprechende Entwicklung durchgemacht hat oder schon heute durch Schulung auf der erforderlichen Stufe ist, weiter durch das nachtodliche Leben geht.

Nachdem der Menschengeist in der Marssphäre aufgenommen hat, was diese ihm geben kann, tritt er über in die

Jupitersphäre – 2. Region des Geisterlandes

In der Jupitersphäre wird sozusagen der Zusammenhang mit der Erde, der vorher noch ein bißchen bestanden hat, schon ganz bedeutungslos für den Menschen; von der Sonne wirkt noch ein wenig auf den Menschen, dagegen wirkt mächtig der Kosmos auf ihn ein.

Aber auch die Jupitersphäre erfordert vom Menschen eine bestimmte, im irdischen Dasein zu erwerbende Qualität zum Verständnis dessen, was dort geschieht.

Es handelt sich darum, daß er nicht bloß in der Sonnen-Sphäre zu den Sonnenkräften ein richtiges Verhältnis gewinnt, sondern dieses auch mitträgt beim weiteren Hinausleben in die Mars-Sphäre. Damit sich sein Bewußtsein nicht verdämmert, damit es nach der Sonnen-Sphäre nicht aufhört, sondern damit er es hineintragen kann in die Mars-Sphäre, in die Jupiter-Sphäre, die er dann zu durchleben hat, dafür ist für unsern Menschheitszyklus notwendig, daß in den Menschenseelen Platz greife das spirituelle Verständnis für das, was in unsern Religionen und Weltanschauungen lebt.

In der Jupitersphäre ist das, was auf Erden getrennt ist, vereint.

Alles das, was an Leben auf der Erde ist, pflanzliches, tierisches und menschliches Leben, und wie es da in den verschiedenen Wesen verteilt ist, das erscheint dem Seher wie das flüssige Element der geistigen Welt, wie Meer- und Flußgebiet.

Wenn der Mensch eintritt in diesen Strom, der alles durchfließt, dann genießt er die Früchte dessen, was er gesät hat. Da wird jeder das finden, was ihn erhebt über die Schranken des Daseins; der Mensch wird gereinigt von dem, was dem Menschen innerhalb des irdischen Reiches an Grenzen anhaften muß. Er wird dahingeführt, sich neue Fähigkeiten zu erwerben. Es sind zwar nur Keime, aber die Blumen, welche daraus aufgehen, sind die Fähigkeiten, welche er sich bildet und in das neue Leben wieder mitbringt.

Nach der Jupitersphäre treten wir im nachtodlichen Leben ein in die

Saturnsphäre – 3. Region des Geisterlandes

Wir gelangen dabei an die äußerste Grenze unseres Sonnensystems.

Hier angekommen, machen wir eine sehr wichtige moralische Erfahrung: Hat uns bis zu diesem Zeitpunkt der Christus die Erinnerung an unsere früheren Erdenzustände erhalten und dadurch vor den Angstzuständen des schwindenden Bewußtseins bewahrt, so merken wir gerade in diesem unserem jetzigen Seelenzustande nach dem Tode, wie wenig angemessen den höheren moralischen Forderungen dasjenige war, was wir auf der Erde durchgemacht haben, wie wenig angemessen es war der Majestät des ganzen kosmischen Seins. Wie ein Vorwurf berührt uns das Leben, das wir hinter uns gelassen haben. Und etwas außerordentlich Bedeutsames stellt sich jetzt ein. Wie aus einem unbestimmten nächtlichen Dunkel heraus tritt die ganze Summe unseres Lebens, wie sie sich karmisch in der letzten Erdeninkarnation geformt hat, vor die Seele. Wenn Sie Ihr jetziges Erdendasein, Ihre jetzige Inkarnation ins Auge fassen, so haben Sie sie in der Tat wieder so, wie sie sich in jenem Zeitpunkt nach dem Tode, der eben gekennzeichnet worden ist, vor die Seele stellt; aber in sich fühlen Sie scharf alles dasjenige, was Sie einzuwenden haben gegen jene Inkarnation. Sie sehen diese letzte Inkarnation vom kosmischen Standpunkte aus.

Die Sphäre des Saturns als «Bewahrerin» der Akasha-Chronik zeigt uns objektiv, wie wir im letzten Leben waren. In der Akasha-Chronik sind aber neben unserem letzten Leben auch alle vorhergehenden verzeichnet. Und so «erfahren» wir auch, was aus unserem ganzen Lebensstrom noch nicht getilgt worden ist.

Auch unser Verhältnis zu den Geistwesen wird nun ein anderes. Diese haben ja bis jetzt mit uns durch die Sphärenmusik kommuniziert. Nun beginnen wir die Sphärenmusik zu «verstehen».

Die Sphärenmusik verändert sich beim Durchgang vom Mars zum Jupiter so, man kann nur sagen, wie das Orchestrale in die gesangliche Musik. Es wird immer mehr zum Tone, zu dem, was den Ton zugleich durchsetzt als das Bedeutungsvolle, als das Sein-Wesen-Ausdrückende. Inhalt bekommt die Sphärenmusik, wenn wir uns in die Sphäre des Jupiter hineinbegeben, und sie wird dann in der Sphäre des Saturn zum völligen Inhalt, zum Ausdruck des Weltenwortes, aus dem alle Dinge geschaffen sind, und das gemeint ist im Johannes-Evangelium: «Im Urbeginne war das Wort...» Dieses Wort ist das Hineintönen der kosmischen Gesetzmäßigkeit und Weisheit.

> Damit ist auch angedeutet, daß wir, wenn auch auf höherer Stufe, zurückgekehrt sind zu den Bedingungen des «alten Saturn», als wir nur «Ohr» und ganz dem Weltenwort hingegeben waren.
>
> Es wurde bereits angedeutet, daß nur Menschen mit entsprechender Entwicklung bewußt die jenseits des Mars liegenden Sphären betreten können. Dieses Bewußtsein kann sich jeder aneignen, wie die nachfolgenden Ausführungen zeigen.

Und namentlich mit dem, was außerhalb der Sonnensphäre liegt, hängt der Mensch, ich möchte sagen, mit einem gewissen Charakter von Notwendigkeit zusammen. Betrachten wir ganz besonders die Saturnsphäre. Wenn der Mensch, sagen wir, sich bemüht hat, in dem gegenwärtigen Erdenleben sich mit geisteswissenschaftlichen Begriffen zu befassen, dann ist eigentlich besonders bedeutungsvoll für sein nächstes Leben der Durchgang durch die Saturnsphäre; denn in dieser werden die Bedingungen geschaffen, daß der Mensch die Kräfte, die er sich hier durch die Kenntnis der Geisteswissenschaft oder Anthroposophie aneignet, umsetzen kann in solche Kräfte, die ihm dann seine Leiblichkeit plastisch ausgestalten, so daß er es dann im nächsten Leben wie eine selbstverständliche Anlage in sich trägt, zum Spirituellen hinzuneigen schon durch seine Anlage. Also jetzt kann es so sein, daß der Mensch heranwächst; er ist als Materialist oder als Evangelischer oder als Katholik erzogen worden. Die Geisteswissenschaft tritt an ihn heran; er ist empfänglich dafür, lehnt sie nicht ab aus diesem oder jenem Grunde: dann hat er sie innerlich seelisch aufgenommen. Jetzt geht er durch die Pforte des Todes; er kommt durch die Saturnsphäre. Indem er durch sie hindurch geht, nimmt er solche Kräfte auf, daß er sozusagen in seinem nächsten Leben der geborene spirituelle Mensch ist, daß er schon als Kind überall Hinneigung zum Spirituellen zeigt.

Ein Mensch zum Beispiel, der viele Menschen im Leben kennengelernt hat, die in einer gewissen Weise von dem, was man die Lebensnorm nennt, abweichen, der also die anderen Menschen nicht als Philister betrachtet, sondern in einer gewissen liebevollen, verständnisvollen Art auf sie eingeht, der die Menschen mehr gelten läßt, als daß er sie kritisch abkanzelt, ein solcher Mensch erwirbt sich außer dem Verständnis, das er sich schon für sein Bewußtsein erwirbt, noch eine ganze Fülle von unbewußten Impulsen; denn man hat sehr viel davon, daß man die Menschen gelten läßt, sie zu verstehen sucht, sie nicht abkritisiert. Mit diesen Impulsen ausgerüstet, kann man dann sehr gut beobachten die Geheimnisse des Saturndaseins von der anderen Seite des Lebens, von derjenigen Seite des Lebens, die sich zwischen dem Tod und einer neuen Geburt darstellt.

Daß dies schon in alten Zeiten möglich war, zeigen die nachfolgenden Ausführungen. Der Unterschied zu heute ist der, daß damals noch hohe Geistwesen den Menschen in seiner Entwicklung leiten konnten, während wir diese jetzt selber in die Hand nehmen müssen.

In dieser Region werden nur diejenigen Seelen sozusagen geselliger Natur sein können, nicht eine grauenhafte Einsamkeit durchleben müssen, welche fähig sind, wirklich schon eine gewisse Stufe der Selbsterkenntnis, der vorurteilsfreien Selbsterkenntnis zu üben. Nur dadurch, daß man Selbsterkenntnis üben kann, vermag man jene Regionen zu betreten, welche dann über die Saturnregion, damit also auch über unser Sonnensystem in das kosmische Weltenleben hinausgehen, aus dem die Seelen immerdar das bringen müssen, was den Erdenfortschritt wirklich bewirkt. Denn wenn niemals Seelen als gesellige Naturen sich über das Saturnleben hinausleben würden, so würde die Erde nie einen Fortschritt erleben können. Nehmen Sie zum Beispiel die Seelen, welche heute hier sitzen: wenn die Seelen, die heute auf der Welt verkörpert leben, niemals zwischen Tod und neuer Geburt über die Saturnregion hinausgegangen wären, dann würde die Kultur der Erde noch dieselbe sein wie zum Beispiel in der alten indischen Zeit. Nur dadurch hat die uraltindische Kultur ihren Fortschritt zu der urpersischen Kultur haben können, daß in der Zwischenzeit Seelen über die Saturnregion hinausgegangen sind; und wiederum wurde der Fortschritt von der urpersischen zur ägyptisch-chaldäischen Kultur dadurch bewirkt, daß die Impulse zum Fortschritt aus den Regionen jenseits der Saturn-Sphäre hereingeholt sind. Was Menschen zum Fortschritt der Erdenkultur beigetragen haben, das ist von den Seelen hereingeholt worden aus der Region außerhalb der Saturnregion.

Die dritte Region des «Geisterlandes» enthält die Urbilder der seelischen Welt. Alles, was in dieser Welt lebt, ist hier als lebendige Gedankenwesenheit vorhanden. Man findet da die Urbilder der Begierden, der Wünsche, der Gefühle usw. Aber hier in der Geisterwelt haftet dem Seelischen nichts von Eigensucht an. Ebenso wie alles Leben in der zweiten Region, bildet in dieser dritten alles Begehren, Wünschen, alle Lust und Unlust eine Einheit. Das Begehren, der Wunsch des andern unterscheiden sich nicht von meinem Begehren und Wünschen. Die Empfindungen und Gefühle aller Wesen sind eine gemeinsame Welt, die alles übrige einschließt und umgibt, wie der physische Luftkreis die Erde umgibt. Diese Region ist gleichsam die Atmosphäre des «Geisterlandes». Es wird hier alles Früchte tragen, was der Mensch im irdischen Leben im Dienste der Gemeinsamkeit, in selbstloser Hingabe an seine Mitmenschen geleistet hat. Denn durch diesen Dienst, durch diese Hingabe hat er in einem Abglanz der dritten Region des «Geisterlandes» gelebt. Die großen Wohltäter des Menschengeschlechtes, die hingebungsvollen Naturen, diejenigen, welche die großen Dienste in den Gemeinschaften leisten, haben ihre Fähigkeit hierzu in dieser Region erlangt, nachdem sie sich in früheren Lebensläufen die Anwartschaft zu einer besonderen Verwandtschaft mit ihr erworben haben.

In der Saturnregion haben wir eine ganz bestimmte Aufgabe:

Der Mensch muss in der Zeit zwischen dem Tode und einer neuen Geburt in der richtigen Art wiederum zusammengestellt bekommen als astralischen Leib, Ätherleib und physischen Leib, was er zerstört hat; es muß möglich sein, daß wir in dieser Zeit hergestellt bekommen das, was wir vorher im Leben zerstört haben: den astralischen Leib, den Ätherleib und den physischen Leib. Das kann aber nur dadurch geschehen, daß etwas an uns arbeitet, was nicht in unserer Hand liegt. Das ist ja ganz offenbar, daß Sie es, wenn Sie nicht besondere magische Kräfte zur Verfügung haben, nicht in Ihrer Gewalt haben, sich einen astralischen Leib zu verschaffen, wenn Sie verstorben sind. Das muß dem Menschen aus der großen Welt, aus dem Makrokosmos geschaffen werden.

Da begreifen Sie jetzt die Frage: Ja, woher wird denn das wiederum hergestellt, was wir zum Beispiel an unserem astralischen Leib zerstört haben? Wir müssen ja einen richtigen Leib haben, wenn wir wiedergeboren werden zu einem neuen leiblichen Dasein. Wo sind die Kräfte zu finden im Weltenall, die den astralischen Leib wieder herstellen? Sehen Sie, diese Kräfte können Sie suchen mit allen möglichen hellseherischen Künsten auf der Erde, Sie finden sie auf der Erde nicht. Und wenn es bloß auf die Erde ankäme, so könnte dem Menschen nie wieder sein astralischer Leib hergestellt werden. Die materialistische Weltanschauung, die da glaubt, alle Menschheitsbedingungen seien auf der Erde zu finden, irrt ganz gewaltig. Der Mensch hat seine Heimat nicht bloß auf der Erde. Das zeigt uns die wirkliche Betrachtung des Lebens zwischen dem Tode und einer neuen Geburt, daß die Kräfte, die der Mensch braucht, um seinen astralischen Leib wieder herzustellen, bei Merkur, Venus, Mars, Jupiter, Saturn liegen, bei den Sternen unseres Planetensystems liegen. Was von diesen Sternen ausgeht an Kräften, das muß alles arbeiten an der Wiederherstellung unseres astralischen Leibes; und wenn wir von da nicht herbekommen die Kräfte, so können wir einen astralischen Leib nicht erhalten.

Und nun gelangen wir, indem wir in die 4. Region des Geisterlandes eintreten, in ein Gebiet, das außerhalb unseres planetarisch-irdischen Bereiches, außerhalb unseres Sonnensystems liegt.

Tierkreissphäre – 4. bis 7. Region des Geisterlandes

Es ist einleuchtend, daß es um so schwieriger wird, geeignete Worte und Ausdrücke zu finden für das, was in Wirklichkeit geschieht, je weiter wir uns auf unserer nachtodlichen Reise vom irdischen Leben entfernen. Um so schwieriger aber ist es selbst für einen hohen Eingeweihten zu erfahren, was sich dort ereignet. So sind auch die Angaben Rudolf Steiners über diese Sphären, denen wir uns nun zuwenden wollen, eher spärlich.

Die 4. und die drei folgenden Regionen des Geisterlandes wurden ja im ersten Kapitel kurz beschrieben (siehe oben S. 63). Hier geht es um die Schilderung dessen, was der nachtodliche Mensch in diesen durch den Tierkreis symbolisierten Sphären erfährt und erlebt.

Man kann das Gefühl haben, daß diese Regionen des Geisterlandes «sehr weit weg» seien. Die nachfolgende Ausführung über die 4. Region zeigt, daß wir im Leben zwischen Geburt und Tod sehr wohl Verbindung mit diesen Sphären haben.

Was der Mensch als Gedanken in seiner physischen Welt zwischen Geburt und Tod wahrnimmt, das ist nur die Offenbarung der Gedankenwelt, so wie sie durch die Werkzeuge der Leiber sich bilden kann. Aber alles, was der Mensch an solchen Gedanken hegt, die eine *Bereicherung* in der physischen Welt bedeuten, das hat aus diesem Gebiete heraus seinen Ursprung. Man braucht bei solchen Gedanken nicht bloß an die Ideen der großen Erfinder, der genialen Personen zu denken, sondern man kann bei jedem Menschen sehen, wie er «Einfälle» hat, die er nicht bloß der Außenwelt verdankt, sondern durch die er diese Außenwelt selbst umgestaltet. Soweit Gefühle, Leidenschaften in Betracht kommen, zu denen die Veranlassung in der äußeren Welt liegt, so weit sind diese Gefühle usw. in das dritte Gebiet des Geisterlandes zu versetzen; alles das aber, was in der Menschenseele so leben kann, daß der Mensch ein Schaffender wird, daß er umgestaltend und befruchtend auf seine Umwelt wirkt: das wird in seiner ureigenen, wesenhaften Gestalt offenbar im vierten Felde der geistigen Welt.

Wesentlich für die Tierkreissphäre ist folgender Gesichtspunkt:

Von diesem Zeitpunkt an kann nun nichts mehr, weder das Christus-Prinzip noch das Luzifer-Prinzip, unser Bewußtsein aufrechterhalten, sondern es tritt unter allen Umständen – wenn nicht im Leben vorher eine Initiation eingetreten ist – eine Herabdämmerung des Bewußtseins ein. Ein gewisser geistiger Schlaf beginnt, der notwendig ist für das menschliche Leben, nachdem bis zu diesem Zeitpunkt eine Art Bewußtsein vorhanden war, das aufrechterhalten wurde durch die geschilderten Verhältnisse. Dieser geistige Schlaf ist aber nun mit etwas anderem verbunden. Dadurch, daß der Mensch nichts mehr fühlen kann, nichts mehr sich vorstellen kann, können alle kosmischen Einflüsse unmittelbar auf ihn wirken, mit Ausnahme desjenigen des Sonnensystems. Denken Sie sich das ganze Sonnensystem ausgeschaltet und nur das allein vorhanden, was außer ihm da ist, dann haben Sie die Wirkungen, die jetzt eintreten.

Geradeso, wie wir im Schlafe die Ermüdung wegschaffen und uns neue Kräfte zuführen, so tritt dann durch das Herabdämpfen des Bewußtseins ein Einströmen geistiger Kräfte des Kosmos ein, wenn wir sozusagen eine weit, weit ausgedehnte spirituelle Raumkugel geworden sind.

Hier ist noch etwas nachzuholen. Schon während des Lebens auf dem Astralplan und auch in der Geisteswelt gab es Augenblicke, da der nachtodliche Mensch gewissermaßen «einschlief». Wach war er, wenn er in sich die Astralwelt mit all ihren Wesenheiten wahrnahm; doch gab es auch Momente, in denen er gewissermaßen auf sich selbst «zurückgeworfen» wurde, diese Astralwelt nicht mehr wahrnahm und auch sie keinen Einfluß mehr auf ihn hatte. Das wurde als «Schlafen» empfunden. Es ist die gleiche Situation, in der sich der Mensch vor der Mitte der atlantischen Zeit befand, bevor er sein «Ich» erhielt, bevor er «selbstbewußt» wurde. Bis zur Mitte der atlantischen Zeit war der Mensch wach, wenn er in Verbindung stand mit der geistigen Welt, und er schlief, wenn diese Verbindung nicht vorhanden war.

In der Tierkreissphäre herrscht nun eine andere Situation. Der Mensch ist eine «weit ausgedehnte spirituelle Kugel» geworden, die in sich die gesamte Geistwelt – auch die Sternenwelt – umfaßt. Der Mensch und die Geistwelt sind eins, die Dualität ist aufgehoben. Und in dieser Situation kann er sagen: Die Geistwelt bin ich – Es ist ich.

Entwindet sich der Mensch der Mondensphäre und gelangt er in die Fixsternsphäre, dann bleibt ihm eine kosmische Erinnerung – so können wir es nennen – an diese gewaltigen, majestätischen Erlebnisse der Planetensphäre mit der Urbildlichkeit des irdischen Mineral- und Pflanzenreiches. Das bleibt ihm als eine Erinnerung. Und er tritt in eine Welt von geistigen Wesenheiten ein, deren, wie ich schon gesagt habe, physisch-sinnliches Abbild die Konstellationen der Sterne sind, jene Sternkonstellationen, die, wenn man sie in der richtigen Weise versteht, der Ausdruck dafür sind, gewissermaßen die Schriftzeichen darstellen, aus denen man die Eigentümlichkeit, die Taten und die Willensintentionen der geistigen Wesenheiten in der Sternensphäre erleben kann. Man erlebt jetzt gewissermaßen schauend die geistigen Wesenheiten, die nicht in physischen Leibern auf Erden wandeln, die eben nur in dieser Sphäre der Sterne erlebt werden können. Und man tritt ein in diese Sphäre, um innerhalb derselben das eigene

Wesen mit dem kosmischen Bewußtsein – das sich jetzt erweitert hat, für das die räumliche Anschauung übergegangen ist in eine qualitative Anschauung, für das die zeitliche Anschauung übergegangen ist in die Gleichzeitigkeit –, um dieses eigene Wesen zu durchdringen mit den Taten dieser göttlich-geistigen Wesenheiten.

Diese Taten der göttlich-geistigen Wesenheiten – was sind sie, wozu dienen sie?

Kommt man über die Saturnsphäre hinaus, so tritt man ein in dasjenige, was alte Weltanschauungen genannt haben den Tierkreis. Er ist nur der Repräsentant für den Fixsternhimmel, das heißt für das Geisterland überhaupt; aber gerade wenn man zusammenfaßt die einzelnen Sterne, die den Tierkreis ausmachen, bekommt man den Weg, den der Mensch dann durchzumachen hat. Diesen Weg macht der Mensch durch, um den Geistkeim seines nächsten physischen Leibes aus dem ganzen Kosmos heraus mit den geistigen Wesenheiten der Hierarchien zusammen aufbauen zu können.

Wenn Sie etwa sagen würden: Hier auf der Erde haben wir eine interessante Arbeit, da können wir die Kultur fördern, da können wir für die Menschen arbeiten und so weiter, aber es muß höchst einförmig sein, was wir da oben vollbringen, wenn wir da nur unseren Leib, unseren eigenen Körper erzeugen –, dann würden Sie ganz fehlgehen. Denn alles, was Sie zusammen auf der Erde vollbringen können, ist nicht von der Größe und Mannigfaltigkeit dessen, was Sie vollbringen, wenn Sie aus den Sternenwelten heraus den menschlichen Leib, den «Tempel der Götter» formen. Das ist eine viel mannigfaltigere, großartigere Arbeit. Und Sie formen ja nicht nur einfach Ihren Leib, Sie formen ihn, wie Sie gleich sehen werden, so, daß dieser Leib eigentlich der ganzen Menschheit angehört, indem Sie, je nachdem Ihr Karma Sie mit dem oder jenem Menschen zusammengebracht hat, wiederum den neuen Leib so formen, daß er die Tendenz bekommt, in richtiger Weise mit diesen Menschen wieder zusammenzukommen, um mit ihnen das Karma auszugleichen. Also Sie arbeiten ja da in einem viel höheren Maße für die ganze Menschheit, als Sie es auf der Erde jetzt tun könnten.

Zum Aufbau des Geistkeimes eines zukünftigen physischen Leibes bedarf es gewissermaßen einer Vorlage: eines Menschenideals.

Und merkwürdigerweise, während man alles das, was man im Geisterlande um sich herum hat, geistige Wesenheiten und geistige Vorgänge, so erlebt wie man hier physische Wesen und physische Vorgänge erlebt, hat man dort fortdauernd während dieses Lebens, oder wenigstens während eines großen Teiles dieses Lebens zwischen dem Tod und einer neuen Geburt, wie ein mächtiges geistiges Gebilde, das Bild des Menschenideals vor sich. Alles, was über den Menschen hinausgeht, hat man hier auf der Erde als Religion. Das Menschenideal, man hat es drüben in der geistigen Welt als Religion. Man lernt verstehen, daß die verschiedenen Wesenheiten der verschiedenen geistigen Hierarchien ihre Absichten, ihre Kräfte zusammenwirken ließen, um im Weltenstrome auf die Art, wie es in meiner «Geheimwissenschaft im Umriß» beschrieben ist, allmählich den Menschen hervorgehen zu lassen. Den Göttern schwebte als das Ziel ihrer Schöpfung das Menschenideal vor, und zwar jenes Menschenideal, welches wirklich sich nicht so auslebt, wie jetzt der physische Mensch ist, sondern so, wie höchstes menschliches Seelen-Geistesleben in den vollkommen ausgebildeten Anlagen dieses physischen Menschen sich ausleben könnte.

So schwebt als Ziel, als höchstes Ideal, als die Götterreligion den Göttern ein Bild der Menschheit vor. Und wie am fernen Ufer des Götterseins schwebt für die Götter der Tempel, der als höchste künstlerische Götterleistung das Abbild des göttlichen Seins im Menschenbilde hinstellt. Und das ist das Eigentümliche, daß der Mensch, während er sich in dem Geisterlande zwischen dem Tod und einer neuen Geburt heranbildet, sich nach und nach dort immer reifer und reifer macht zum Schauen dieses Menschheitstempels, dieses hohen Menschheitsideals.

In diesen Zusammenhang gehört eine Stelle, die das Wesen des Christus betrifft.

Zu diesen tiefsten Zügen der Christus-Legende gehört die Anbetung und Opferung der drei Magier, der drei Könige aus dem Morgenlande, und nicht ohne ein tieferes Verständnis dürfen wir herantreten an diese grundlegende Symbolik der christlichen Tradition. Später hat sich die Anschauung herausgebildet, daß der erste König der Repräsentant war der asiatischen Völkerschaften, der zweite der Könige der Repräsentant der europäischen Völker und der dritte der Könige der Repräsentant der afrikanischen Völkerschaften. Man sah immer mehr da, wo man das Christentum als die Religion irdischer Harmonie verstehen wollte, in den drei Königen und ihrer Huldigung ein Zusammenfließen der verschiedenen Strömungen und religiösen Richtungen in der Welt zu dem einen Prinzip, zu dem Christus-Prinzip.

Diejenigen, die damals, als diese Legende eine solche Ausgestaltung bekam, eingedrungen waren in die Mysterienprinzipien des esoterischen Christentums, die sahen in dem Christus-Prinzip nicht bloß eine Kraft, die eingegriffen hatte in die Menschheitsentwicklung, sondern sie sahen in dem Wesen, das sich verkörperte in dem Jesus von Nazareth, eine kosmische, eine Weltenkraft, eine Kraft, die weit hinausging über das bloß in unserer Zeit herrschende Menschliche. Sie sahen in dem Christus-Prinzip eine Kraft, die allerdings für den Menschen ein in ferner Zukunftsentwicklung liegendes Menschenideal darstellt, aber ein solches Ideal, dem sich der Mensch nur annähern kann, wenn er die ganze Welt immer mehr im Geiste begreift.

> Der Begriff «Geistkeim» kann irreführend wirken. Hier auf Erden ist ein Keim oder Samenkorn etwas Kleines, das durch den Prozeß des Keimens zu etwas Großem wird. Der Geistkeim des physischen Leibes, den der Mensch zusammen mit den göttlich-geistigen Wesen in der «Weltenmitternacht» (siehe dazu unten S. 186) erschafft, ist riesengroß – wenn man in der Geistwelt überhaupt von «Größe» sprechen kann –, er umfaßt die gesamte geistige Welt.

Denn wenn Sie sich das Komplizierteste vorstellen, was hier auf Erden gebildet werden kann, so ist das ein Primitives und Einfaches gegen jenes gewaltige Gewebe von kosmischer Größe und Grandiosität, das da gewoben wird und das dann zusammengeschoben, in sich verdichtet wird durch die Empfängnis und durch die Geburt, was mit physischer Erdenmaterie durchsetzt wird und physischer Menschenleib wird.

Nur müssen wir uns den Pflanzenkeim klein, die Pflanze groß vorstellen; der Geistkeim des menschlichen physischen Organismus aber ist sozusagen ein Universum von unermeßlicher Größe, obwohl im eigentlichen Sinne von «groß» zu sprechen ja für diese Zustände nicht mehr ganz richtig ist.

Zur Formung dieses Geistkeimes wandert der nachtodliche Mensch gewissermaßen durch die Fixsternsphären, die durch den Tierkreis repräsentiert werden. Denn wie wir schon gesehen haben, sind diese Fixsternsphären die Heimatorte, die Wirkenssphären göttlicher Wesenheiten. Zu ihnen wandert der Mensch, um mit ihrer Hilfe diesen Geistkeim des physischen Leibes aufzubauen.

Indem Sie zum Beispiel durchleben jene geistigen Wesenheiten, deren physischer Abglanz das Sternbild des Widders ist, arbeiten Sie mit den Hierarchien des Widders zusammen an Ihrem Haupte, an Ihrem kommenden Haupte, das tatsächlich ein Kosmos ist, das sich nur dann zusammenzieht im physischen Leibe; aber in Ihrem Haupte tragen Sie den ganzen Kosmos, vom Widder aus gesehen, in sich.

Und als weiteres Beispiel:

Während Sie im Sternbilde des Stieres mit den Hierarchien zusammenarbeiten, arbeiten Sie den Zusammenhang Ihrer Kehlkopfpartie mit Ihrer Lungenpartie.

Nun ist es aber notwendig, damit der Mensch nach der Geburt sein Karma erfüllen kann, daß der physische Leib die Grundlage dazu abgibt. Deshalb muß in die Tierkreissphäre dasjenige aus den Planetensphären hinauf scheinen, was wir dort aus unserem vergangenen Leben zurückgelassen haben.

Indem nun der Mars aus der Planetensphäre hinaufscheint nach der Sphäre des Stieres, drückt sich in der Bewegung des Mars alles dasjenige aus, was Sie auf der Erde verfehlt oder richtig gemacht haben durch Ihre Sprechwerkzeuge.

Jede Unwahrheit, die der Mensch gesagt hat, die scheint ihm geistig der Mars in die Stiersphäre hinein, wenn der Mensch sich durch die Stiersphäre hindurcharbeitet. Sie können sich also denken, was diese Erinnerung ist, die wir da haben in unseren eigenen Taten. Wir finden nach dem Tode, daß diese Erinnerung in das Weltenall hineingeschrieben ist und sogar aus dem Weltenall als Logos nach der anderen Seite hin spricht. So daß wir an unserem künftigen Leibe in Bezug auf diese Partie der Sprachwerkzeuge so arbeiten müssen, daß wir gestört oder gefördert werden, je nachdem wir die Wahrheit gesagt oder gelogen haben.

Erinnern wir uns hier an eine schon früher erwähnte Aussage Rudolf Steiners: daß die inneren Organe in unserm jetzigen Leben – Lunge, Leber, Niere, Herz, usw. – in alten Erdenzeiten einmal selbständige Wesenheiten der Geistwelt gewesen sind, die zugunsten des Menschen auf ihre Selbständigkeit verzichtet haben und gewissermaßen in den physischen Leib des Menschen «hineingeschlüpft» sind. So können wir uns gut vorstellen, daß unsere Organe im Durchgang durch den Tierkreis zunächst wieder als Wesenheiten vor uns stehen.

Indem wir den Tierkreis durchwandern und uns den Geistkeim unseres künftigen physischen Leibes erarbeiten, scheinen also aus der Planetenwelt unsere noch nicht abgelegten karmischen Taten aller vergangenen Leben herauf und verändern das Idealbild dieses Geistkeims, damit wir im kommenden Leben die Grundlage haben, um unser Schicksal in der richtigen Weise zu erfüllen.

Bei dieser Arbeit am Geistkeim des physischen Leibes handelt es sich um mehr als nur darum, die Grundlage des eigenen physischen Leibes zu gestalten.

Und Sie formen ja nicht nur einfach Ihren Leib, Sie formen ihn, wie Sie gleich sehen werden, so, daß dieser Leib eigentlich der ganzen Menschheit angehört, indem Sie, je nachdem Ihr Karma Sie mit dem oder jenem Menschen zusammengebracht hat, wiederum den neuen Leib so formen, daß er die Tendenz bekommt, in richtiger Weise mit diesen Menschen wieder zusammenzukommen, um mit ihnen das Karma auszugleichen.

> Durch das Weltenwort, den Logos, bauen wir mit Hilfe der Götter den Keim unseres physischen Leibes auf. Und dieses Weltenwort findet seinen Ausdruck in zwölf Konsonanten, die den Bildern des Tierkreises, und sieben Vokalen, die den Planeten unseres Sonnensystems zugeordnet werden können. Anders gesagt: das Weltenwort, das sind die Taten und Verhältnisse der Hierarchien untereinander. Wenn wir hier auf Erden denken, dann geschieht vorerst nichts. Wenn die Hierarchien denken, von den Exusiai aufwärts, dann wird deren Gedanken Realität, dann geschehen Taten. Und das Zusammenstimmen dieser Taten ist das Weltenwort.

Und indem wir mit uns vereinen, was uns der Logos, was uns das Weltenwort sagt, leuchten auf in unserem Wesen die Weltgedanken. Hier mühen wir uns durch unser Nervensystem ab, die Erdgedanken zu hegen, dort saugen wir in uns selbst die Weltgedanken aus der Sprache des Logos, die auftritt, nachdem wir zuerst unser Wesen ausgebreitet haben über das Weltenall.

Dasjenige, was hier auf der Erde Gehen, Sprechen, Denken ist, das hat seine Analogien drüben in der geistigen Welt: Erstens in der Orientierung innerhalb der Hierarchien, zweitens in dem In-sich-lebendig-Tönendwerden des Weltenwortes und drittens in dem geistigen innerlichen Aufleuchten der Weltgedanken.

Die nachstehende Tabelle vermittelt einen Überblick über das, was wir in den Sphären der zwölf dieser Tierkreiszeichen schaffen:

Sternzeichen	*Organ*	*Sinne*	*zugehöriger Konsonant*
Widder	Kopf	Sprachsinn	W
Stier	Kehlkopf, Lunge	Gedankensinn	R
Zwillinge	Arme	Ich-Wahrnehmungssinn	H
Krebs	Brust	Tastsinn	V, F
Löwe	Herz	Lebenssinn	T, D
Jungfrau	Magengrube	Bewegungssinn	B, P
Waage	Hüfte	Gleichgewichtssinn	S, Z
Skorpion	Geschlechtssphäre	Geruchssinn	S, SCH, ZH
Schütze	Oberschenkel	Geschmackssinn	G, K
Steinbock	Knie	Sehsinn	L
Wassermann	Unterschenkel	Wärmesinn	M
Fische	Füße	Hörsinn	N

So wird der Geistkeim zu unserem physischen Leib gestaltet. Und indem wir den höchsten Hierarchien zuhören, wie sie uns gestalten, können wir sagen: Ich höre der Götter Sprache, aber auch: Der Götter Sprache zeugt mich.

Die Arbeit am Geistkeim hat zweierlei zu Folge: Sie erfüllt uns mit innerer Seligkeit und bildet in uns eine Kraft aus, die uns zu einem neuen Erdenleben hintreibt. Dieses innerliche Erkraftet-Werden aber ist zugleich die Ursache dafür, daß sich die Realität der Geistwelt, der Geistwesen immer mehr entfernt und uns zuletzt nur noch im Abbild des Fixsternhimmels erscheinen kann.

In der Mitte zwischen Tod und neuer Geburt liegt ein Punkt, den Steiner «die Weltenmitternacht» nennt, gewissermaßen ein «Wendepunkt». Ihm soll deshalb ein gesondertes Kapitel gewidmet werden.

Aber dann kommt eine Zeit, wo man die innere Leuchtekraft abnehmen fühlt. Das geschieht, wenn man der Mitte der Zeit zu lebt zwischen Tod und nächster Geburt. Da erlebt man so, daß man fühlt: Jetzt wird die innere Leuchtekraft immer geringer und geringer; jetzt kannst du immer weniger und weniger von dem, was um dich herum ist, beleuchten. Immer dämmeriger und dämmeriger wird es, und die Zeit rückt heran, wo dann jene Zeiten immer bedeutender werden, in welchen das innere Erleben intensiver und intensiver wird, wo das, was man schon erlebt hat an innerem Erleben, auf- und abwogt. Reicher und reicher wird das innere Erleben, in der Überschau wird es dunkler und dunkler, bis es der Mitte der Zeit zwischen Tod und Wiedergeburt zugeht, wo man das erlebt, was ich in meinem Mysteriendrama «Der Seelen Erwachen» die geistige Mitternacht genannt habe. Denn da erlebt man eine Zeit, wo man erfüllt ist von der geistigen Welt, wo man aufwacht, aber aufwacht in die «Nacht», wo man sich erlebt wie abgeschlossen in der geistigen Welt. Es ist ein Gefühl intensivsten In-sich-Erlebens in der Mitte zwischen Tod und Wiedergeburt. Dieses In-sich-Erleben bringt einen Zustand hervor, von dem man sagen muß: Er ist auf die Dauer für die Seele unerträglich. Es ist ein Wissen von einem Wissen, das unerträglich ist, das man nicht haben will, weil es nur Wissen ist. Man fühlt in sich: Du trägst eine Welt in dir, die du nur wissend erlebst, indem du weißt, daß du in der Realität von ihr abgeschlossen bist; du hast die Leuchtekraft über sie verloren. Die Nacht in der geistigen Welt tritt ein.

> Man wird auf sich selbst zurückgeworfen; damit tritt aber auch ein gewisses Selbstbewußtsein auf, eine Kraft, die nach etwas neuem verlangt.

Immer mehr und mehr hat sich ja die Seele in eine geistige Innenwelt hineingelebt; diese ist immer größer und größer, immer gewaltiger und gewaltiger geworden. Aber in ihr lebt die Sehnsucht, wieder eine Außenwelt um sich zu haben.

> Und diese neue Außenwelt, sie ist nicht mehr das, was wir bis jetzt erfahren haben – unsere ehemalige Innenwelt: Herz, Niere, Leber und so weiter –, sondern unsere eigene frühere Inkarnation.

Wir stehen nämlich, wenn wir aus der Einsamkeit erwachen, Bildern gegenüber, die aus unserem vorhergehenden Erdenleben auftauchen. Also eine Außenwelt, die doch wieder unsere vergangene Außenwelt ist, steht um uns herum, und die Sehnsucht hat uns zu ihr geführt, die eine aktive Kraft ist. So stehen wir eine Zeitlang unseren verflossenen Erdenerlebnissen gegenüber in der Weise, daß sie für uns Außenwelt sind, daß wir wie beurteilend ihnen gegenüberstehen.

> Wir überblicken also in der Zeit der Weltenmitternacht unser eigenes Schicksal von Beginn unserer Existenz an, mit all deren Mängeln und Unvollkommenheiten. Damit aber entsteht in uns eine Sehnsucht, diese Mängel und Unvollkommenheiten auszugleichen: die Sehnsucht nach einer neuen Existenz. – Davor tritt indessen noch eine große Versuchung an uns heran: statt unse-

ren Willen auf die zukünftige Inkarnation zu richten, deren Schwere ja oft schon jetzt gesehen werden kann, könnten wir vom Gedanken verführt werden, auf weitere Inkarnationen zu verzichten. Warum diesen mühsamen Weg gehen?

Und jetzt kommt ein wichtiger Entscheidungspunkt. In diesem Augenblick tritt an uns eine harte Versuchung heran! Die Götter haben es gut mit uns gemeint, sie haben uns alles das gegeben, was sie uns zunächst geben können, sie haben uns so stark gemacht, als es nach Maßgabe der Kraft möglich war, die wir im bisherigen Leben uns erworben haben. So ist diese uns von den Göttern gegebene Stärke in uns, und die Versuchung tritt an uns heran, die uns sagt: Ja, du kannst jetzt diesen Göttern folgen, du kannst jetzt alles das, was du bist, gleichsam einfließen lassen in das, was die Götter dir gegeben haben an Kräften, du kannst in die geistigen Welten hineingehen. Denn viel, viel haben dir die Götter gegeben.

Man kann sich ganz vergeistigen: diese Aussicht steht vor einem. Aber man kann das nur, indem man seinen Weg von der Bahn nach dem großen Menschheitsideale hin ablenkt, indem man herausgeht aus der Bahn. Das heißt mit anderen Worten: man schlägt den Weg ein in die geistigen Welten, indem man all seine Unvollkommenheiten in die geistigen Welten mit hineinnimmt. Sie würden sich dort schon in Vollkommenheiten verwandeln. Sie täten es wirklich. Man könnte mit den Unvollkommenheiten hinein, man würde mit ihnen, weil man von göttlichen Kräften durchdrungen wäre, ein Wesen sein. Aber dieses Wesen müßte verzichten auf Anlagen, die es doch in sich hat, die es noch nicht auf seinem bisherigen Wege ausgebildet hat und die nach der Richtung des großen Menschheitsideales liegen; auf die müßte es verzichten.

Diese Versuchung ist um so stärker, als in keinem Moment der Menschheitsentwicklung Luzifer eine größere Gewalt hat über den Menschen als in diesem Augenblick, da er ihm einbläst: Ergreife jetzt die Gelegenheit, du kannst im Geiste bleiben, du kannst alles das, was du entwickelt hast, in das geistige Licht überführen! Luzifers Bestreben geht dahin, die Seele, soweit es irgend möglich ist, vergessen zu lassen, was noch als Anlagen in ihr vorhanden ist, was da vor ihr steht als fernes Menschheitsideal.

Würden wir dieser Versuchung erliegen – und ohne die Hilfe der Götter träte dies ein –, dann würden wir uns mit all unseren Fehlern und Unvollkommenheiten, mit all den in uns noch nicht geweckten Fähigkeiten vergeistigen, und wir würden unvollkommene Geistwesen werden. Um dies zu verhindern, bedürfen wir der Hilfe der Götter, die in diesem immerwährenden Kampfe mit Luzifer siegen müssen. Erst dann können sie uns helfen.

Und es tritt der Kampf der den Menschen zu seinem Ideale vorwärtsleitenden Götter ein, der die Götterreligion bekennenden Götter mit Luzifer um eine Menschenseele. Und das Ergebnis dieses Kampfes ist, daß das Urbild, das sich der Mensch von seinem irdischen Dasein gebildet hat, herausgeworfen wird aus der Zeit in den Raum, angezogen wird magnetisch vom Raumesdasein. Dies ist auch der Moment, wo jene magnetische Anziehung durch das Elternpaar auftritt, wo der Mensch hineinversetzt wird in die Raumessphären, Verwandtschaft gewinnt mit der Raumessphäre.

Wir haben gesehen, daß gerade der Anblick des Todeserlebnisses die starke Kraft war, uns auch im nachtodlichen Leben als Ich zu fühlen. Mit dem

Abstreifen jeglicher Verbindung mit dem Leben vor dem Tod und auch mit der Geistwelt geht aber zugleich die Erinnerung an das Todeserlebnis verloren. Dadurch tritt die Gefahr ein, uns selber zu verlieren. Eine andere Kraft muß uns an unser Ich erinnern.

Und hat uns der Christus-Impuls bis in die Weltenmitternacht gebracht, und ist die Weltenmitternacht in geistiger Einsamkeit von der Seele erlebt worden, weil das Seelenlicht jetzt nicht erstrahlen kann von uns selber aus, ist Weltenfinsternis eingetreten, hat uns der Christus bis dahin geführt, so tritt jetzt aus der Weltenmitternacht, aus unserer Sehnsucht, ein Geistiges heraus, erschaffend ein neues Weltenlicht, über unsere eigene Wesenheit hin ein Leuchten verbreitend, durch das wir uns neu ergreifen im Weltendasein, durch das wir neu erwachen im Weltendasein. Den Geist der geistigen Welt, der uns erweckt, wir lernen ihn kennen, indem aus der Weltenmitternacht ein neues Licht hervorleuchtet, über unsere verflossene Menschheit erstrahlend. In dem Christus sind wir gestorben – durch den Geist, durch den leiblosen Geist, der mit einem technischen Wort der Heilige Geist genannt wird, das heißt, der ohne den Leib Lebende, denn das ist mit dem Wort «heilig» gemeint, ohne die Schwächen eines im Leibe lebenden Geistes, durch diesen Geist werden wir in unserer Wesenheit wiedererweckt aus der Weltenmitternacht heraus.

Und der Heilige Geist führt uns dann weiter bis zur Neugeburt. So sehen wir, wie die höchsten Geister an uns arbeiten, uns begleiten, damit wir in der richtigen Art wiedergeboren werden können.

Einzufügen ist nun noch ein wichtiger Abschnitt. Der Mensch zwischen Tod und neuer Geburt arbeitet nicht nur an sich selber, daß er in einer neuen Inkarnation mit besseren Kräften seine Aufgaben erfüllen könne: er arbeitet auch an den *Voraussetzungen* für sein neues Leben, an der Fauna und Flora und selbst an der Erde: daß diese in der richtigen Weise für sein neues Leben bereitstehen.

Wenn nun der Mensch gestorben ist, dann ist sein Ich auf dem Astralplan mit den Ichs – dieser ungewöhnliche Plural kann nicht umgangen werden – der Tiere zusammen, und er kann dort eine Arbeit verrichten wie die Ichs der Tiere. Diese Arbeit besteht darin, daß er die Tierwelt nach und nach verändert. Im unteren Devachan findet er die Ichs der Pflanzen als seine Genossen; da kann er die Pflanzenwelt verändern. Auf diese Weise wirkt er selbst mit an der Umgestaltung der Erde.

Mithin ist es der Mensch selbst, der die großen Veränderungen der Erde vollbringt; er arbeitet selbst an dem Antlitz der Erde. Den so ganz veränderten Schauplatz bei seiner neuen Inkarnation hat der Mensch selbst bewirkt. Aber diese Arbeit verrichtet er unter der Leitung und Führung höherer Wesen. Es ist also durchaus wahr, wenn wir im Hinblick auf die Tier- und Pflanzenwelt, die sich fortwährend verändert, sagen: Das ist das Werk der Verstorbenen. Die Toten arbeiten an der Umgestaltung der Fauna und Flora, ja selbst an der Umwandlung der physischen Formen der festen Erde. Erdenarbeit ist Totenarbeit. Auch in den Naturkräften haben wir die Handlungen der entkörperten Menschen zu sehen. Und wie gewaltig arbeiten diese Naturkräfte die Erde um!

Alle Tätigkeit, alles Arbeiten hat einmal vor Zeiten einen Anfang genommen. Da gab es noch keine Pyramiden, da gab es auch noch keine Werkzeuge. Alles war da, wie die Götter, oder wie die Materialisten sagen, die Naturkräfte es gegeben hatten, und der Mensch war in das hineingesetzt. Jetzt ist rund um uns her die Erde durch äußere

Menschenarbeit umgestaltet; und was hier nicht erreicht werden kann, was der Mensch hier nicht tun kann, das tut er in der Zeit zwischen Tod und neuer Geburt. Somit hängt unsere eigene Entwicklung zusammen mit der Veränderung der ganzen Erde. Der Bau und die Evolution der Erde ist die Arbeit des Menschen auf den höheren Planen, und je höher sich der Mensch selbst entwickelt, um so rascher und vollkommener schreitet die Umgestaltung der physischen Erde und der Fauna und Flora vorwärts. Je höher er entwickelt ist, desto länger hat er zu arbeiten in den höheren Partien des Devachan.

Bei der Vorbereitung unserer zukünftigen Inkarnation helfen uns nicht nur die Hierarchien, Christus und der Heilige Geist, auch Luzifer und Ahriman haben ihren Anteil daran.

Aber die göttlichen Mächte bedienen sich auch der luziferischen Geister. Würden sie sich dieser luziferischen Geister nicht bedienen, so würde wiederum unser Extremitätenmensch von der jetzigen zu der nächsten Inkarnation sich nicht umwandeln können. Dazu sind die luziferischen Wesenheiten notwendig. Den luziferischen Wesenheiten verdanken wir es wiederum, daß, indem wir sterben, umgewandelt wird nach und nach die Form, die jetzt noch der Extremitätenmensch hat, in die weitere Form, die sie in der nächsten Inkarnation haben soll. Da muß dann in der Mitte des Weges zwischen dem Tod und einer neuen Geburt Ahriman eintreten, um die andere Aufgabe zu übernehmen: Um das Haupt wiederum in der entsprechenden Weise umzuformen. Wie wir mit Tierhäuptern herumgehen würden, wenn wir es Ahriman nicht zu verdanken hätten, daß wir einen Menschenkopf bekommen, so würde unsere Extremitätennatur sich nicht ins Menschliche metamorphosieren bis zur nächsten Inkarnation, sondern sie würde ins Dämonische übergehen. Unseren Kopf, wie wir ihn jetzt haben, verlieren wir ja unter allen Umständen durch den Tod, nicht nur als Materie, die sich mit der Erde vereinigt, sondern auch als Form; in die nächste Inkarnation tragen wir ja das, was Kopf wird, vom Extremitätenmenschen hinüber. Aber das würde ein dämonisches Wesen werden, wenn wir es nicht den luziferischen Mächten, die mit uns verbunden sind, zu verdanken hätten, daß die Umgestaltung stattfinden könne vom Dämon, der ein bloß Geistig-Seelisches wäre, in die Menschengestalt der nächsten Inkarnation.

Durch den «Hinauswurf in die Raumessphären» wird folgendes bewirkt:

Es entsteht die Sehnsucht, in erneuertem Erdenleben dasjenige auszugleichen, was die alten Erdenleben an Mängeln, an Unvollkommenheiten gegenüber dem neu erwachten Bewußtsein aufweisen. Jetzt tritt die Zeit ein, in welcher die Seele fühlt, was sie zu tun hat in Bezug auf die Gedanken, die von ihr fortgeeilt sind. Sie empfängt jetzt das sichere Wissen, das in der zweiten Hälfte des Lebens zwischen Tod und neuer Geburt erwacht: Deine Gedankenerfahrungen sind dir vorangeeilt; du kannst sie nur auf dem Umwege eines neuen Erdenlebens wieder finden. Und aus diesem zweiten Erlebnis, jenem gegenüber dem alten Erdenleben und dem Wissen: Du kannst deine vorangeeilten Gedanken nur finden, wenn du sie wieder in einem neuen Erdenleben zurückrufst, aus dem entsteht der instinktive Drang nach einem neuen Erdenleben. Der läßt sich nicht beurteilen nach dem letzten Erdenleben. In dem angedeuteten Zeitpunkte findet es die Seele selbstverständlich, sich mit dem wieder zu vereinigen, was von ihr selbst fortgegangen ist an Gedanken, und was sie nur finden kann auf dem Umwege eines neuen Erdenlebens, wo sie auch nur die Möglichkeit findet, das auszubessern, was ihr an Unvollkommenheiten und Mängeln im Anblick der vergangenen Erdenleben gegenübergetreten ist.

> Auch mit den Gedanken, die sich schon beim Anblick des Lebenstableaus von uns gelöst haben, möchte man sich wieder verbinden. Es geht darum, unser Karma, unser Schicksal in der richtigen Art vorzubereiten, damit wir korrigieren können, was wir gefehlt haben.

Verbindung mit dem Vererbungsstrom, Suche des Elternpaares

Zuerst wird also festgelegt Ort und Zeit der Geburt. Dann wird die Ahnenschaft ausgewählt. Im Grunde ist das, was man Kindesliebe nennt, nichts anderes als das Hervortreten dessen, daß man sich verbindet mit dem, was man seit Jahrhunderten herangebildet hat aus der übersinnlichen Welt.

> Um aber dies tun zu können, muß die Seele wahrnehmen, was auf der Erde geschieht. Von der Erde bekommt sie Eindrücke, was da unten zwischen den Menschen vorgeht. Man muß sich jedoch bewußt sein, daß viele dieser Ahnen zu diesem Zeitpunkt noch gar nicht geboren sind, daß auch sie noch immer in der Geistwelt mit uns leben und daß wir sie da suchen müssen. Jene Menschen aber, die schon geboren sind und die unsere Vorfahren sein werden, die versuchen wir zu beeinflussen, damit das, was aus dem Vererbungsstrome uns zukommen muß, in der richtigen Weise gestaltet wird.

[...] UND DANN SCHAUT ER HINUNTER, viele Jahre, bevor er geboren wird, auf die Generationen, die in der Erdenentwicklung sich ergeben, und an deren Ende sein Vater, seine Mutter stehen. Schon in dem Momente, wo der Mensch diese große Umkehrung im Kosmos macht, beginnt er seine Aufmerksamkeit auf die Erde herunter zu richten. Da schaut er die fern zurückliegende Ahnenschaft, von der dann abstammen Söhne, Töchter, von denen wieder Söhne, Töchter, wieder Söhne, Töchter abstammen und so weiter, bis nach Jahrhunderten das Elternpaar geboren wird, zu dem er heruntersenden kann dasjenige, verkleinert, was als mächtiger, umfassender Geistkeim für den physischen Leib geformt worden ist in der geistigen Welt, damit dieser Geistkeim sich dann mit dem physischen Keim im Mutterleibe verbinden kann.

WIE MUSS DENN EIGENTLICH das Elternpaar beschaffen sein in seinen eigenen Charaktereigenschaften, welches tatsächlich den Menschen, der nun an einen bestimmten Ort zu einer bestimmten Zeit zur Erde gebracht werden soll, hervorbringen muß? Das muß alles schon lange vorher bestimmt werden. Daraus aber folgt ein anderes: Daß jetzt von höheren Hierarchien, und nun wiederum mit Unterstützung von Luzifer, lange, lange bevor der betreffende Mensch geboren ist, schon die Vorbereitungen gemacht werden durch die ganzen Generationen herunter. Es mußte für Luther schon im zehnten, elften Jahrhundert bestimmt werden, welche Ahnen es sein mußten, in deren Nachkommenschaft er geboren werde, damit das rechte Elternpaar Luthers da sein könne.

Doch ist dies wirklich so einfach? Nehmen wir zum Beispiel an, daß von der Weltenmitternacht bis zur Geburt 250 Jahre vergehen und daß im Durchschnitt die Kinder alle 25 Jahre geboren werden, dann können wir gewissermaßen einen umgekehrten Stammbaum anlegen. Wenn ein Kind im Jahre 2000 zur Welt kommt, so wurden also sein Vater und seine Mutter im Jahre 1975 und die vier Großeltern 1950 geboren. Rechnet man weiter zurück, ergibt sich, daß im Jahre 1750 – der Weltenmitternacht für diese Seele – 2048 Elternteile notwendig waren, damit das Kind im Jahre 2000 geboren werden konnte.

Indessen handelt es sich nicht nur um bloße «Erbströmungen», die sich mathematisch berechnen lassen. Jeder dieser mit einbezogenen Menschen ist selber eine Individualität, besteht – wie der sich zur Inkarnation anschickende Mensch, der sich sein Elternpaar aussucht – aus seiner eigenen Erbströmung und seinem Geistkeim, den er aus dem Vorgeburtlichen mitgebracht hat. Sie alle haben dasselbe durchgemacht wie der Mensch in unserem Beispiel.

Daß in diesem für uns kaum vorstellbaren Vorgang der sich inkarnierende Mensch nicht allein gelassen wird, das zeigt die Textstelle über Luther klar. Allerdings handelt es sich nicht nur um ein passives Sich-Einfügen in einen Erbstrom.

Aber indem man da herunterschaut, beeinflußt man diese Menschen auch, doch nicht so, daß dadurch die Freiheit beeinträchtigt würde, man beeinflußt sie so, daß gewisse Dinge, die in ihrer Seele leben, leichter in ihrer Seele auftauchen dadurch, daß von der geistigen Welt aus irgendeine Seele auf sie herunterblickt. So werden Erdenmenschen zum Schaffen, zur Tätigkeit angeregt durch Seelen, welche erst später als diese Erdenmenschen geboren werden und auf sie herunterschauen. In weiteren und auch in intimeren Angelegenheiten kann das der Fall sein.

Das heißt aber auch, daß wir, die wir hier auf der Erde leben, von den in Zukunft Geborenen beobachtet, beeinflußt werden.

Allerdings wird sich der nach einer Inkarnation Strebende schon eines wichtigen Umstandes bewußt:

Eine Seele, die sich anschickt verkörpert zu werden, weiß zum Beispiel, daß sie zu ihrem nächsten Erdenleben eine gewisse Art von Erziehung braucht, eine gewisse Art von Kenntnissen, die sie aufnehmen muß schon in früher Jugend. Aber sie sieht nun: Ja, da und dort kann ich die Möglichkeit finden, solche Erkenntnisse finden. Aber das ist oftmals nur möglich, wenn man in der Zeit verzichtet auf ein solches Elternpaar, das einem ein glückliches Dasein in anderer Beziehung geben könnte, und wenn man seine Zuflucht nimmt zu einem Elternpaar, das einem vielleicht kein glückliches Leben gewähren kann. Würde man ein anderes Elternpaar vorziehen, so würde man sich sagen müssen: Gerade das Wichtigste kannst du nicht erreichen. – Man darf nicht alle Verhältnisse des geistigen Lebens sich so verschieden vorstellen von denen auf der Erde. So sieht man Seelen, die vor der Geburt in furchtbarstem Kampf sind, sieht zum Beispiel eine Seele, die sich sagt: Ich werde vielleicht in meiner Jugend mißhandelt von einem rohen Elternpaar. – Wenn eine solche Seele in diese Lage kommt, darin gibt das furchtbare innere Kämpfe für sie. Und man sieht in der geistigen Welt vielen Seelen an, die an die Vorbereitung für die Geburt schreiten, wie sie sich diese ungeheuren Kämpfe bereiten. Dazu muß man nehmen, daß man in der geistigen Welt diese Kämpfe etwa wie eine Art von Außenwelt vor sich hat. In der geistigen Welt ist das, was ich jetzt schilderte, nicht nur innerer Seelenkampf, nicht nur Kampf des Gemütes, sondern diese Kämpfe projizieren sich nach außen, und man hat sie sozusagen um sich. Man sieht in aller bildlichen Anschaulichkeit die Imaginationen, die einem darstellen, wie diese Seelen innerlich gespalten zu ihrer nächsten Inkarnation schreiten müssen.

Dieser Kampf, dieser Verzicht auf ein angenehmes und glückliches Dasein, kommt erst in einer späteren Phase, die wir noch anschauen werden, zu einer wirklichen Entscheidung.

Vorerst müssen wir ein Ereignis beschreiben, über das Rudolf Steiner nur ganz wenige Aussagen gemacht hat: von der Weltenmitternacht an nehmen die Wesensglieder des Menschen unterschiedliche Wege. Einerseits das Ätherische und Astralische:

Und ungefähr bis zu dem Zeitpunkte, der in der Mitte drinnen liegt zwischen zwei Inkarnationen [...], vergrößern wir uns immer in die Umwelt hinein. Wir werden nach und nach ganz identisch mit der Umwelt. Und was da von uns in die Umwelt hinausgeht, das gibt die Konfiguration für das Astralische und das Ätherische der nächsten Inkarnation.

Das ist dasjenige, was im Wesentlichen aus dem Kosmos herein die Mutter bestimmt.

Andererseits das Physische und das Ich:

Durch den Vater und die Befruchtung kommt dasjenige, was im physischen Leibe konfiguriert ist und was im Ich ist. Dieses Ich geht, so wie es dann ist, nach der Mitternachtsstunde des Daseins eigentlich in eine ganz andere Welt über. Es geht in diejenige Welt über, durch die es dann diesen Weg nehmen kann durch die väterliche Natur. Das ist ein außerordentlich bedeutsamer Vorgang. Es ist wirklich so, daß die Zeit bis zur Mitternachtsstunde und von der Mitternachtsstunde an – beide Teile sind ja zwischen Tod und neuer Geburt – eigentlich sehr verschieden sind voneinander. Ich habe diese Erlebnisse in meinem Wiener Vortragszyklus von 1914 von innen aus geschildert. Wenn wir sie mehr von außen anschauen, müssen wir eben sagen: Das Ich wird in der ersten Hälfte, bis zur Mitternachtsstunde, mehr kosmisch und bereitet dasjenige vor im Kosmos, was dann auf dem Umwege durch die Mutter in die nächste Inkarnation hineingeht. Und von der Mitternachtsstunde des Daseins bis zur nächsten Geburt geht das Ich in dasjenige über, was eigentlich in den alten Mysterien Unterwelt genannt wurde, und auf dem Umwege durch diese Unterwelt nimmt es den Weg durch die Befruchtung. Und da kommen im Grunde genommen die zwei Pole des Menschen zusammen durch die Mutter und den Vater, von der Oberwelt und von der Unterwelt.

Dies ahnte ja auch schon Goethe, wenn er schreibt:

Vom Vater hab' ich die Statur,
Des Lebens ernstes Führen,
Von Mütterchen die Frohnatur
Und Lust zu fabulieren.

Was aber ist die «Unterwelt»? Wenn wir uns daran erinnern, was wir vom Inneren der Erde gehört haben, wie ein physischer Leib im «Zersplitterer» vielfältig aufgeteilt wird und später Teile davon in unserem physischen Leibe vorhanden sind (vgl. S. 93), so darf man wohl annehmen, daß mit der Unterwelt das Innere der Erde gemeint ist. Nur so ist es möglich, daß die im «Zersplitterer» aufbewahrten Teile vom Ich aufgenommen und im physischen Leib integriert werden.

Leider ist es so, daß Steiner die Rückkehr in eine neue Inkarnation lange nicht so ausführlich beschreibt wie den nachtodlichen Weg bis zu den Erlebnissen im Tierkreis.

Nur muss ich noch erwähnen, daß auch in der zweiten Hälfte des Daseins zwischen Tod und neuer Geburt das Leben wieder so verläuft, daß es sich in Kreisen, zyklisch, abspielt. Wir müssen da wieder unterscheiden die Zeit des Lebens in jener Außenwelt, wo wir unsere früheren Freunde und Verwandten, unsere Ideale und so weiter erschauen, gleichsam äußerlich objektiv erleben, und dann jene andere Zeit, wo wir ihnen entzogen sind, wo wir sie nur in unserem Innern haben. Das wechselt wieder mit der Notwendigkeit für die Seele ab, wie im gewöhnlichen Leben Wachen und Schlafen, Tag und Nacht abwechseln.

Erneut ist es von Wichtigkeit, daß wir uns im Leben mit dem Christus-Impuls verbunden haben. Mögen wir auch das Wirken von Christus beim Durchgang durch die Tierkreis-Sphäre aus den Augen verloren haben, in diesem Augenblick kommt es als Erinnerung zurück.

Wenn wir dieses Verständnis uns erworben haben, dann werden wir von dem betreffenden Zeitpunkte an in dieser dritten Periode mitwirken können, aus unserer Erinnerung heraus auszubessern die Fehler, die wir in unserer Seele aus unserem Karma heraus haben. Wenn wir uns aber kein Verständnis von dem Christus und dem Mysterium von Golgatha erworben haben, kein Verständnis von der ganzen Tiefe des Ausspruches: «Nicht ich, sondern Christus in mir», dann erlischt in uns das Bewußtsein und damit die Möglichkeit, unser Karma auszubessern, und es muß übernommen werden von anderen Mächten die Arbeit an unseren Fehlern, die wir aus unserem Karma nun zu verbessern haben.

> Noch ist es gleichgültig, ob man das zukünftige Leben als Mann oder Frau erleben wird.

DAS SIND GANZ ANDERE Verhältnisse als die, welche sich auf Erden spiegeln als Mann und Weib. Es gibt auch Verhältnisse, die sich in dem geistigen Dasein abspielen und die sich auf Erden spiegeln; aber das, was als Mann und Weib auf Erden auftritt, das gewinnt erst eine Bedeutung verhältnismäßig spät, bevor man zur Erde heruntersteigt.

> Dieses Absteigen zu einem zukünftigen Leben hat noch etwas anderes zu Folge: Während man zu Beginn noch die göttlich-geistigen Hierarchien erlebt, geht dies Erleben über Bilder von ihnen, und aus diesen Bildern werden allmählich Sternbilder.

Aber die Wesensbilder werden allmählich Sternbilder, und der Mensch tritt ein in etwas, was er allerdings, ich möchte sagen, von hinten zunächst sieht: Er tritt ein in das, was sich ihm hier von der Erde aus als Kosmos darstellt.

> In den Geistkeim des physischen Leibes, den der Mensch in der Tierkreissphäre zusammen mit den höchsten Geistwesen geschaffen hat, wird nun einverwoben, was er aus der letzten Verkörperung mitgenommen hat als Extrakt des ätherischen Leibes.

HAT DER MENSCH nun sein Urbild im Devachan vollendet und da hinein all das verwoben, was er als Extrakt seines Ätherleibes von der letzten Verkörperung mitgenommen hat, so geschieht jetzt eine Art von Befruchtung.

Das Urbild wird befruchtet von dem Gewebe der eigenen unausgeglichenen Taten. Das erste also, was mit der Seele geschieht, nachdem sie ausgereift ist im Devachan, ist, daß sie eine Befruchtung erfährt mit dem, was wir ihr Karma nennen. Und dadurch erhält sie den Impuls, wieder auf die Erde herunterzusteigen, um möglichst viel von dem früher verursachten Schaden auszugleichen.

Allerdings werden wir zu Beginn des Heruntersteigens noch nicht mit allem konfrontiert, was unser Schicksal, unser Karma werden wird. Erinnern wir uns daran, daß wir beim Durchgang durch die verschiedenen Planetensphären darin viele unserer Unvollkommenheiten «eingeschrieben» haben. Beim erneuten Durchgang durch diese Planetensphären, mit dem entsprechenden Planetenbewußtsein, begegnen wir diesem Eingeschriebenen wieder und nehmen es in uns auf.

Was wir an Vollkommenheiten und Unvollkommenheiten haben, das wird getreulich in die Akashatafel eingeschrieben zwischen dem Tode und einer neuen Geburt. Das ist da überall verzeichnet. Die eine von unseren Eigentümlichkeiten ist in der Mondensphäre verzeichnet, andere Eigentümlichkeiten sind eingeschrieben in der Venus-, andere in der Mars-, andere in der Merkur-, andere in der Jupitersphäre und so weiter. Und wenn wir dann wiederum zurückkehren, langsam uns zusammenziehen, dann begegnen wir alledem, was wir beim Hinausgehen eingeschrieben haben, und so wird unser Karma technisch vorbereitet.

Bei der Beschreibung des Kamaloka haben wir gesehen, daß es sich dabei nicht nur um ein Bild unseres vergangenen Lebens handelt, sondern daß dabei auch unsere Gedanken, die als Geistwesenheiten vor uns stehen, gewissermaßen von uns weggehen, in die Zukunft hinein.

Es entsteht die Sehnsucht, in erneuertem Erdenleben dasjenige auszugleichen, was die alten Erdenleben an Mängeln, an Unvollkommenheiten gegenüber dem neu erwachten Bewußtsein aufweisen. Jetzt tritt die Zeit ein, in welcher die Seele fühlt, was sie zu tun hat in Bezug auf die Gedanken, die von ihr fortgeeilt sind. Sie empfängt jetzt das sichere Wissen, das in der zweiten Hälfte des Lebens zwischen Tod und neuer Geburt erwacht: Deine Gedankenerfahrungen sind dir vorangeeilt; du kannst sie nur auf dem Umwege eines neuen Erdenlebens wieder finden. Und aus diesem zweiten Erlebnis, jenem gegenüber dem alten Erdenleben und dem Wissen: Du kannst deine vorangeeilten Gedanken nur finden, wenn du sie wieder in einem neuen Erdenleben zurückrufst, – aus dem entsteht der instinktive Drang nach einem neuen Erdenleben.

Doch wir können den Willen oder die Sehnsucht, die Mängel des vergangenen Erdenlebens auszugleichen, nur dann erfüllen, wenn wir nicht allein, sondern zusammen mit jenen Menschen auf die Erde zurückkehren, mit denen wir im vergangenen Leben schicksalsmäßig verbunden waren und auf die sich ja unser Wille zum Ausgleich bezieht.

Das tritt auf, was man nennen kann: Verbindung mit nächststehenden Menschen. Wir haben sie gehabt diese Verbindung, bevor wir die Zeit vor dem bezeichneten Mittelpunkte erlebt haben; aber wir lebten so mit den uns nächststehenden Menschen, daß wir mit ihnen arbeiteten in der geistigen Welt, daß wir mit ihnen im Geiste verbunden waren. Jetzt tauchen sie wieder auf; jetzt tauchen diejenigen auf aus unserem eigenen Erdenleben, denen gegenüber wir unser Leben unausgeglichen haben; die tauchen auf, mit denen wir blutsverwandt waren, denen wir im Leben nahe gestanden haben. So tauchen sie auf, daß wir an ihrem Auftauchen beurteilen können, was noch an uns unausgeglichen ist, was wir ihnen noch schuldig sind, was wir ihnen gegenüber noch auszugleichen haben. Wir fühlen uns mit diesen Seelen, die da auftreten, so verbunden, wie wir uns verbunden fühlen müssen nach dem Ergebnis des Zusammenlebens mit ihnen in früheren Erdenleben.

Und erst dann, wenn wir uns verbunden haben mit den uns nahestehenden Menschen, ist es möglich, uns auch mit ferner stehenden Menschen zu verbinden, Menschen der gleichen Religion, des gleichen Volkes, der gleichen geistigen Einstellung. Sie bilden gewissermaßen den «Geisthintergrund», das weitere Umfeld unseres zukünftigen Erdenlebens.

Es ist eine ähnliche Art des Erlebens wie beim Hinaufsteigen zur Weltenmittenacht: Zuerst waren wir mit uns beschäftigt; dann begegneten wir unseren engsten Freunden und Weggefährten aus dem Leben vor dem Tode, später dem erweiterten Bekanntenkreis, um zuletzt in den Kreise der Geistwesenheiten der Hierarchien aufgenommen zu werden. Und doch ist das Erleben beim Hinabsteigen ein ganz anderes: nachdem wir in der Weltenmitternacht völlig auf uns selbst zurückgeworfen waren, erweitert sich unser Umfeld zwar auch zuerst um die uns am nächsten Stehenden, dann um weitere Menschen; doch jetzt geschieht es nicht, damit wir in der Geistwelt aufgehen, sondern damit wir immer weiter davon weg- und der neuen physischen Inkarnation entgegenzugehen vermögen. Die Realität der Geistwelt entfernt sich immer mehr und wird uns zuletzt zum Sternenhimmel.

Eigentlich ist es in diesem Zusammenhang falsch, von «Hinaufsteigen» und «Hinuntersteigen» zu reden:

Wir werden zu beschreiben haben den Herunterstieg des Menschen in diese Welt, wobei Sie sich an dem Wort «Herunterstieg» nicht stoßen dürfen, denn es ist nicht ein räumliches Heruntersteigen, sondern ein Sich-Herausbilden aus der Welt um uns herum. Wir haben gestern gesehen, wie diese geistige Welt nicht etwa in einem Jenseits zu suchen ist, sondern wie sie auch hier rings um uns herum ist, nur daß dem heutigen Menschen die Möglichkeit fehlt, diese geistige Welt wahrzunehmen.

In der ersten Zeit nach der Weltenmitternacht geht es darum, das, was wir an kosmischen Erfahrungen, an Erfahrungen im Zusammenleben mit den Geistwesenheiten der Hierarchien gemacht haben, in richtiger Weise zu verbinden mit dem, was unser karmisches Schicksal ist.

Draussen in der größten Ausdehnung haben in unser Wesen die Kräfte des ganzen Kosmos hereingewirkt. Während wir beim Hinausentwickeln das, was an uns herandringen kann, um so mehr aufgenommen haben, je besser wir uns dazu vorbereitet haben, und unser Karma präpariert wird durch die Art, wie wir zusammengelebt haben mit den Menschen, die wir getroffen haben, bilden sich in uns dadurch, daß wir nach dem Tode mit ihnen zusammenleben, die Kräfte aus, die durch Karma in einem neuen Erdenleben diese Dinge ausgleichen. Daß wir als ein Mensch erscheinen, daß wir imstande sind, innerlich Karma zu haben, welches zugleich die kosmischen Kräfte in sich aufnimmt, das hängt aber davon ab, daß wir in einer bestimmten Zeit zwischen Tod und einer neuen Geburt die Kräfte des ganzen Kosmos aufnehmen. Und wenn ein Mensch hereingeboren wird in die physische Welt, dann hat sich mit dem physischen Menschenkeim das verbunden, was bis ins kleinste zusammengezogen ist, aber herein sich geholt hat aus einer riesenhaften Vergrößerung die Kräfte des ganzen Kosmos. Wir tragen eben den ganzen Kosmos in uns, wenn wir uns auf der Erde wieder verkörpern.

Diese Korrespondenz zwischen der lebendigen Geistwelt, wie wir sie in der Weltenmitternacht erfahren haben, und dem gestirnten Himmel, wie wir ihn hier auf Erden erleben, hat noch eine andere Wirkung. Rudolf Steiner beschreibt, was er in einzelnen Fällen erforscht hat, möchte daraus aber kein allgemeines Gesetz ableiten:

Wenn ein Mensch stirbt, also durch die Pforte des Todes geht, dann stirbt er unter einer gewissen Sternenkonstellation. Und diese Sternenkonstellation ist in der Tat wesentlich für sein weiteres Seelenleben insofern, als sie sich in einer gewissen Weise abdrückt in sein Seelenwesen und als Abdruck wirklich bleibt. Und es bleibt das Bestreben in dieser Seele, mit dieser Sternenkonstellation wiederum hereinzukommen bei der neuen Geburt, wiederum gerecht zu werden den Kräften, die man aufgenommen hat im Todesmoment, wiederum hereinzukommen in dieser Sternenkonstellation. Und da ist es interessant: Wenn man so versucht die Sternenkonstellation herauszubekommen für einen menschlichen Tod, so stimmt die Sternenkonstellation der späteren Geburt in hohem Maße überein mit der Sternenkonstellation des früheren Todes. Nur muß man berücksichtigen, daß ein anderer Fleck der Erde es ist, auf dem der Mensch geboren wird, der dieser Sternenkonstellation entspricht. So wird der Mensch in der Tat dem Kosmos angepaßt, fügt sich hinein in ihn, und es gibt so in der Seele eine Art von Ausgleich zwischen dem individuellen und dem kosmischen Leben.

Durchgang durch das Geisterland, den Astralplan und die Planetenwelt

> Betrachten wir nun den Rückweg. Ein wesentliches Moment zu Beginn dieses Rückweges ist, daß unser Bewußtsein herabgedämpft wird.

Das Bewusstsein dämpft sich herab von jetzt an, es tritt ein Benommensein ein, und dieses Benommensein wieder gestattet gerade dem Menschen andere Dinge durchzumachen, als er früher durchgemacht hat. Geradeso, wie wir im Schlafe die Ermüdung wegschaffen und uns neue Kräfte zuführen, so tritt dann durch das Herabdämpfen des Bewußtseins ein Einströmen geistiger Kräfte des Kosmos ein, wenn wir sozusagen eine weit, weit ausgedehnte spirituelle Raumkugel geworden sind. Erst haben wir es geahnt, dann haben wir es als Weltorchester gehört, dann hat es gesungen, dann haben wir es als Wort vernommen, dann schlafen wir ein und es durchdringt uns, und während dieser Zeit gehen wir wieder zurück durch alle diese Sphären unter Herabdämpfung des Bewußtseins; immer dumpfer und dumpfer wird unser Bewußtsein, wir ziehen uns zusammen, je nach unserem Karma langsam oder schnell, und während dieses Zusammenziehens treten wieder auf die Kräfte, die aus dem Sonnensystem kommen.

> Dieses Herabdämpfen bewirkt, daß der Mensch sich wieder auf sich selbst besinnt; es ist gewissermaßen eine Umstülpung seines Wesens, ähnlich der, die er zu Beginn des nachtodlichen Lebens erfahren hat.

Erneut erfolgt ein Hinweis auf die Wichtigkeit, mit dem Christus verbunden zu sein.

JA, ES IST DER CHRISTUS-IMPULS, der über den Tod hinaus nachwirkt, unter dessen Einfluß der Mensch sich der Mondensphäre entringt, in die Sternen-Sonnensphäre eindringt und dort aus den Impulsen, die ihm die Wesen der Sternenwelt geben, arbeiten kann an der Herausgestaltung des physischen Organismus seines nächsten Erdenlebens. Aber er entringt sich der Mondensphäre durch die Kräfte, die er in seinem Ich aufgespeichert hat durch die Hinneigung zu dem Christus-Wesen und zu dem Mysterium von Golgatha. Er entringt sich der Mondensphäre in einer solchen Art, daß er nun auch in der Sternensphäre so arbeiten kann, daß er, wenn er wieder zur Mondensphäre zurückkehrt und ihm sein Schicksalskern begegnet, in einer freien Weise als eine freie Geistestat sich diesen Schicksalskern eingliedert, weil er sich sagen muß: Die Weltentwicklung kann nur in der richtigen Weise verfließen, wenn der Mensch sich diesen seinen Schicksalskern eingliedert und dasjenige, was er als sein Schicksal zubereitet hat, auch in ausgleichenden künftigen Erdenleben wiederum zurechtbringt.

Dieser Schicksalskern beinhaltet das, was wir zurückgelassen haben beim Durchgang durch das Kamaloka; das, wovon wir im Rückwärtserleben unseres Daseins erkannt haben, daß wir es in einem nächsten Leben wieder gutmachen müssen.

Das ist das Wesentliche im Neu-Erleben des nachtodlichen Mondensphären-Erlebens, daß es da im kosmischen Dasein einen Augenblick gibt, wo der Mensch in selbständiger Weise sein Schicksal, sein Karma, mit seiner fortschreitenden Wesenheit in Zusammenhang bringt. Und das irdische Abbild dieser im überirdischen vollbrachten Tat im nachherigen irdischen Leben ist die menschliche Freiheit, das Freiheitsgefühl während des Erdendaseins. Das richtige Verstehen der Schicksalsidee und ihr Verfolgen bis in die geistigen Welten hinauf begründet nicht eine Determinationsphilosophie, sondern eine wirkliche Philosophie der Freiheit, wie ich sie in den neunziger Jahren des vorigen Jahrhunderts in meinem Buche «Philosophie der Freiheit» zu geben hatte.

Diese Zeilen zeigen etwas ganz klar auf. Freiheit im physischen Erdenleben heißt nicht Freiheit *von* etwas, frei sein zu tun, was ich will, sondern Freiheit im physischen Leben heißt im tiefsten Sinne: unser Karma, unser Schicksal akzeptieren, zum eigenen Schicksal ja sagen. Dies ist die freieste Tat, die ein Mensch vollbringen kann.

Daß wir aber unser Schicksal ausleben können, das bedingt, daß unser physischer Körper uns dies auch gestattet. Wir haben gesehen, wie beim Durchgang durch den Tierkreis, in dem wir den Geistkeim unseres physischen Leibes gestalten, aus dem Kreis der Planeten in den verschiedenen Tierkreisregionen Einfluß genommen wird, damit der physische Leib in einer für das Schicksal geeigneten Form aufgebaut wird. Denn es nützt z. B. nichts, wenn mein Schicksal verlangt, daß ich Sänger oder Sängerin werde, wenn mein Kehlkopf, meine Lunge und mein Brustkorb dazu nicht geeignet sind.

Andererseits ist zu bedenken, daß das Schicksal weniger vom Kopf, von Verstand oder von Gefühl abhängen, sondern daß es in unserem Willen liegt. Unsere Füße tragen uns zu unserem Schicksal hin, sie tragen uns auf dem Weg bis zu einer Gabelung, wo wir entscheiden müssen, ob wir links oder rechts gehen wollen. Diese Entscheidung hängt von uns ab, das heißt, wir wählen, ob wir den richtigen oder den falschen Weg gehen oder ob wir sogar stehenbleiben und zurückschrecken wollen.

Beim Gang durch die nachtodliche Welt, beim Hinuntersteigen haben wir gesehen, daß wir zuerst mit unseren engsten Angehörigen in Verbindung treten. Dabei bleiben wir aber nicht stehen.

Man lernt gegenseitig Beziehungen kennen zu Wesenheiten, die einen nichts angehen; man lernt Beziehungen zu denjenigen Menschenwesen kennen die erst aufgetaucht sind in der Mitte zwischen Tod und neuer Geburt.

Wozu dies?

Mit den engsten Angehörigen, Freunden und uns sonstwie verbundenen Menschen des vergangenen Lebens haben wir fast sicher noch karmische «Knöpfe» zu lösen. Mit den anderen Menschenwesen, die wir in der Mitte zwischen Tod und neuer Geburt kennengelernt haben und im vorhergehenden Leben nicht mit uns verbunden waren, die wir aber nun beim Heruntersteigen wieder kennenlernen, mit denen werden wir im zukünftigen Leben neues Karma knüpfen. Denn im Leben geht es nicht nur darum, altes Karma aufzulösen, sondern im Erleben auch neues zu bilden, damit wir immer mehr Erdenbürger werden können.

Wie aber läßt sich altes und neues Karma unterscheiden? Dazu ein Hinweis: Irgendwann in meinem Leben begegne ich einem Menschen, zu dem ich mich ganz plötzlich und ganz stark hingezogen fühle oder den ich heftig ablehne. Das kommt über mich, ohne daß ich viel dazu tun kann. Da kann sehr wohl noch nicht gelöstes Karma vorhanden sein, und der Zeitpunkt unserer Begegnung hängt vom Zeitpunkt eines Ereignisses im vergangenen Leben ab.

Begegne ich dagegen einem Menschen, mit dem sich erst allmählich, über längere Zeit hinweg, eine enge Verbundenheit entwickelt, dann kann man höchstwahrscheinlich davon ausgehen, daß hier die Grundlage für etwas Zukünftiges gelegt wird.

Im weiteren Abstieg bilden wir uns nun einen neuen Astralleib.

Diese sich erdwärts Zurücklebenden hellseherisch zu beobachten, ist außerordentlich interessant. Bei ihnen nimmt der Hellseher glockenförmige Gebilde wahr, die mit unglaublicher Schnelligkeit im Astralplan dahinschießen nach allen Seiten. Diese Gebilde sind dadurch entstanden, daß ein aus dem Devachan zurückkehrender Mensch sich mit neuer Astralmaterie umgibt. Es handelt sich um ein Anschießen der Astralmaterie um den Wesenskern des Menschen [...].

Das glockenförmige Gebilde nun ist der frühere Kausalleib, die Kräfte des früheren Astralleibes und der neue Astralleib. Der Keim soll nun nicht mehr den alten Astralleib finden, sondern er soll sich einen neuen Astralleib bilden aus der undifferenzierten Astralmaterie, so daß dieser Vorgang von dem Menschen selbst abhängig ist: Je nach den Kräften des vergangenen Lebens ist die Form und Farbe des neuen Astralleibes.

Wir selbst also bilden beim Herunterkommen unseren Astralleib. Wir ziehen aus der allgemeinen Astralmaterie das an, was uns zukommt. Allerdings müssen wir uns bewußt sein, daß diese Astralmaterie nichts Menschengemäßes hat. Der neue Astralleib trägt mit zu unserem Verlangen bei, in ein neues Leben zurückzukehren.

Bevor der Mensch für die physische Welt geboren wird, lebt er als Triebwesen mit seinem «Körper des Verlangens» in der astralen Welt.

Wir können nun fragen, was bedeutet der Astralleib, wozu hat der Mensch einen Astralleib? – Dazu, um dem Menschen auf dem Umwege über die Begierde Veranlassung zu geben, das zu tun, was er sonst nicht getan hätte: Sich auf den physischen Plan zu begeben. Denn bevor der Mensch auf dem physischen Plane objektiv erkennen kann, muß er seine Wünsche und Begierden auf ihn richten. Ohne diese hätte er nicht eine objektive Weltbetrachtung, auch nicht Pflichten und Moral entwickeln können. Erst durch eine nach und nach erfolgende Umwandlung der Begierden werden diese in Pflichten oder Ideale umgewandelt. Diesen Weg mußte der Mensch machen durch die antreibende, die organisierende Kraft des Astralleibes.

Der Mensch wird sozusagen immer mehr und mehr Mensch. Aber es ist doch so, daß diese kosmische Wirkung, die da auf den Menschen ausgeübt wird im Sinne der Kräfte, die von den Archai ausgehen, den Menschen eigentlich so organisiert, daß die Organe nach der tierischen Bildung hinstreben.

Der Astralraum ist ausgefüllt mit den Gruppenseelen der Tiere, sie umhüllen uns, und so obliegt es uns, die Astralmaterie umzuwandeln zu einer dem Menschen gemäßen Astralmaterie.

Wenn du nicht alle Kraft, mit der du dich jetzt durchdrungen hast, aus dieser göttlich-geistigen Welt mitnimmst bei dem Wiederhinunterstieg, so kommst du durch diese Nebelwolkenwelt der tierischen Gruppenseelen nicht ungeschoren hindurch. Da sollst du das Abbild deiner vorigen Erdenleben mit einer moralisch-geistigen Bewertung finden. Das wird in diesem Nebel da unten schwimmen. Du mußt es wieder aufnehmen. Aber da werden alle die wild aufeinander stürzenden Gruppenseelen der Tiere sein; da wird all das wüste Getriebe sein. Du mußt so starke Kräfte mitnehmen aus deinem Jenseits der Sternensphäre, daß du diese Kräfte der Gruppenseelenhaftigkeit der Tiere so viel als möglich von deinem Schicksal hinwegbringen kannst. Sonst wird sich, so wie an einen Kristall sich Materie anschließt, das an dich anschließen, was diese Gruppenseelen der Tiere nach deinem moralisch-geistigen Wesenskern hin kosmisch ausschwitzen. Und du wirst davon mitnehmen müssen alles, was du dann nicht zurückhalten kannst durch die Kräfte, die du angesammelt hast, und du wirst es als allerlei Triebe und Instinkte für dein nächstes Erdendasein eingliedern müssen.

Die Kraft, die wir hier benötigen, kommt uns aus unserem Wesenskern zu, dann nämlich, wenn wir beim Aufsteigen in die geistige Welt unsere Veranlagungen und Erlebnisse in Fähigkeiten umgewandelt haben. Diese Fähigkeiten, die wir entwickeln durften auf Grund des vergangenen Erdenlebens ermöglichen uns, das Tierhafte in der Astralwelt umzuwandeln, daß es menschengemäß werde.

Wir müssen uns bewußt sein, daß das, was in den Gruppenseelen der Tiere als Triebe, als Instinkte lebt, grundsätzlich von uns stammt: es sind die während des Hinaufsteigens durch die Astralwelt von uns abgelegten, noch nicht vermenschlichten eigenen Triebe und Instinkte.

Haben wir bis jetzt die Vorgänge beim Hinuntersteigen aus der Weltenmitternacht zu einer neuen Geburt mehr von der Innenseite des Menschen aus betrachtet, so wollen wir versuchen, dies nun noch von der Außenseite, der kosmischen Seite, her zu tun.

SIE WISSEN JA, daß das Embryonalleben des Menschen mit dem kugelrunden kleinen Keim beginnt. Nun ist das Merkwürdige für die okkulte Betrachtung, daß dieser Menschenkeim ganz im Anfang sich als ein Spiegelbild dessen darstellt, was der Mensch in der eben geschilderten Weise aus dem Kosmos heraus erlebt. Im Beginne des Embryonallebens ist tatsächlich der Keimling des Menschen ein kosmisches Produkt, ein Spiegelbild des kosmischen Lebens, in welchem *nicht* das Leben innerhalb des Sonnensystems zum Ausdruck kommt. Und das Merkwürdige ist, daß alles das, was jetzt mit dem Keime während des Embryonallebens geschieht, sich erweist als ein Ausscheiden des kosmischen Einschlags und ein Hineinnehmen der Einflüsse des Sonnensystems.

Das bedeutet aber, daß dieser menschliche Keim aus den Kräften des ganzen Tierkreises gebildet wird, daß er nicht im Physischen, sondern im Kosmischen seinen Ursprung hat und daß erst nach und nach – nämlich dann, wenn wir uns den Astralleib aneignen – der rein kosmische Einschlag modifiziert wird durch die Einflüsse aus dem Bereich der Planeten. Mit dem Wiedereintreten in die Planetensphären treten wir auch erneut in Beziehung zu dem, was wir beim Hinaufsteigen dort eingeschrieben haben.

Und wenn wir dann wiederum zurückkehren, langsam uns zusammenziehen, dann begegnen wir alledem, was wir beim Hinausgehen eingeschrieben haben, und so wird unser Karma technisch vorbereitet. Wenn wir beim Rückweg finden: Diese oder jene Unvollkommenheit haben wir gehabt, dann können wir eingraben in unser eigenes Wesen – nicht auslöschen, aber eingraben zunächst in unser eigenes Wesen – eine Abschrift von dem, was wir erst in die Akasha-Chronik eingegraben haben. Ausgelöscht wird es da noch nicht.

Die Menschenwesen, die zur Geburt herunterkommen, sehen die Planeten und deren Wesen anders, als wir sie sehen.

Wenn ein Menschenwesen, das aus der geistigen Welt durch die Sternensphäre herunterkommt, sich der Erde nähert, so sieht es den Saturn von der anderen Seite, und so alle Sterne. Das Wesen kommt also gewissermaßen von hinten an den Stern heran, sieht immer das Entgegengesetzte von dem, was physisch die Menschen auf der Erde sehen. Aber das Menschenwesen, das aus der geistigen Welt an die Erde herankommt, das sieht nicht so, wie wir sehen. Es hat ja noch keine Augen, die bekommt es erst durch den physischen Leib. Es sieht also das Geistige des Saturn, des Jupiter, des Mars, der Sonne, das Geistige von Venus, Merkur, Mond. Sie sehen, darnach muß das Wesen, je nachdem es mit Sympathie oder Antipathie durchgeht durch die eine oder durch die andere Sphäre, die Kräfte dieser Sphäre, also die Saturn-, Jupiter- und so weiter -kräfte aufnehmen beim Heruntersteigen.

Bei diesem Herunterkommen ist zu berücksichtigen, daß die Saturnkräfte gar nicht wollen, daß der Mensch wieder zur Erde zurückkehrt. Sie haben dieselbe Absicht wie die luziferischen Kräfte: den Menschen in der geistigen Welt zurückzubehalten, ihn nicht mehr zurückkehren zu lassen auf die Erde.

Von dem Saturn strahlen bestimmte geistige Kräfte aus. Wenn wir nämlich durch den Tod gegangen sind, ist es ja so, daß wir zuerst in die Planetensphäre gehen und dann erst in die Fixsternsphäre kommen; denn wir gehen ja dann den Weg, den ich jetzt eben beschrieben habe, in der umgekehrten Folge. So ist, wenn wir durch den Tod aus dem Erdenleben hinaus gehen, der Saturn der Wohnplatz derjenigen Wesenheiten, die uns nicht auf der Erde lassen wollen, die uns von der Erde hinwegheben wollen, uns befreien wollen von unseren irdischen Kräften und hinausbefördern wollen in die Welt der reinen Geistigkeit.

Beim Abstieg zur Geburt betritt der Mensch als letzte Region die Mondensphäre. Hier begegnet er jenen «Urlehrern der Menschheit», die einst in der atlantischen Zeit auf der Erde die Mysterien eingerichtet haben. Sie sind es, die alles, was wir erlebt haben im physischen Dasein, in die Akasha-Chronik einschreiben. Und von Ihnen erhalten wir wiederum das, was wir als zukünftiges Schicksal mit uns nehmen müssen.

Bei der Umwandlung der in den «Essenzen» enthaltenen Erlebnisse und Veranlagungen in Fähigkeiten – die Gesamtheit dieser Essenzen kann man als den Kausalleib bezeichnen – ist zu beobachten, daß gewisse elementare Wesen sich dieser Umwandlung entgegen stellen.

Diese Elementarwesen lassen es nicht dazu kommen, daß du dir diese Fähigkeiten wirklich aneignest. Jetzt kann man sich fragen: Was ist nun zu tun? Wenn ich diesen Elementarwesen willfahre, die da herankommen und die nicht leiden können, daß in mir diese Fähigkeiten entstehen, dann werde ich mir diese Fähigkeiten nicht bilden können. Aber diese Fähigkeiten muß ich mir bilden. Ich weiss, daß ich nur dadurch in der nächsten Inkarnation gewissen Menschen, denen ich Dienste leisten kann, diese Dienste wirklich werde leisten können, wenn ich diese Fähigkeiten habe. Man wird in einem solchen Falle in der Regel so entscheiden, daß man sich diese Fähigkeiten aneignet. Damit aber verletzt man diese Elementarwesen, die da ringsherum sind. Die fühlen sich in einer gewissen Weise durch uns attackiert. Namentlich fühlen sie sich, wenn das geschieht, was gerade gesagt worden ist, daß wir uns gewisse Fähigkeiten aneignen, dadurch so verfinstert in ihrem Dasein, wie wenn ihnen an ihrer eigenen Weisheit etwas genommen wäre. Eine der Folgen, die oft eintritt, ist dann diese, daß, wenn wir wiedergeboren werden, wir einen oder mehrere Menschen auf der Erde besessen finden von diesen Elementarwesen und ihnen besonders feindliche Absichten gegen uns eingegeben finden.

So kann sehr wohl sein, daß wir nach der Geburt Anfeindungen ausgesetzt sind, die ihre Ursache in unseren eigenen Handlungen im Vorgeburtlichen haben – weil wir unsere Aufgaben ernster nahmen als die Anfeindungen der Elementarwesen.

Im übrigen geht das Sich-Aneignen des Astralleibes relativ rasch vonstatten.

Entfallen des Geistkeimes

Wenn der Mensch schon nahe ist seiner irdischen Laufbahn, dann tritt eigentlich für ihn eine Art von Verlust seines Wesens ein. Er war ja, wie Sie aus meiner Darstellung ersehen, verbunden mit dem, was er sich als den Geistkeim seines physischen Leibes gewoben hat. Er hat dann diesen Geistkeim noch durchwoben mit den Erfahrungen des Heruntersteigens durch Fixsterne und Planeten. In einem bestimmten Stadium, ganz nahe schon an der Konzeption und Geburt, ist der Geistkeim nicht mehr da. Dieser Geistkeim ist mittlerweile mit seinen Kräften als Kraftsystem auf die Erde hinuntergestiegen. Er ist dem Menschen entfallen. Er hat sich auf Erden selbständig mit der physischen Vererbungssubstanz verbunden, die durch die Vorfahren, durch Vater und Mutter gegeben werden. Was da im Organismus gewoben wird, geht eher auf die Erde hinunter als der Mensch als geistig-seelisches Wesen selbst.

Wie bereits oben (S. 198 f.) zitiert, kommt durch «den Vater und die Befruchtung [...] dasjenige, was im physischen Leibe konfiguriert ist und was im Ich ist. Dieses Ich geht, so wie es dann ist, nach der Mitternachtsstunde des Daseins eigentlich in eine ganz andere Welt über. Es geht in diejenige Welt über, durch die es dann diesen Weg nehmen kann durch die väterliche Natur.» Weiter heißt es dort: «Das Ich wird in der ersten Hälfte, bis zur Mitternachtsstunde, mehr kosmisch und bereitet dasjenige vor im Kosmos, was dann auf dem Umwege durch die Mutter in die nächste Inkarnation hineingeht. Und von der Mitternachtsstunde des Daseins bis zur nächsten Geburt geht das Ich in dasjenige über, was eigentlich in den alten Mysterien Unterwelt genannt wurde, und auf dem Umwege durch diese Unterwelt nimmt es den Weg durch die Befruchtung. Und da kommen im Grunde genommen die zwei Pole des Menschen zusammen durch die Mutter und den Vater, von der Oberwelt und von der Unterwelt.» Die in diesen Abschnitten enthaltenen Angaben geben große Rätsel auf. Bei der Darstellung der Weltenmitternacht wurde dieses Ich auch in Verbindung mit dem Geistkeim des physischen Leibes erwähnt.

Ich habe aber auch darauf hingedeutet, daß dieser Geistkeim uns gewissermaßen in einer gewissen Zeit entfällt. Wir fühlen von einer gewissen Zeit an: Wir haben den Geistkeim unseres physischen Organismus im Zusammenhange mit anderen Wesen des Weltenalls, mit Wesen der höheren Hierarchien ausgearbeitet; wir haben ihn bis zu einem gewissen Punkte gebracht. Dann entfällt er uns, und er senkt sich ein in die physischen Erdenkräfte, mit denen er verwandt ist und die vom Vater und von der Mutter kommen. Er verbindet sich mit dem Menschlichen der Vererbungsströmung.

Was mit dem Geistkeim des physischen Leibes geschieht, wird bloß angedeutet. Sicher ist nur, daß er während des Heruntersteigens dem Menschen entfällt und in die physischen Erdenkräfte eintaucht, sich mit der Vererbungsströmung verbindet.

Wie wir gesehen haben, hat diese Vererbungsströmung auch sehr viel mit dem Innern der Erde zu tun. Wir haben erfahren, daß der abgelegte physische Leib in das Innere der Erde eintaucht und im «Zersplitterer» vervielfältigt wird und daß aus diesem «Zersplitterer» vervielfältigte Teile in das innerste Physische eines zukünftigen Menschen gelangen. Nur erahnen können wir, daß es eine Verbindung geben muß zwischen dem Geistkeim des physischen Leibes und dem, was im Inneren der Erde vorbereitet wird für einen zukünftigen physischen Menschenleib.

Wir haben gesehen, wie der Mensch beim Hinuntersteigen zu einem neuen physischen Dasein sich den Astralleib mit vollem Bewußtsein angliedert. Dieser neue Zustand verlangt nun auch nach einem neuen Ätherleib. Doch diesen kann sich der Mensch nicht selbst angliedern: die Paradies-Legende, die Erzählung vom Sündenfall, schildert, wie der Urmensch wohl vom Baum der Erkenntnis zu essen vermochte, nicht aber vom Baum des Lebens. So braucht der Mensch die Hilfe von Geistwesenheiten für den Aufbau des Ätherleibes, darf aber diesen Vorgang nicht bewußt miterleben. Im Gegenteil: Er fällt in eine Bewußtlosigkeit.

Bis zu der Neugestaltung eines Astralleibes ist der Mensch Zeuge seines Wiederaufbaues. Da sich ihm die Mächte des Geisterlandes nicht durch äußere Organe, sondern von innen aus offenbaren, wie das eigene Ich im Selbstbewußtsein, so kann er diese Offenbarung wahrnehmen, solange sein Sinn noch nicht auf eine äußere Wahrnehmungswelt gerichtet ist. Von dem Augenblicke an, wo der Astralleib neu gestaltet ist, kehrt sich dieser Sinn aber nach außen. Der Astralleib verlangt nunmehr wieder einen äußeren Ätherleib und physischen Körper. Er wendet sich damit ab von den Offenbarungen des Innern. Deshalb gibt es jetzt einen Zwischenzustand, in dem der Mensch in Bewußtlosigkeit versinkt.

Da gibt es Wesenheiten, die zunächst mit der Individualität des Menschen nichts zu tun haben. Sie helfen bei der Bildung des Ätherleibes. Man nennt sie Mahadevas. Sie haben auch sonst eine gewisse Bedeutung bei den Menschen.

Diese Wesenheiten, die in frühen Vorträgen «Mahadevas» genannt werden, bezeichnet Steiner später als Volksgeister. Denn der Astralleib fühlt sich vor allem zur Mutter, der Ätherleib dagegen mehr zum Allgemeinen, zu dem Volk hingezogen. Allerdings ist es heute kaum möglich, daß der Ätherleib ganz mit einer Volksseele übereinstimmt.

Wie aber der Ätherleib sich bildet, das hängt nicht allein vom Menschen ab in dem gegenwärtigen Entwicklungslauf, sondern in Bezug auf diese Bildung, ist der Mensch von äußeren Wesen abhängig. Darum hat der Mensch zwar immer einen passenden Astralleib; es ist aber nicht immer der Fall, daß dieser Astralleib ganz in den Äther- und physischen Leib hineinpaßt. Daher oft die Disharmonie und Unzufriedenheit im Leben. Daß die werdenden Menschen so herumschwirren, geschieht namentlich deshalb, weil sie ein passendes Elternpaar suchen, das ihnen die beste Gelegenheit gibt, eine zur Astralwesenheit stimmende Äther- und physische Körperlichkeit zu bekommen. Es kann immer nur das relativ beste und passende Elternpaar sein, das ihnen diese gibt.

Nun gibt es Geister gerade von diesem Rang der Volksseele, welche mitwirken bei der Zusammenstellung des Ätherleibes der neuen Seele. Diese Wesenheit bewirkt, daß der Mensch zu einem bestimmten Volke hingeleitet wird, welches gerade für ihn am besten paßt. Da paßt dieser Ätherleib nun schon nicht immer ganz genau; und alles, was Sie an Disharmonien im Leben finden, das rührt sehr häufig davon her, daß der Mensch sich nicht aus eigenen Kräften allein seinen Ätherleib machen kann. Dieses Voll-Übereinstimmen wird erst auf einer viel späteren Entwicklungsstufe der Erde stattfinden.

Hier ist auf die unterschiedliche Art aufmerksam zu machen, wie der Astralleib und der Ätherleib die Planetensphären durchqueren. Der Astralleib nimmt Kräfte von den Planeten auf, nicht aber von der Sonne; sie wird in der nachfolgenden Aufzählung nicht erwähnt.

Das zeigt uns die wirkliche Betrachtung des Lebens zwischen dem Tode und einer neuen Geburt, daß die Kräfte, die der Mensch braucht, um seinen astralischen Leib wieder herzustellen, bei Merkur, Venus, Mars, Jupiter, Saturn liegen, bei den Sternen unseres Planetensystems liegen.

Die Geistwesen der Sonne helfen hingegen, unseren Ätherleib zu bilden. Es besteht jedoch ein Unterschied zwischen der Erarbeitung des Ätherleibes in uralten Zeiten und heute. In alten Zeiten, als der Mensch noch jung war, als er noch nicht über ein Selbstbewußtsein verfügte, da trug er noch viel ätherische Kraft in das nachtodliche Leben und konnte diese Ätherkraft in der Sonne hinterlassen. Wenn er sich zu einer neuen Inkarnation anschickte, erhielt er diese Kraft für seinen Ätherleib zurück.

Heute jedoch bringen wir keine unverbrauchte ätherische Kraft mehr in das nachtodliche Leben. So ist für uns die Sonne beim Heruntersteigen leer, es sei denn, wir haben uns auf Erden mit dem Christusimpuls verbunden und diesen Christusimpuls mit auf die Sonne genommen.

In den vorchristlichen Zeiten, da war es so, daß der Mensch, indem er sich hinaufentwickelte in die geistige Welt, einen Teil der Kräfte des Ätherleibes mitnahm, und diese Reservekräfte ließen ihn aus der Sonne herausziehen dasjenige, was er zum Wiederaufbau seines Ätherleibes in einer neuen Inkarnation brauchte. Das ist jetzt anders: Der

Mensch bleibt jetzt immer mehr und mehr unberührt von den Kräften der Sonne. Wenn er nicht das Entsprechende dazu tut, daß sein ätherischer Leib sich so vorbereitet, daß er in die Seele das hineingießt, was aus der Sonne herausziehen kann die Kräfte, die er braucht zum Wiederaufbau seines Ätherleibes, so geht er unberührt durch die Sonnensphäre hindurch.

Da kommt dann der Okkultismus und zeigt uns, wenn wir es uns angelegt sein lassen dadurch, daß wir etwas fühlen die Realität des Christus-Impulses: Dann wird in unsere Seelen etwas hineingesenkt, was sie geeignet macht, den Durchgang zu finden durch die Sonnensphäre, so daß der Ätherleib uns in der richtigen Weise wieder gegeben werden kann in der nächsten Inkarnation. Richtig nehmen wir Geisteswissenschaft erst auf, wenn wir ein tiefgehendes Verständnis der Aufnahme des Christus-Impulses entgegenbringen. Nur so wird unser Ätherleib beim Eintritt in eine neue Inkarnation stark und kräftig sein. Die Ätherleiber werden immer mehr und mehr verkommen, wenn die Menschen nichts wissen von dem Christus und seiner Mission für die ganze Erdenentwicklung.

> Nachdem dieser kosmische Ätherleib dem zurückkehrenden Menschen gegeben wurde, kann er sich mit dem physischen Keim vereinigen, der in der Mutter angelegt wurde. Doch dies geschieht nicht gleich nach der Konzeption, sondern erst einige Wochen später.

[Das geistig-seelische Wesen] kann sich erst vereinigen, wenn es jetzt in diesem Zustand die Ätherkräfte, die im ganzen Kosmos sind, zu seinem Ätherleibe heranzieht. Und nachdem uns der Geistkeim unseres physischen Leibes entfallen ist, der nun unten unseren physischen Leib im Körper der Mutter vorbereitet, sammeln wir die Kräfte, um unseren Ätherleib zu bilden. Und mit diesem Ätherleib vereinigen wir uns dann, nachdem der menschliche Keim schon eine Zeitlang im Leibe der Mutter war.

> Zuvor jedoch müssen wir in der Mondensphäre dasjenige in den Ätherleib eingliedern, was unser Karma sein wird.

Und indem wir vorher nur die Bilder der geistigen Wesenheiten gehabt haben, gliedern wir uns alles dasjenige ein, was wir nur durch die Mondenkräfte uns eingliedern können, was Erinnerung war an unser Karmawesen. Das gliedern wir uns jetzt wiederum ein als wirkliche Kräfte. Die nehmen wir mit auf in den Ätherleib, gliedern sie auch ein. Deshalb erscheinen wir auf dieser Erde so, daß wir das Ausleben unseres Schicksals, unseres Karma bewirken; während des Durchgehens durch die Mondenkräfte entwickeln wir die Sehnsucht, unser Karma auf der Erde auszuleben.

> Wir ersehen daraus, wie die Mondenregion für die Bildung des Ätherleibes von großer Bedeutung ist. Es waren ja die «Urlehrer der Menschheit» – die heute in der Mondensphäre wohnen –, die die Taten des Menschen nach dem Überschreiten der Todesschwelle in die Akasha-Chronik einschrieben und die nun das Eingeschriebene wiederum in den Ätherleib einprägen.

Erwerb des physischen Leibes

Das Ich geht nun seine Wege in einer eigentlich wesentlich anderen Welt, als dieser astralische Leib ist. Aber dieses Ich entwickelt innerlich eine Art von, man möchte sagen Begierde [...]. Und diese Begierde ist es im Wesentlichen, welche sich hingezogen fühlt gerade zu diesem zurückkehrenden astralischen Leib, der allerdings jetzt etwas anderes geworden ist. Es findet in der Tat wiederum eine Art Verbindung statt zwischen dem metamorphosierten, zwischen dem umgeänderten astralischen Leib und dem Ich. Dadurch, daß dies geschieht, bekommt der Mensch nach den verschiedensten Seiten hin gewisse Neigungen, möchte ich sagen, indem er dem Zeitpunkt sich nähert, in welchem er wiederum auf die Erde zurückkehren soll.

Der Ort, wo der physische Leib als Grundlage eines neuen Menschenlebens geboren wird, ist ja nicht zufällig:

Was er [...] vollbracht hat an Taten, wirkt mit von den höchsten Partien des Devachan aus, wo schon die Akasha-Chronik zu finden ist, auf die Stationierung und Lokalisierung des physischen Leibes. Hier liegen die Kräfte, die einen Menschen an einen bestimmten Ort hinbringen. Hat man jemandem Böses angetan, so ist das eine äußere Tatsache, die hinaufgeht in die höchsten Devachan-Partien. Sie wirkt bei der neuen Eingliederung in einen physischen Leib als Kräfte, welche der Mensch zurückgelassen hat, und drängt ihn, allerdings unter Leitung höherer Wesenheiten, zu dem Orte hin, wo er die Wirkung seiner Taten nunmehr in der physischen Welt erfahren kann.

Beim Heruntersteigen wirken aber auch diejenigen Kräfte mit, die dem Menschen eingeprägt sind beim Aufstieg. All das bildet Anziehungskräfte, und er wird in die Sphäre gezogen werden, die mit ihm von jeher verwandt war. Er wird also zu denjenigen Menschen hingeführt, mit denen er früher schon etwas zu tun gehabt hat.

Unsere vergangenen Schicksale, unsere vergangenen Taten lassen uns mit Hilfe der höchsten Geistwesen die beiden Vererbungsströmungen aussuchen und beeinflussen, die dann schließlich zu Vater und Mutter führen.

Aber es besteht daneben auch noch die Tatsache, daß der Mensch von einem bestimmten Zeitpunkte zwischen dem Tode und der neuen Geburt Kräfte zu entwickeln beginnt, die auf seine Ahnen herunterwirken. Lange bevor ein Mensch ins physische Dasein tritt, steht er schon in einer geheimnisvollen Verbindung mit der gesamten Ahnenreihe. Und warum in einer Vorfahrenreihe ganz bestimmte Eigenschaften auftreten, das rührt davon her, daß aus dieser Ahnenreihe vielleicht erst nach Jahrhunderten ein ganz bestimmter Mensch hervorgehen soll. Dieser Mensch, der da nach Jahrhunderten vielleicht aus einer Ahnenreihe hervorgehen soll, regelt von der geistigen Welt aus die Eigenschaften seiner Ahnen.

Diese Vererbungsströmung bildet aber nur eine Seite unseres physisch-menschlichen Seins. Sie ist das, was uns von Vater und Mutter mitgegeben wurde, und darin ist viel mehr, als wir gebrauchen können; man denke nur an all das, was unsere Ahnen in sie hineingelegt haben. Wir müssen indessen für unsere eigene Weiterentwicklung auch etwas aus dem Vorgeburtlichen mitbringen.

Der Mensch […] muss diejenigen Kräfte hereinbringen, die ihn befähigen, wenn er sich verbunden hat mit dem, was in der Vererbungsströmung liegt und ihm sozusagen als von der Vererbungsströmung kommende Substantialität übergeben wird, er muß in dem, was sich da verbindet mit dieser Vererbungsströmung, die Kräfte haben, welche von den ersten Jahren an und dann lange noch durch das Leben hindurch von innen heraus die Leiblichkeit plastisch ausgestalten; so daß die Leiblichkeit durchaus angepaßt ist der Individualität, die sich der Mensch aus dem vorhergegangenen Erdenleben herüberbringt.

So wie der Mensch aus vier Wesensgliedern besteht: physischer Leib, Ätherleib, Astralleib und Ich, so ist auch der physische Leib selber eine viergliedrige Wesenheit.

Wir haben ja unseren physischen Leib entwickelt durch die Saturn-, Sonnen-, Monden- und Erdenzeit. Veranlagt wurde er zuerst auf dem alten Saturn; während der Sonnenzeit hat sich der Ätherleib eingegliedert, während der Mondenzeit der astralische Leib, und während der Erdenzeit dann das Ich; und durch diese Eingliederungen ist der physische Leib immer umgeändert worden. So haben wir die umgeänderte Saturnanlage, die umgeänderten Sonnenverhältnisse, die umgeänderten Mondverhältnisse alle in uns. Wir könnten keinen physischen Menschenleib an uns tragen, wenn wir nicht die umgeänderten physischen Verhältnisse in uns tragen würden.

Sichtbar für uns ist davon nur das, was an Nahrungsmitteln durch das Blut verarbeitet wird.

In Wirklichkeit sieht man nur das Blut und die Umwandlungsprodukte des Blutes, also nur ein Viertel des physischen Menschenleibes; die drei anderen Viertel sind unsichtbar. Denn da besteht zunächst ein unsichtbares Gerüst; in diesem unsichtbaren Gerüst sind unsichtbare Strömungen; das alles ist aber als Kräfte vorhanden. In diesen unsichtbaren Strömungen sind wieder unsichtbare Wirkungen der einzelnen Strömungen aufeinander. Das alles ist noch nicht sichtbar. Und jetzt wird dieses dreifache Unsichtbare durchdrungen von dem, was die Nahrungsmittel, die zum Blute verarbeitet werden, als Ausfüllung dieses dreifachen Unsichtbaren bilden. Dadurch wird erst der physische Leib sichtbar.

> Dieses Unsichtbare, das ist der Geistkeim, den wir uns in der Weltenmitternacht erarbeitet haben. Wenn die Naturwissenschaft behauptet, daß wir – unsere Eigenschaften und Fähigkeiten – aus dem Vererbungsstrom entstanden sind und an diesen erblich bedingten Eigenschaften nur wenig verändern können, so zeigt uns die geisteswissenschaftliche Anschauung etwas ganz anderes. Das Ursprüngliche sind das Ich und der in der nachtodlich-vorgeburtlichen Welt geschaffene Geistkeim des physischen Leibes. Sie existieren vor dem physischen Keim, der bei der Befruchtung aus den beiden Vererbungsströmungen hervorgeht und sich den Tatsachen des Ich und des physischen Geistkeimes anpassen muß.
>
> Die Entstehung des physischen Menschenleibes ist etwas derart Gewaltiges, daß wir es in seiner ganzen Realität nur im Vorgeburtlichen erleben dürfen. Es wurde bereits erwähnt, daß unsere inneren Organe in viel früheren Zeiten selbständige Geistwesen waren, die sich im Laufe der Zeiten für den Menschen opferten. Diese Opferung erleben wir wieder beim Heruntersteigen zu neuem Dasein.

Der Mensch hat nur nicht die Fähigkeit, sich eine Erinnerung an das zu bewahren, was er zwischen Tod und neuer Geburt sieht. Aber was er da sieht als zusammensetzend das Wunderwerk der menschlichen Leiblichkeit, das ist wahrhaftig großartiger als alles, was der Mensch schauen kann, wenn er sonst den gestirnten Himmel erblickt, oder wenn er mit irgendeiner Anschauung, die an den physischen Leib gebunden ist, auf die physische Außenwelt hinsieht. Groß sind die Geheimnisse des Daseins, auch wenn wir sie nur sinnlich betrachten, von unserem sinnlichen Standpunkte aus; größer aber ist das, was wir anschauen, wenn wir das, was wir sonst so äußerlich sehen, als Eingeweide in uns selber tragen, und was wir dann als den werdenden Menschenleib mit allen seinen Geheimnissen durchschauen!

Warum bleibt uns die Erinnerung daran nach der Geburt nicht erhalten?

Wir haben ja erfahren, daß in der Weltenmitternacht die große Gefahr besteht, daß uns Luzifer dazu verführt, mit den höchsten Geistwesen vereinigt zu bleiben und nicht mehr auf die Erde zurückzukehren, um neue karmische Verwicklungen zu erleben. Würden wir dieser Versuchung nachgeben, blieben wir unvollkommene Wesen und stellten eine große Belastung für die Geistwelt dar. Um dies zu verhindern, «werfen» uns die hohen Geistwesen gewissermaßen aus ihrer Sphäre hinaus: Sie hüllen uns in einen Nebel, der die Geistwelt in ihrer Realität verbirgt. Dieser Nebel bewirkt auch, daß wir uns auf uns selber besinnen und beginnen, uns nach einer neuen Inkarnation zu sehnen. Gleichzeitig findet aber eine Art «Umstülpung» statt. Die Welt, die in unserem Inneren war, die Geistwelt, tritt nach außen und wird immer kleiner und kleiner. Die Welt, die in der Mitternachtsstunde außerhalb von uns war, tritt in unser inneres Bewußtsein ein; es ist die Welt unseres eigenen Leibes. So bleibt uns die Realität der Geistwelt nur noch in der Erinnerung und, nach der Geburt, draußen im Glanze des Firmamentes. Das ist auch der Grund, weshalb wir die Geistwesen, die in uns als unsere Organe Einsitz nehmen, nicht erkennen können.

Wenn es heißt, daß wir in der Weltenmittenacht zusammen mit den höchsten Geistwesenheiten den Geistkeim unseres physischen Leibes gestaltet haben, so müssen wir dies nun präzisieren: Wir haben vor allem den Geistkeim des Kopfes und dessen, was das Rückenmark abgeben wird, gestaltet.

Das menschliche Haupt ist in seinem Bau ein so erhabenes Abbild des Universums, daß der Mensch selbst mit dem, was ihm einverwoben wird als Weisheit eines Lebens, es nicht bauen könnte, daß er es nicht vorbereiten könnte für die nächste Inkarnation; da müssen eben mitwirken alle Götterhierarchien. Das, was in Ihrem Haupte, in dieser nur von dem Hinterhaupt lose durchbrochenen Kugel, etwas umgeformten Kugel, vorhanden ist, das ist für sich noch ein wirklicher Mikrokosmos, ein wirklicher Abdruck der großen Weltenkugel. Darinnen lebt alles, was draußen im Universum lebt, zusammen, da wirkt alles zusammen, was in den verschiedenen Hierarchien tätig sein kann. Indem wir anfangen zu bauen aus unserer in der Ermüdung angesammelten Weisheit an unserer nächsten Inkarnation, greifen in diese Tätigkeit ein alle Hierarchien, um dasjenige, was dann unser Haupt wird, als Abdruck aller Götterweisheiten uns einzuverleiben.

Nun, dasjenige, was da in den Formen des Gehirnes sich ausbildet, was so merkwürdige Windungen darstellt, das ist beim menschlichen Organismus, wie ich verschiedentlich schon angedeutet habe, eine Art Nachbildung des Sternenhimmels, des Weltenalls. Dadrinnen in diesem zelligen Gebilde des Gehirns ist wirklich der Sternenhimmel nachgebildet.

Die Geburt eines Menschen ist unter diesen Gesichtspunkten die Geburt eines makrokosmischen Wesens in diese physische Welt. Und um hier geboren werden zu können, bedarf dieses makrokosmische Wesen des mütterlichen Leibes; denn er ist heute das einzige Tor, um aus der Geistwelt in die physische Welt eintreten zu können.

Es ist innerhalb dessen, was sich um uns herum im Raume ausbreitet, nirgends ein Tor für den Menschen, der die Zeit zwischen dem Tod und einer neuen Geburt durchlebt hat, um in die physische Welt hereinzukommen. Es ist nur innerhalb des Menschenleibes selbst dieses Tor. Und was da kraftet, was da wirkt, das sind nicht die Kräfte von Vater und Mutter, sondern das sind kosmische Kräfte, die eben durch den mütterlichen Leib nach der Befruchtung ihren Zugang zur physischen Welt suchen, nach der sie als geistig-seelisches Wesen eine Begierde entwickelt haben.

Inkarnation und Geburt

Es kann nicht genug betont werden, daß das zur Geburt drängende Wesen zwei Ursprünge hat: einerseits die Eigenschaften, die in der Vererbungsströmung liegen – die ja selbst schon zwiefach ist; andererseits jene geistige Wesenheit, die das Ergebnis unserer früheren Erdenleben und unseres nachtodlichen Lebens ist und die ebenfalls auf zweifachen Wegen zur Geburt führt.

So dass im Laufe desjenigen Prozesses, der sich abspielt, wenn der Mensch durch Geburt oder Empfängnis ins Dasein tritt, sich mit den physischen Faktoren etwas verbindet, was man nicht physisch aufzeigen kann, was geistiger Art ist. Und dieses Geistige, das allerdings nicht mit physischen Augen gesehen werden kann, das ist jene Wesenheit, die wir in uns tragen als das Ergebnis unserer früheren Erdenleben, wie man sagt. Ebenso wahr, wie wir unsere physische Abstammung zurückführen auf unsere Vorfahren, haben wir eine geistige Abstammung, zurückzuführen auf eine geistige Vorfahrenschaft, das heißt auf uns selber.

Allerdings besteht nur in den seltensten Fällen die Möglichkeit, daß sich das Geistwesen ganz diesem aus der Vererbungsströmung entstehenden physischen Leib einpassen kann. Waren es früher die Volksgeister – wir haben schon davon gesprochen –, die dank der Verwurzelung des Menschen im Volksseelenhaften noch helfen konnten, so ist es heute für diese Geistwesen viel schwieriger – man denke nur an die Möglichkeit, ein Wunschkind zu einer ganz bestimmten Zeit zeugen oder auf die Welt bringen zu können. Andererseits sollte man nicht vergessen, daß dieser Zustand von den sich heute inkarnierenden Seelen ja selber vorbereitet wurde.

Nur in den seltensten Fällen fügt sich der neu verkörperte Mensch gänzlich in seinen neuen physischen Leib ein, wodurch oft viele innere Zwiespälte entstehen. Es kann immer nur ein annähernd passender physischer Leib gefunden werden in unserer gegenwärtigen Zeit.

Betrachten wir nun den Zeugungsakt, den Rudolf Steiner in einprägsamen Worten geschildert hat, um zu zeigen, was ihm eigentlich zugrunde liegt.

Bei dem Befruchtungsakt kann der Seher in der Leidenschaft, die sich dabei von Seiten der Eltern entwickelt, auch Astralmaterie entdecken. Dadurch wird die Leidenschaftlichkeit des Kindes je nach der Intensität dieser Leidenschaft bestimmt.

Jedes Lieben geht im Hinundwiderspiel von einer besonderen Individualität aus. Und nun spiegelt sich darinnen, vor aller irdischen Befruchtung, vor dem physischen Akt in dem Liebesbegehren, in diesem astralischen Hinundherspielen die Individualität, die Natur des Wesens, das wieder auf die Erde heruntersteigt. Das ist das Besondere der einzelnen Liebesakte. So daß man sagen kann: Vor der physischen Befruchtung, da beginnt schon das zu wirken, was aus der geistigen Welt heruntersteigt; das Zusammengeführtwerden von Mann und Frau wird von der geistigen Welt mitbestimmt. Hier spielen in einer intimen wunderbaren Weise Kräfte aus der geistigen Welt mit. Und dasjenige, was heruntersteigt, sich heruntersenkt, ist im Allgemeinen von Anfang an gebunden an das Ergebnis der Befruchtung. Durchaus ist es nicht so, daß erst nach einer gewissen Zeit irgendeine Individualität sich damit verbindet. Vom Moment der Befruchtung an ist diese heruntersteigende Individualität mit dem Resultat der physischen Fortpflanzung zusammengehörig.

> Hören wir genau hin: Schon vor der physischen Befruchtung beginnt das zu wirken, was aus der geistigen Welt heruntersteigt. Und es ist im allgemeinen von Anfang an gebunden an das Ergebnis der Befruchtung. Die Befruchtung selber ist etwas ganz Besonderes.

Eigentlich haben wir in unserem ganzen Menschenleben, insofern wir es im physischen Leibe verbringen, nur einen einzigen Vorgang, der durchaus zusammenhängt mit dem Erdenleben, der also gewissermaßen rein aus dem Erdenleben heraus erklärbar ist – und das ist die Empfängnis. Sonst nichts im menschlichen Leben als die Empfängnis hat im Grunde etwas zu tun mit dem Erdenleben unmittelbar, ausschließlich. Auf dieses Wort «ausschließlich» bitte ich Wert zu legen. Dasjenige, was geschieht bei der Empfängnis, hat nichts zu tun mit dem Monden-, Sonnen- und Saturnleben; sondern zu dem, was durch die Empfängnis geschieht, sind die Ursachen geschaffen innerhalb des Erdenlebens.

Bei der Inkarnation eines Menschen ist nun folgendes zu berücksichtigen:

Es wurde schon erwähnt, daß höhere Wesenheiten mitwirken bei der Verkörperung des neuen Menschen. Sie werden das begreifen, wenn Sie bedenken, daß niemals eine völlige Entsprechung stattfindet zwischen dem, was sich von oben zur Verkörperung herabsenkt, und dem, was dieses sich an Hüllen da unten anlegen läßt. Sie kann erst stattfinden, diese völlige Entsprechung des Oberen und des Unteren, wenn der Mensch am Ziele seiner Entwicklung angelangt sein wird, wenn er Atma erreicht hat. Wenn er den physischen Leib in Atma, den Ätherleib in Buddhi, den Astralleib in Manas umgewandelt haben wird, dann steht der Mensch an dem Evolutionspunkte, wo er mit vollständig freiem Willen seine letzte Inkarnation sich selbst wählt. Vorher ist ein wirkliches Zusammenpassen unmöglich.

Der Menschenkeim besteht in den ersten Tagen und Wochen aus zwei Teilen: aus einem runden Körper, der dann zum Kopfe wird, und aus einem Anhang, der zum Rückenmark wird.

Heute sprechen wir so von der Entwicklung des Menschen und der Menschheit, daß wir sagen: Wenn ein Mensch in das physische Erdendasein hereintritt, so kommt zunächst das, was wir seinen inneren Wesenskern nennen, aus einer vorhergehenden Inkarnation. Das arbeitet in dem Menschen innerhalb eines gewissen Spielraumes, bildet plastisch die feineren Organe, das Gehirn, die feinere Leiblichkeit überhaupt aus, kurz, wir haben in dem Menschen einen geistig-seelischen Wesenskern, der aus früheren Inkarnationen kommt und der sich einhüllt in das, was von den Vorfahren kommt und durch die Generationen, durch die physische Vererbung weitergetragen wird.

Erneut ein Hinweis, daß der Mensch aus dem Kosmischen herstammt und nicht nur das Produkt einer Erbströmung ist.

Die nachfolgenden Ausführungen zu den Zeitangaben sind ein Beispiel dafür, wie schwierig es sein kann, das richtige Zitat zu finden, wie notwendig es aber auch ist, sich nicht nur auf eine Quelle zu stützen.

In den ersten Wochen nach der Empfängnis ist im Menschenkeim nur der Kausalleib tätig und wirksam. Ungefähr in der siebenten Woche beginnt der Ätherleib mit seiner Wirksamkeit, und vom siebenten Monat ab tritt der Astralleib mit seinen Kräften an den Menschen heran.

Der Kausalleib ist wohl das, was Rudolf Steiner auch mit dem Begriff Wesenskern bezeichnet. Dieser muß demnach bei der Zeugung in den physischen Leib einziehen, während der Ätherleib ab der siebten Woche und der Astralleib ab dem siebten Monat im werdenden Menschen zu wirken beginnt.

Diese Aussage von 1906 widerspricht jedoch der folgenden Aussage, die Rudolf Steiner schon 1903 gemacht hat.

Ich werde von beiden Seiten die Elemente darstellen, welche bei der Menschwerdung vorhanden sind. Zuerst haben wir es bei der Menschwerdung zu tun mit der Entwicklung des Keimes, der in den ersten Tagen einem kleinen Fischchen ähnlich sieht. [...] Diesem kommt etwa am siebzehnten Tag das Astralwesen entgegen; und dieses Astralwesen kennt der psychische Forscher so gut wie der physische Forscher das Physische. [...]

Innerhalb dieses Astralkörpers befindet sich ein Streifen, der sich ins Unbestimmte verliert. Er ist von hellgelber Farbe. Dieser Astralkörper verbindet sich mit dem von ihm selbst gewählten physischen Körper, wenn der Embryo ungefähr die Gestalt eines Fischchens hat. [...]

Nun vereinigt sich das astrale Gebilde mit dem physischen Menschenkeim. Von dem einen Tröpfchen wird alles durchströmt, gleichsam von einer hellgelben Flüssigkeit. Dieses wächst später zu dem so genannten sympathischen Nervengeflecht aus, welches das physische Nervensystem des Menschen versorgt. Wir haben ja außer dem Gehirn- und Rückenmarksystem ein anderes Nervensystem, das sympathische, das die niederen Funktionen dirigiert. Der eine Tropfen durchströmt das sympathische Nervensystem, der andere Gehirn- und Rückenmarksystem. So wird der Mensch beseelt. Gesetzmäßig gehen die beiden Lichtkegel in das Physische über und durchgeistigten es.

Wie wir sehen, ist es hier der Astralleib, das astralische Gebilde, das die physischen Nervengeflechte durchgeistigt.

Und noch eine dritte Version aus dem Jahre 1907:

Zwar ist dieser Mensch, der aus Ich, Astralleib und Ätherleib besteht, durchaus vom Moment der Empfängnis an in der Nähe der Mutter, die den befruchteten Menschenkeim in sich hat, aber er wirkt von außen ein. In dieser Zeit, etwa in der dritten Woche, fängt dieser Astral- und Ätherleib gleichsam den Menschenkeim ab und beginnt nun mitzuarbeiten an dem Menschen. Bis dahin geht die Entwicklung des physischen Menschenleibes vor sich ohne den Einfluß von Astral- und Ätherleib; von da ab wirken sie an der Entwicklung des Kindes mit und gliedern selbst die weitere Ausgestaltung, des Menschenkeimes.

Wenn man die verschiedenen Zeitangaben in den Texten vergleicht, muß man annehmen, daß es sich bei den «sieben Monaten» wohl um ein Mißverständnis (oder einen Schreibfehler) handelt. Sowohl Ätherleib wie Astralleib beginnen höchstwahrscheinlich ab der dritten Woche zu wirken.

Eine besondere Stellung in der Menschwerdung nehmen die Sinnesorgane ein. Rudolf Steiner beschreibt dies am Beispiel der Augen, unseres zentralsten Sinnesorgans.

Lange bevor der Mensch seiner physischen Geburt zuschreitet, sieht er – gleichsam in der Zeit, nicht im Raume – vor sich: Das wirst du! Und er sieht gewissermaßen schon, wie aus dem Wesen der Geister der Form heraus sich seine Physis formt. Diese erscheint ihm mehr oder weniger als eine Lichtgestalt, aber darin wie schwebend zwei finstere Kugeln. Wenn der Mensch nun entgegenlebt dem physischen Leben, dann tut er dies teilweise schon im Leibe der Mutter; da nimmt er gewisse Kräfte aus dieser Umgebung auf, die dann die Mutter bildet. Er fühlt sich allmählich verbunden mit dieser Lichtgestalt, und dann fühlt er, als ob er insbesondere in diesen zwei Kugeln darinstecken würde. Vorher sind sie ihm wie undurchdringlich erschienen, jetzt ist er selbst darin und fühlt dann die Kräfte, die ihm von allen Seiten her kommen, die gehen in ihn hinein. Dann durchsticht er diese zwei Kugeln, den Raum der Kugeln; der Raum verliert seine Undurchdringlichkeit. Und das sind die Stellen, wo dann später die Augen sind. Wenn man sich so der physisch-irdischen Inkarnation nähert, so ist dasjenige, was man gerade nicht sieht, was aber bewirkt, daß wir sehen, die Augen. Sie sind wie undurchdringliche Kugeln, denen wir entgegenleben. Dann durchdringt man sie in der letzten Phase, bevor man die physische Welt betritt.

Bedenkt man diese Aussage, so bedeutet es doch, daß die Augen eigentlich nicht zu unserem Leib gehören; daß sie vielmehr ein in uns hineingesetztes Verbindungsglied zwischen uns und unserer Umwelt sind. Ähnlich ist es auch mit den übrigen Sinnesorganen.

Und noch ein letzter, vor allem für die Zukunft wichtiger Aspekt. Er hängt damit zusammen, daß in unserer Zeit Christus und Michael herrschend sind:

Es ist von alten Zeiten der Erdenentwicklung her so, daß der Mensch eben in der Weise, wie ich es charakterisiert habe, sich seinen physischen Leib als Geistkeim vorbereitet und ihn dann, wenn er das Erdendasein betritt, übernimmt. Aber seit der Christus-Michael-Herrschaft wird der Mensch immer mehr und mehr in die Lage versetzt – gegenwärtig sind es wenige Menschen, immer mehr und mehr sollen es werden –, bevor er auf die Erde heruntersteigt, noch eine Entscheidung zu treffen. Denn das Licht der spirituellen Erkenntnis leuchtet so, daß es zu gleicher Zeit beleuchtet diese Erde und das überphysische Reich, so daß der Mensch durch die Michael-Herrschaft eine Entscheidung zu treffen lernt, wenn er zwar schon sein Karma übernommen hat in seinem Ätherleib, aber nun den Weg zu seinem physischen Leib antritt. Wird nun auf der Erde immer mehr und mehr spirituelle Erkenntnis verbreitet, und wird der Mensch immer mehr und mehr in sich erleben diese allgemeine Menschenliebe, so wird folgende Möglichkeit vor dem Herabsteigen in das Erdenleben für die zukünftige Menschheit eintreten. Der Mensch wird sich sagen können: Diesen Leib habe ich vorbereitet; aber indem ich diesen Leib hinuntergeschickt habe auf die Erde und mein Karma in meinen Ätherleib, den ich zusammengezogen habe, hineingenommen habe, da sehe ich, daß dieses Karma so liegt, daß ich durch das, was ich in früheren Erdenleben vollbracht habe, diesen oder jenen anderen Menschen schwer geschädigt habe.

Wir sind ja immer der Gefahr ausgesetzt, durch das, was wir vollbringen, andere Menschen zu schädigen. Das Urteil über dasjenige, was wir einem anderen Menschen angetan haben, wird ganz besonders hell leuchten in diesem Momente, wo wir noch im Ätherleib sind, wo wir noch nicht den physischen Leib bezogen haben. Da aber wirkt in Zukunft auch das Licht des Michael und die Liebe des Christus. Und wir werden in die Lage versetzt, eine Änderung in unserer Entscheidung herbeizuführen, den Leib, den wir zubereitet haben, einem anderen zu übergeben und selber denjenigen Leib zu übernehmen, der bereitet worden ist von dem, den wir besonders geschädigt haben. Das ist der gewaltige Übergang, der von unserer Zeit in die Zukunft hinein in bezug auf das geistige Leben der Menschen stattfindet.

Wir werden in der Lage sein, in einen Leib einzuziehen, der von einem Menschen hat zubereitet werden müssen, den wir besonders geschädigt haben; und der andere wird in der Lage sein, in unseren zubereiteten Leib einzutreten. Und dadurch wird das, was wir auf Erden werden vollbringen können, in einer ganz anderen Weise sich karmisch ausgleichen können als sonst. Wir werden gewissermaßen als Menschen in die Lage kommen, unsere physischen Leiber auszutauschen.

> Betrachten wir Empfängnis und Werden im Mutterleibe sowie die darauf folgende Zeit noch von einem anderen Gesichtspunkt aus.

In der Zelle, schon in der gewöhnlichen organischen Zelle ist es so (siehe Zeichnung, hell), daß das chemische Zusammenhalten darinnen nicht etwa stärker ist als in einer gewöhnlichen komplizierten chemischen Verbindung, sondern im Gegenteil: Chaotisch werden die chemischen Wahlverwandtschaften gerade, und am allerchaotischsten sind sie in der befruchteten Keimzelle. Die befruchtete Keimzelle ist in Bezug auf das Materielle direkt Chaos, Chaos, das zerfällt, Chaos, das wirklich zerfällt. In dieses verfallende Chaos ergießt sich das, was ich Ihnen als den Menschen geschildert habe, der sich eben in der Weise, wie ich es beschrieben habe, gebildet hat (lila). Und nicht durch den Keim selber, sondern durch die Prozesse, die im mütterlichen Leibe zwischen dem Embryo und der Umgebung vor sich gehen, bildet sich dann das eigentlich Physische aus. Es wird also tatsächlich dasjenige, was da aus der geistigen Welt herunterkommt, in das Leere hineingelegt und nur durchtränkt mit mineralischer Substanz.

Und von der geistigen Welt her sieht es noch anders aus.

WIR SIND SELBSTVERSTÄNDLICH in den letzten Zeiten unseres Lebens zwischen dem Tode und einer neuen Geburt, aber auch zu der Zeit, da wir physisch empfangen werden, in der geistigen Welt. Da geht immer etwas im geistigen Leben vor sich mit uns; und von dem, was da vor sich geht, ist die Empfängnis nichts anderes als ein Spiegelbild, eine Maja. Der wirkliche Vorgang spielt sich in der geistigen Welt ab, und dasjenige, was sich in der physischen Welt abspielt, ist ein Spiegelbild, eine Maja.

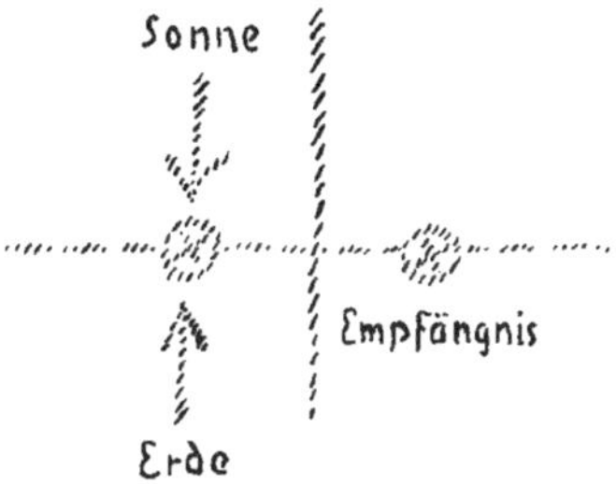

Im Vorgang der Empfängnis spiegelt sich der Skizze zufolge somit das Zusammenwirken von Sonne und Erde.

Versuchen wir, dies zu verstehen.

Bei der Empfängnis dringt der männliche Samen in die zu befruchtende Eizelle der Frau ein. Das Resultat ist ein «Chaos», das heißt ein völlig unstrukturiertes Physisches, in das sich nun der Kausalleib oder Wesenskern des vorgeburtlichen Menschen senken und mit Materie umhüllen kann. Befruchtung und Chaotisierung sind rein physische Vorgänge. Dahinter stehen jedoch kosmische Kräfte, die Kräfte von Sonne und Erde. Damit ist noch immer nicht viel gesagt. Erinnern wir uns aber daran, daß die Sonne den Thron Luzifers enthält, daß sie auch als Ort von Luzifers Wirken bezeichnet werden kann und daß dieses Wirken vor allem im weiblichen Erbstrom sich entfaltet; ferner daß die Erde als Ahrimans Wirkensfeld bezeichnet werden kann, daß er da der berechtigte Fürst ist und das männliche Element durch eben diese Erde hindurchgeht; so kommen wir dem, was bei der Befruchtung vor sich geht, ahnend etwas näher. Der wirkliche Vorgang, der sich in der geistigen Welt abspielt, ist der, daß sich die ahrimanischen und luziferischen Kräfte in einem gewissen Moment die Waage halten und so keine Wirkung entfalten können. Denn nur in einem solchen Zustand ist es möglich, daß Materie ins «Chaos» abgleiten kann.

Bevor wir nun uns dem nächsten Zustand zuwenden können, müssen wir uns mit der Frage beschäftigen: Was entsteht eigentlich aus diesem befruchteten Keim? Wir haben es bereits früher angetönt; aber es ist wichtig, daß wir es uns hier noch einmal vor die Seele stellen.

Wir haben gesehen, daß der Geistkeim des physischen Leibes nicht den ganzen zukünftigen physischen Leib umfaßt, sondern im wesentlichen nur die Kopfpartie mit dem angehängten Rückgrat. Da entsteht die Frage: Aus welchen Kräften werden die Gliedmaßen gebildet?

Ausser den kosmischen Kräften wirken auf den Menschen noch andere Kräfte, und die gehen jetzt im Wesentlichen von der Erde selbst aus. Die wirken nicht auf das Haupt, sondern die wirken auf den Gliedmaßenmenschen. Wenn Sie sich hier die Erde vorstellen und, schematisch gezeichnet, das als den Gliedmaßenmenschen, so sind die Kräfte, welche in diesen Gliedmaßen mit ihrer Fortsetzung nach innen spielen, im Wesentlichen irdisch-tellurische. In den Armen und Händen, in den Beinen und Füßen spielen die Kräfte der Erde. Nach innen setzt sich dieses Spiel so fort, daß es zum Stoffwechsel wird. Aber was im Inneren Stoffwechsel ist, ist im Äußeren Kraftwechsel. Wenn Sie die Arme bewegen, wenn Sie die Beine bewegen, so ist die Bewegung nicht etwas so Einfaches, sondern das hat auch mit den Kräften der Erde zu tun. Sie haben immer, wenn Sie die Beine bewegen im Gehen, die Schwerkraft der Erde zu überwinden, und das, was entsteht, ist eine Resultierende zwischen den im Inneren spielenden Kräften und den Kräften der Schwere.

Der Gliedmaßenmensch ist erst mit 28 Jahren fertig gestaltet, ausgewachsen! Wenn wir uns nun mit der weiteren Entwicklung des Menschen beschäftigen, dann müssen wir uns bewußt sein, daß es zwei Wirkensfelder gibt: jenes der Kopforganisation, das wir nun besprechen wollen und jenes der Gliedmaßenorganisation, die sich mehr oder wenig unbemerkt entwickelt und entfaltet.

In der Zeit zwischen Empfängnis und Geburt, das heißt während des Embryonallebens, spiegelt sich die Wirkung, die vor der Geburt zwischen Mond und Sonne sich entfaltet hat.

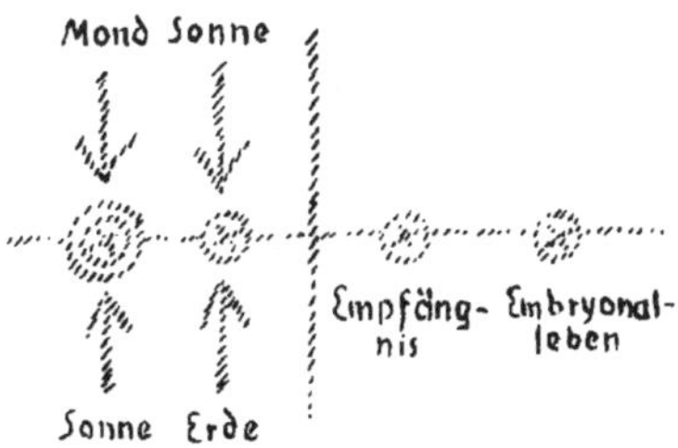

Dieses Leben, das der Mensch zubringt zwischen der Empfängnis und der Geburt, ist schon ganz und gar nicht erklärbar aus den Verhältnissen, die sonst auf der Erde sind; und es erklären wollen aus den Kräften, aus den Gesetzen der Erde, ist einfach nichts anderes als ein ganz gewöhnlicher Unsinn. Denn es ist eben die Spiegelung eines vorgeburtlichen Vorganges, und dieser vorgeburtliche Vorgang ist im Wesentlichen beeinflußt von dem, was von dem vorirdischen Mond und von der vorirdischen Sonne geblieben ist. Es ist ein Vorgang, der sich zwischen der Sonne und dem Monde abspielt, also wesentlich ein überirdischer Vorgang.

Die Kräfte, die da tätig sind, sind vorzugsweise diejenigen, welche spielen zwischen der Sonne und dem Monde. Die äußere Wissenschaft hat in ihrem Bewußtsein noch etwas bewahrt von dieser Tatsache, indem sie das Embryonalleben nach Mondmonaten zählt und davon spricht, daß es zehn Mondmonate in Anspruch nehme.

Um dies zu verstehen, müssen wir eine andere Textstelle Rudolf Steiners beiziehen:

Das Mondlicht wird als solches differenziert, je nachdem der Mond an diesem oder jenem Tierkreisbilde vorübergeht.

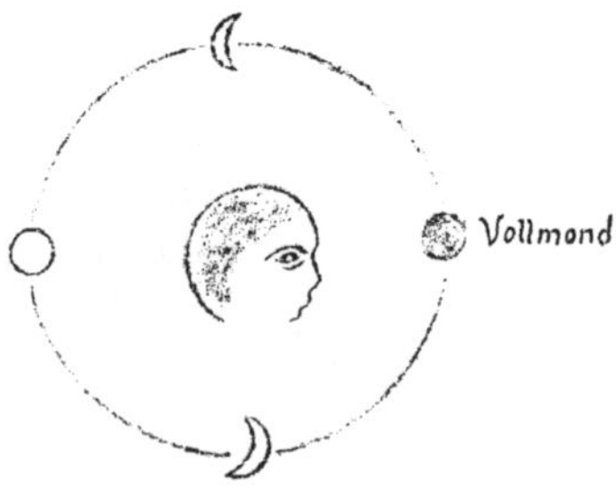

Denken Sie sich nun, was ich hier schematisch gezeichnet habe, in der richtigen Zeitlage der menschlichen Entwicklung, das heißt, denken Sie sich, durch irgendwelche Vorgänge setze sich fest in einem mütterlichen Leibe der Geistkeim des Menschen, der zunächst herüberkommt aus der Entwicklung zwischen dem Tod und einer neuen Geburt. Während dieser Zeit wirkt der Mond auf den Keim. Dann haben Sie, zunächst durch die Wirkung des Mondes, natürlich im Zusammenhange mit den anderen Weltenkörpern, vom Kosmos hereinbewirkt die Konfiguration des menschlichen Kopfes im mütterlichen Leibe. Die Konfiguration des menschlichen Kopfes geschieht durchaus vom Monde her.

Wenn Sie dasjenige, was wir so besprochen haben, ins Auge fassen, haben Sie eigentlich im Menschen zwei einander entgegengesetzte Zustände: Einen kosmischen Zustand, kosmische Wesenheit, und eine Erdenwesenheit. Die kosmische Wesenheit wirkt eigentlich so, daß der Mensch zunächst aus dem Kosmos heraus einen ganz runden Kopf kriegen würde. Nur dadurch, daß ihn einmal das Sonnenlicht durch den Mond anschaut, wird das Antlitz gebildet; dadurch, daß sich das Sonnenlicht abwendet, wird die Grundlage geschaffen für den Hinterkopf. Es wird differenziert, was sich kugelförmig aus dem Kosmos heraus bildet. Wenn der gute Mond nicht wäre und den menschlichen Kopf konfigurieren würde, würde der Mensch als ganz unkonfigurierte Kugel geboren werden.

Aus diesen Zitaten läßt sich erfühlen, wie das, was wir im Vorgeburtlichen erlebt haben an kosmischen Wirkungen, nachklingt, weiterwirkt, nachdem wir begonnen haben, ins physische Erdenleben einzutreten. Dabei dürfen wir nicht außer acht lassen, daß in der Mondensphäre ja die unerfüllten Taten unseres früheren Erdenlebens als neues Karma abgelegt wurden, das wir nun – auch in der Gestaltung des Kopfes bis in seine tiefsten Tiefen – wieder in unser neues Leben mitnehmen.

In die nächste Zeit, von der Geburt bis zu dem Zeitpunkt, da das Kind beginnt «ich» zu sich zu sagen, wirkt wieder ein Ereignis aus der vorgeburtlichen Zeit herein, ein Ereignis von viel größerem Ausmaß als die bisher betrachteten.

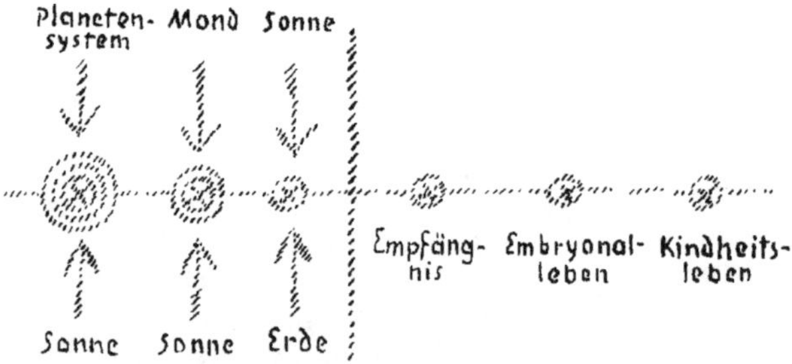

Was wir dann ins Auge fassen müssen, ist zunächst die Zeit zwischen der Geburt und jenem oftmals erwähnten, wichtigen Zeitpunkte des Menschenlebens, wo wir beginnen, unser Ich-Bewußtsein zu entfalten, wo wir anfangen, in bewußter Weise zu uns «Ich» zu sagen. Wir können es das eigentliche Kindheitsleben nennen. Diese Zeit, die wir da zubringen, die erste Kindheit – meinetwillen nenne man es das Säuglingsleben – ist wieder eine Spiegelung eines Vorganges, der nun noch weiter zurückliegt im Geistigen. Der reale Vorgang, der sich spiegelt in der Zeit, wo wir anfangen zu lallen, ohne daß wir das Sprechen mit dem Ich-Bewußtsein in Beziehung bringen, ist eine Spiegelung eines vorgeburtlichen Vorganges, der noch weiter in den Kosmos hinausreicht. Und zwar wirken da zusammen, wir können sagen, die Sonne und die gesamte Planetenwelt, welche zur Sonne gehört, also die Sonne und ihre Planeten rings um sie herum, mit Ausnahme des Mondes. Die Kräfte, die zwischen der Sonne und ihren Planeten spielen, wirken herein in unser Leben zwischen dem Tode und einer neuen Geburt, und dieses, was da lange vor unserer Geburt entsteht, spiegelt sich in dem Leben, das wir in den allerersten Kindesjahren zubringen.

> Was die nachtodliche Seele erlebte, nachdem sie das Kamaloka – die Mondensphäre – hinter sich gelassen hat und durch die Planetensphären bis zum Saturn gewandert ist, das alles «spiegelt» sich in der ersten Zeit nach der Geburt im Menschen. Spiegeln ist nicht das richtige Wort: es wirft seine Wirkung in diese Zeit als Anlage, die entfaltet, realisiert werden muß.

Der Mensch kommt in der Tat als Spiegelbild zur Welt, und er muß sich erwerben das Festmachen, das Realwerden dieser Spiegelung. Das ist eben seine Entwicklung zwischen der Geburt und dem Tode. Das, was heraus will, müssen wir möglichst wenig stören. Heraus kommen die Spiegelbilder der Vorgänge, die wir uns schon vor der Geburt aus dem Kosmos heraus erworben haben. Aber durch unser Einwirken müssen wir das, was da als Spiegelbild herauskommt, zur Realität befestigen, und insofern wir es zur falschen Realität befestigen, also korrigieren wollen, insofern können wir es stören. Aber es ist etwas Außerirdisches.

> Es ist dies die Zeit im Erdenleben, in der der Mensch noch gleichsam «kosmisch» ist.

Das ist auch dasjenige, was den Anblick des Kindes zu einem so zauberhaft befriedigenden macht, weil das Kind umspielt ist in seiner Aura von den Kräften, von denen der größte Teil benützt wird zum Gehenlernen, von jenen Kräften, die hineinleuchten noch in dasjenige, was der Geburt vorangegangen ist. Und in dieser Beziehung kann für die hellseherische Betrachtung in der Tat das Kind, auf dessen Antlitz sich ausdrückt Unschuld und Weltunerfahrenheit, in seiner Aura ausdrücken etwas, was wahrhaftig interessanter ist als dasjenige, was sich in der Aura vieler Erwachsener ausdrückt. Die im Geistesland durchgemachten Kämpfe, die vorausgegangen sind der Geburt und das Schicksal bestimmen, die machen dasjenige, was aurisch das Kind umspielt, zu etwas ungeheuer Großem und Weisheitsvollem.

Die nächste Zeitepoche der Menschwerdung beginnt zu dem Zeitpunkt, da wir beginnen, «ich» zu uns zu sagen, und endet, wenn der Mensch aus der Erziehung in die Welt entlassen wird.

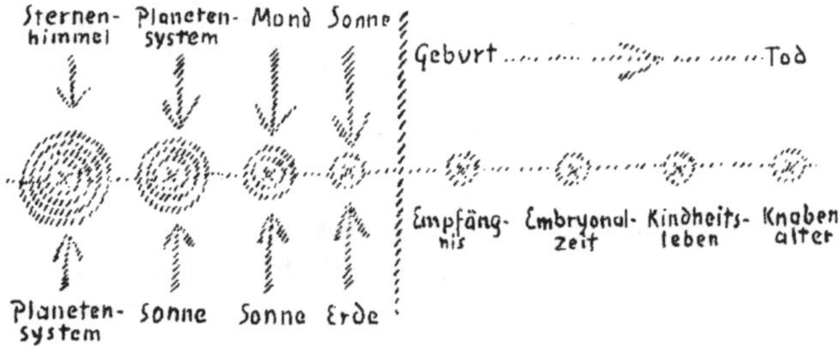

AUCH DIES IST eine Spiegelung, äußerlich durchaus Maja, und zwar eine Spiegelung wiederum von Vorgängen, die vorher liegen. Die realen Wirklichkeiten liegen nun wieder zwischen dem Tode und einer neuen Geburt. Und zwar wirkt hier zusammen das vollständige Planetensystem von der Sonne bis hinauf zum Saturn, oder, wenn Sie nach der neueren Astronomie wollen, bis zum Neptun. Also das ganze Planetensystem wirkt hier zusammen mit dem gesamten Sternenhimmel, und was sich da abspielt zwischen dem Sternenhimmel und dem gesamten Planetensystem, das sind Kräftc, die in uns tätig sind in der Zeit, in der wir erzogen werden.

Bei der Darstellung des Durchganges durch die Tierkreissphäre haben wir gesehen, wie die Planeten in die Tierkreisbilder zu «sprechen», einzuwirken beginnen, damit wir in der richtigen Art den Geistkeim unseres physischen Leibes aufbauen können. Aus den Konsonanten des Tierkreises und den Vokalen der Planeten entsteht das Weltenwort, das zu uns gehört. Dies wirkt nun in der Zeit, da wir als Jugendliche «erzogen» werden.

Noch in anderer Weise kann eine Verbindung zwischen der Inkarnation und der Entwicklung von Erde und Mensch hergestellt werden.

Embryonalleben:	Wiederholung der Vorgänge auf dem alten Mond
Säuglingsleben:	Wiederholung der Vorgänge auf der alten Sonne
Jugendleben:	Wiederholung der Vorgänge auf dem alten Saturn
Erwachsenenleben:	Wiederholung der Vorgänge vor der Saturnzeit

Das Korrelat von dem, was wir bis zum Ende unserer Erziehung erleben, davon könnte man sagen, man sieht es doch noch. Die äußersten Sterne, die noch sichtbar sind, haben noch Beziehung dazu. Aber das, was wir dann noch erleben, was dann noch in uns gebildet werden kann, gehört gänzlich der unsichtbaren Welt an. Aus aller sichtbaren Welt werden wir entlassen, wenn wir unsere Erziehung wirklich vollendet haben.

Der Mensch, der nach der Saturnspiegelung in seiner Entwicklung frei in die Welt entlassen ist, und der in seiner Seele keine Vorstellung hat von einer übersinnlichen Welt, der ist nicht in dem Elemente, zu dem er eigentlich berufen ist, sondern er wird mitgenommen von den unsichtbaren Kräften, wie der Harlekin, die Marionette mitgenommen werden von den Kräften, welche in den Fäden, an denen man zieht, vorhanden sind.

Geschlecht

Zunächst ist die Frage zu klären, warum es heute überhaupt ein weibliches und männliches Geschlecht gibt. Steiner zufolge war dies vor dem sogenannten Sündenfall, in jenem Erdzustand, den er Lemurien nennt, nicht so.

Würde nur das Weibliche einwirken, dann wäre die Fortentwicklung so geschehen, daß das Kind im allerhöchsten Maße den Vorfahren ähnlich wäre. Immer nur ganz gleichgestaltete Wesen würden entstehen. Das Generelle, das Gleichartige rührt vom weiblichen Element her. Erst durch die Geschlechtertrennung ist es möglich geworden, daß sich die menschliche Individualität entfalten kann. Denn das, was bewirkt, daß der Nachkomme Verschiedenheiten von seinen Vorfahren aufweist, das ist der Einfluß des Mannes. Das männliche Element spezialisiert; im weiblichen wird die Gattung erhalten, es reproduziert das Gleichartige; das Männliche, das gibt die Individualität.

Das bedeutet aber auch, daß die Erlebnisse des Mannes sich von denen der Frau unterscheiden, daß somit auch die Erfahrungen eines Erdenlebens verschieden verarbeitet werden und sich im nachtodlichen Erleben in unterschiedlicher Art auswirken.

Der Ausgleich zwischen Mann und Frau findet ja erst auf dem Gebiete des geistigen Zusammenlebens statt. Je tiefer wir nun hinuntersteigen in das bloß Seelische und in das Äußere des Menschen, desto größer wird der Unterschied zwischen Mann und Frau in Bezug auf ihr Leben. Und so können wir sagen, daß die Frau auch in gewissen Eigenschaften der Seele verschieden ist vom Manne, daß sie mehr neigt zu jenen Eigenschaften der Seele, die zu Impulsen führen, welche als emotionelle bezeichnet werden müssen; und wir finden sie dazu veranlagt, mehr als der Mann psychische Erlebnisse zu haben. Dafür sind im Leben des Mannes Intellektualismus und Materialismus – dasjenige also, was durch den Mann gekommen ist – mehr zuhause, was auf das Seelenleben einen großen Einfluß hat. Psychisches und Emotionelles bei der Frau, intellektuelle und materialistische Momente beim Mann, so werden sie durch ihre Naturen geradezu bestimmt. Daher hat nun auch die Frau gewisse Nuancen des Seelenlebens dadurch, daß sie Frau ist.

Und dadurch, daß die Frau solche Eindrücke aufnimmt, welche mit dem Psychismus, mit dem Emotionalismus zusammenhängen, nimmt sie in tiefere Seelengründe hinein auch die Erfahrungen des Lebens. Der Mann mag reichere Erfahrungen machen, auch wissenschaftlichere: So tief gehen bei ihm die Erfahrungen nicht in das Seelenleben hinein, wie es bei der Frau der Fall ist. Bei der Frau prägt sich die ganze Erfahrungsumwelt tief ein in die Seele. Dadurch haben die Erlebnisse eine stärkere Tendenz, in die Organisation hineinzuwirken, die Organisation in der Zukunft stärker zu umklammern. Und so nimmt ein Frauenleben die Tendenz auf, durch ihre Erlebnisse in einer Inkarnation tief in den Organismus hineinzugreifen und damit in der nächsten Inkarnation den Organismus selber zu gestalten. Ein tiefes Hineinarbeiten, ein tiefes Durcharbeiten des Organismus bedeutet nun aber: einen männlichen Organismus hervorbringen. Ein männlicher Organismus wird dadurch hervorgebracht, daß die Kräfte der Seele sich tiefer in das Materielle hineinprägen wollen. Daraus sehen Sie, daß aus den Frauenerlebnissen einer Inkarnation die Wirkung hervorgeht, in der nächsten Inkarnation einen männlichen Organismus hervorzubringen.

In gleicher Art wird beschrieben, wie die Erlebnisse eines Mannes in der nächsten Inkarnation nach einem weiblichen Organismus rufen.

Wenn wir in diesem Leben als Mann oder Frau Erfahrungen sammeln, dann ist es möglich, in einem künftigen Leben in das andere Geschlecht inkarniert zu werden. Nun wissen wir aus eigener Erfahrung, daß es Männer und Frauen gibt, die ihre Geschlechtlichkeit anders oder gar nicht ausleben. Und es ist zu erwarten, daß aus diesem Zwiespalt heraus der physische Organismus in einem zukünftigen Leben nicht eindeutig gewählt werden kann. So gesehen hat Homosexualität nicht nur mit diesem Leben zu tun; ihre Wurzeln reichen viel tiefer, in vergangenen Erdenleben.

Elternpaar

Schon einige Male haben wir die Suche eines geeigneten Elternpaares durch die sich zur Geburt anschikkende Seele betrachtet. Wir wissen, daß ein erstes Suchen schon in der Weltenmitternacht erfolgt, Jahrhunderte, bevor das Elternpaar selber geboren wird. An der Erbströmung – um die es ja hier geht – arbeitet jedoch nicht nur die zur Geburt drängende Seele, sondern auch alle, die vor ihr in diese Strömung hinein inkarniert werden – Urahnen, Großeltern und zuletzt Eltern. So wird begreiflich, daß diese Erbströmung in den seltensten Fällen dem entspricht, was der Suchende erstrebt.

Heute sind wir noch nicht in der Lage, selber ein Elternpaar zu suchen.

Bei diesem Suchen wirken Wesenheiten, die den Ätherleib an den astralischen Leib angliedern und die ähnlich dem sind, was man oft Volksgeister nennt. Das ist nicht dieses unfaßbare Abstraktum, als was der Volksgeist gewöhnlich angesehen wird; es ist für den geistigen Beobachter der Welt etwas so Wirkliches wie unsere Seele, die in unserem Leibe verkörpert ist. So hat ein ganzes Volk gemeinschaftlich zwar nicht einen physischen Leib, wohl aber einen Astralleib und die Ansätze zu einem Ätherleibe. Es lebt wie in einer astralischen Wolke, und das ist der Leib für den Volksgeist. Das sind die Lenker der Ätherbildungen um den Menschen herum, und so hat der Mensch sich nicht mehr selbst in der Gewalt.

Nicht immer kann ein Elternpaar gefunden werden, das ganz genau zu dem Menschenkeim paßt; es kann immer nur das am besten passende herausgesucht werden. Und ebenso wenig kann ein physischer Leib gebaut werden, der ganz genau zu dem Ätherleib des Menschenkeimes paßt. Eine völlige Harmonie kann es nie geben. Daher rühren die Zwiespalte im Menschen zwischen Seele und Körper.

Rudolf Steiner hat diesen Satz 1906 formuliert, lange vor der Erfindung der Pille und der Möglichkeit, Kinder nur dann zu bekommen, wenn man sie wünscht, lange auch vor der Zeit, da durch die modernen Kriege Millionen von Menschen, die Väter oder Mütter hätten werden können, in jungen Jahren starben. Gleichzeitig vermehrt sich laut Statistiken die Erdbevölkerung ständig.

So stellt sich die für die heutige Zeit die ganz dringende Frage: Was geschieht mit Menschenseelen, die sich inkarnieren wollen, die sich vor langer Zeit eine Kultur, ein Volk, ein Elternpaar ausgesucht haben und nun vor der Tatsache stehen, daß dank der neuen Medizin die ausgesuchten Eltern wunschgemäß keine Kinder bekommen oder daß die für sie bestimmten Eltern gestorben sind?

Ist es nicht vorstellbar, daß zur Geburt drängende Seelen, die in diese Situation geraten, sich irgendwo auf der Welt ein Elternpaar suchen, in einem Volk, in einer Kultur, die ihren Bedürfnissen überhaupt nicht entspricht? Und daß diese Menschen später, durch welche äußeren Umstände auch immer, in das Land emigrieren, das sie sich ursprünglich ausgesucht haben? Fragen, die nicht leicht zu beantworten sind.

Rückblick und Zusammenfassung

Wenn wir im Geiste noch einmal den Weg durch die nachtodliche Welt gehen, können wir versuchen, ihn wie folgt zusammenzufassen.

Von jenseits der Todesschwelle aus betrachtet ist das Todeserlebnis, «das befriedigenste, vollkommenste Ereignis», das uns im nachtodlichen Leben unser Ich-Bewußtsein gibt.

Indem wir durch dieses Todeserlebnis hindurchblikken in die Welt, die wir verlassen haben, erkennen wir, daß unser Tod dort eine «Lücke oder Leere» hervorgerufen hat, die uns immerfort auffordert, sie wieder zu füllen, in eine neues Leben auf Erden zurückzukehren.

Unsere erste Begegnung nach dem Durchschreiten der Todespforte sind Geistwesen, die wir selber geschaffen haben. Im Bereich des Ätherischen begegnen wir Geistwesenheiten, die unsere im Erdenleben gedachten Gedanken ausdrücken (nicht alle: jene Gedanken, die sich ausschließlich mit Irdisch-Materiellem befaßten, bleiben im Irdischen zurück). Wir «schauen» sie eine bestimmte Zeit an, bis sie gewissermaßen uns voraus enteilen, um bei der Rückkehr zur nächsten Inkarnation auf uns zu warten. Dann löst sich unser Ätherleib im allgemeinen Weltenäther auf.

Im astralischen Bereich begegnen wir Geistwesen, die aus unserem irdischen Fühlen, fühlendem Wollen und Tun entstanden sind. Da bedrängen uns nun vor allem jene Geistwesen, die aus Unterlassungen, schlechten Taten usw. entstanden sind; sie zeigen uns jedoch nicht unsere Taten, sondern deren Resultat und sie lassen uns lebhaft mitfühlen, was wir falsch getan oder unterlassen haben. Aus dieser Erkenntnis entsteht in uns der Wunsch, dies im nächsten Leben wieder gutzumachen, und dieser Wunsch wird in den verschiedenen Planetensphären «gespeichert». Wir nehmen ihn wieder in uns auf, wenn wir zurückkehren. Bei Menschen, die wegen der Schwere der Verfehlungen nicht in der Lage sind, alles aufzulösen, bleibt ein gewisser Teil des Astralleibes zusammen und schwebt als «Phantom» für eine gewisse Zeit in der Astralwelt. Bei den übrigen Seelen-Menschen löst sich der restliche Astralleib in der allgemeinen Astralphäre auf.

Neben den Geistwesen, die wir selber geschaffen haben, begegnen wir auch Menschenseelen, die vor uns gestorben sind und mit denen wir im vergangenen Leben eng verbunden waren, sowie Geistwesen aus den Hierarchien der Angeloi, Archangeloi und Archai.

Wie aber können wir diese Wesen in der Astralwelt wahrnehmen? Wir haben ja keine Augen oder andere Sinnesorgane. Es mag überraschen, daß sehr viele Menschen in diesem Leben hier immer wieder etwas ganz ähnliches erleben, nämlich dann, wenn sie «eine Idee» haben. Man sagt dabei oft, sie habe «wie ein Blitz» eingeschlagen, man sieht die Idee bis ins Detail vor sich stehen, und doch «sieht» man sie nicht mit Augen. Wie wir erfahren haben, stehen wir in diesen Augenblicken mit der vierten Stufe der Geistwelt in Verbindung.

Nach dem Abfallen des Äther- und des Astralleibes verbleiben dem Ich nur noch die *Essenzen* des physischen Leibes, des Äther- und des Astralleibes, gewissermaßen wie «Keime», wie Erinnerungen an das Gewesene. Damit tritt das Ich in die eigentliche Geistwelt über.

Wir haben gesehen, wie in dieser Geistwelt das Ich den neuen physischen Geistleib in Zusammenarbeit mit den Wesen der höchsten Hierarchien formt und gestaltet – der eine kann dabei mehr mithelfen, beim anderen sind es praktisch nur die Hierarchie-Wesen, die arbeiten. Wir haben auch gesehen, wie dieser physische Geistleib zuerst riesengroß ist und sich dann immer mehr zusammenzieht, während er sich wieder der Erde, dem zukünftigen Elternpaar nähert; wie dieses Ich mit den Essenzen und dem physischen Geistleib beim Heruntersteigen einen astralischen Leib aus der allgemeinen Astralmaterie an sich zieht und sich damit auch die in den Planetensphären zurückgelassenen astralischen «Versprechen» einer Wiedergutmachung einverleibt; wie später dieses Geistwesen in einen Schlaf versinkt, damit andere Geistwesen ihm einen Ätherleib bilden können – da wir in der Entwicklung noch nicht so weit fortgeschritten sind, daß wir dies selber zu tun vermögen.

Wir haben aber auch feststellen müssen, daß Steiner über die genauen Verhältnisse bei der Rückkehr relativ wenig Angaben macht, das trifft besonders auf den Durchgang des Ich durch die «Unterwelt» zu: hier bleibt noch viel zu forschen.

Diese «Geistkugel», ein Abbild der geistigen Welt, die nun auch einen neuen Astralleib und einen neuen Ätherleib enthält, senkt sich kurz nach der Empfängnis des neuen Menschen in die sich bildende physische Kopfgestalt im Mutterleib, die aus der Vererbungsströmung gebildet wird. Und schließlich haben wir gesehen, daß noch Jahrzehnte nach der Geburt, bis zum Erwachsenenalter, Geistwesen dem Menschen in seiner Entwicklung beistehen.

Als letztes gilt es noch einen «Spezialfall» der heutigen Zeit zu betrachten, der wegweisend ist für unsere zukünftige Entwicklung und unser Leben nach dem Tode.

Die aufeinanderfolgenden Inkarnationen vollziehen sich also mit jedesmal völlig neuen Ätherleibern, und das ist der Grund, warum die Physiognomie und die Leibesform von einer Inkarnation zur anderen derart wechseln. Sie hängen nicht vom Willen des Individuums ab, sondern von seinem Karma, von seinem Gefühlsleben und seinen unbewußten Willenstrieben.

Ganz anders verhält es sich bei einem Geistesschüler, der eine Einweihung durchmacht. Er entwickelt seinen Ätherleib schon hier unten in der Weise, daß er ihm Dauer verleiht und ihn befähigt, nach dem Tode in das

Devachan einzutreten. Er ist genügend fortgeschritten, um schon hier auf der Erde im Schoß seiner Ätherkräfte den Lebensgeist zu erwecken, der eines seiner drei unvergänglichen Wesensglieder bildet. Dieser zum Lebensgeist umgewandelte Ätherleib wird im Sanskrit Budhi genannt. Hat der Schüler diesen Lebensgeist erlangt, hat er es nicht mehr nötig, zwischen zwei Inkarnationen seinen Ätherleib vollständig umzubilden. Er verbringt dann eine wesentlich kürzere Zeit im Devachan. Daher zeigt er von einer Inkarnation zur anderen dieselbe Grundveranlagung, das gleiche Temperament, den gleichen Grundcharakter. Wenn der okkulte Meister es dazu gebracht hat, nicht nur seinen Ätherleib, sondern auch noch seinen physischen Leib bewußt zu lenken, entsteht ebenfalls ein geistiges Wesensglied, das man im Sanskrit Atma nennt, das heißt Geistesmensch. Auf diesem Grade angekommen, behält der Eingeweihte bei jeder Inkarnation auf der Erde die Züge seiner physischen Erscheinung bei. Er bewahrt sein Gesamtbewußtsein beim Übergang vom Erdenleben zum himmlischen Leben und von einer Inkarnation zur anderen. Daher stammt die Legende von den Eingeweihten, die tausend oder zweitausend Jahre leben. Das heißt, daß es für sie weder ein Kamaloka noch ein Devachan gibt, sondern ein durchgehendes Bewußtsein jenseits von Toden und Geburten.

Kapitel III: Hindernisse auf dem Weg durch die nachtodliche Welt

Das vorangehende Kapitel zeigt den Weg durch die nachtodliche Welt, wie er von einem Menschen gegangen werden kann, der alle Vorbedingungen dazu erfüllt. Es ist begreiflich, daß dies nur sehr wenige Menschen tun können; denn noch sind wir nicht reif dafür, noch haben wir viel vergangenes Karma abzutragen.

In diesem Kapitel sollen die Hindernisse aufgezeigt werden, die sich vor uns auftürmen. Diese Hindernisse sind eng mit vergangenem Karma und damit vergangenen Erdenleben verknüpft. Ihre ausführliche Darstellung würde den Umfang dieses Buch sprengen. Deshalb werden diese Hindernisse nur skizzenhaft dargestellt.

Hindernisse in der Merkursphäre

In Kapitel II haben wir gesehen, daß eine moralische Stimmung wesentlich ist, um im nachtodlichen Leben in richtiger Weise fortzuschreiten. Ein unmoralische Leben bewirkt eine ganz anderer Art der Begegnung mit den Wesen in der Merkursphäre.

Aber es ist ein Unterschied, wie wir leben mit den Wesenheiten, mit denen wir gelebt haben auf der Erde. Es ist ein Unterschied, je nachdem der Mensch eine moralische Seelenverfassung durch den Tod bringt oder ob er eine unmoralische Seelenverfassung hat. Wenn der Mensch unmoralisch gewesen ist im Leben, dann kommt er zwar zusammen mit seinen Familienangehörigen und Freunden, aber es ist immer durch seine eigene Wesenheit etwas geschaffen wie eine Mauer, durch die er nicht hindurch kann bis zu den anderen Wesen. Und es wird der Mensch mit einer unmoralischen Seelenverfassung nach dem Tode ein Einsiedler, ein einsames Wesen, das überall etwas wie eine Mauer um sich hat und nicht hinüber kann zu den Wesen, in deren Sphäre er versetzt ist. [...] Ob wir einsame oder gesellige Geister sind, das entscheidet sich nach unserer unmoralischen oder moralischen Seelenverfassung. Diese Entscheidung hat etwas sehr Wichtiges im Gefolge. [...] der unmoralische Mensch, der nach dem Tode ein Einsiedler, ein einsamer Geist wird, der arbeitet an der Zerstörung der ganzen Welt; der reißt ebensogroße Löcher aus der ganzen Welt heraus, so groß wie der Grad seiner Unmoralität, seiner Abgeschlossenheit ist. Die Wirkung der unmoralischen Taten eines solchen Menschen ist für ihn eine Qual, für die Welt eine Zerstörung.

Die Merkursphäre ist eine Sphäre, die größer ist als die Mondsphäre. Wenn wir uns in diese Sphäre hineinleben wollen nach dem Tode, so tun wir das als Menschen in der verschiedensten Weise. Der eine Mensch, [...] der unmoralisch oder moralisch niedrig gestimmt war, lebt sich in diese Merkursphäre in ganz anderer Weise ein als der Mensch, der moralisch gestimmt ist. Der erstere kann in dieser Merkursphäre [...] nicht diejenigen Menschen finden, welche mit ihm oder vor ihm oder bald nach ihm ebenfalls den physischen Plan verlassen haben und auch in der geistigen Welt sind. Also er lebt sich so in die geistige Welt hinein, daß er diejenigen, die ihm lieb waren, mit denen er zusammen sein möchte, doch nicht finden kann. Er wird ein Einsiedler der geistigen Welt, der Merkursphäre, der hier auf Erden unmoralisch gestimmte Mensch.

Wie ein völlig unmoralischer Mensch im nachtodlichen Leben weiterschreitet, schildert Rudolf Steiner nirgends.

Die moralische Seelenverfassung hat also eine große Bedeutung schon nach den ersten Zeiten im Kamaloka; sie entscheidet unser Schicksal auch für die nächste Zeit, die man die Venus-Zeit nennt.

Allerdings wird man kaum einem durch und durch unmoralischen Menschen begegnen. Wenn man das eigene Leben betrachtet, wird man feststellen, daß es darin sowohl moralische als auch unmoralische Begebenheiten gibt. Mit anderen Worten: praktisch jeder Mensch wird im Zurückerleben in der Merkursphäre einerseits das Verbundensein mit den Menschen, die ihm auf Erden nahe gestanden haben, und dazwischen das einsame, qualvolle Leben des Einsiedlers erfahren.

Hindernisse in der Venussphäre

Wir haben in Kapitel II ebenfalls gesehen, daß eine richtige religiöse Gesinnung wichtig ist für die Verarbeitung dessen, was wir in der Venussphäre erleben. Was aber, wenn wir uns im physischen Leben keine religiöse Gesinnung erworben haben?

Das Abschliessen im Leben, das religiöse Abschließen im Leben macht uns zu Einsiedlern, zu ungeselligen Geistern. Wie wenn wir in eine Kapsel eingeschlossen wären, wie in einem Gefängnis fühlt sich eine solche unreligiöse Seele. Wir wissen zwar, daß außer uns die Wesen sind, aber wir sind wie in einem Gefängnis, in einer Kapsel, so daß wir nicht zu ihnen gelangen können. [...] Hier im Leben sind materialistische Vorstellungen ein Irrtum, im Reiche des Geistes sind sie eine Tatsache, nämlich die Tatsache, daß wir uns durch solche Vorstellungen, durch die wir uns hier im Physischen nur irrtümlich abschließen, uns dort im Geisterland einkerkern, uns zu Gefangenen machen unserer eigenen Astralität. – Wir entziehen uns die Anziehungskräfte in der Merkursphäre durch unmoralische Lebensverfassung; wir entziehen uns die Anziehungskräfte in der Venus-Sphäre durch irreligiöse Seelenverfassung; wir können die Kräfte, die wir brauchen, nicht herausbekommen aus dieser Sphäre, das heißt, wir bekommen dann in der nächsten Inkarnation einen in einer gewissen Art unvollkommenen astralischen Leib.

> Gerade die letzten Zeilen zeigen, daß diese Seelen zwar weiter durch das nachtodliche Leben wandern, allerdings ohne selber aktiv an der Neugestaltung des Geistkeimes des physischen Leibes mitwirken zu können.

Die verschiedenen Weltanschauungen sind fortlaufende Versuche, die Menschen da oder dort, dieser oder jener Nation, auf den verschiedensten Wegen zur Erkenntnis des Ewigen zu führen. Der Mensch muß durch den Buchstaben zum Geist vordringen, vom Dogma zur wahren, inneren Erkenntnis. Der Mensch wird immer in Versuchung kommen, in ein umgrenztes Buchstabenfeld verstrickt zu sein. Weil wir im Leben notwendigerweise ein Glied eines bestimmten Zeitalters sind, so müssen wir erst das ablegen, was unserer Zeit zum Dogma geworden ist, um zu der Wahrheit zu kommen, welche sich in allen Weltanschauungen und Religionen ausspricht. In der fünften Region treffen wir die Frommen, die Buchstabengläubigen aller religiösen Bekenntnisse, aller Weltanschauungen: buchstabengläubige Hindus, buchstabengläubige

Mohammedaner, buchstabengläubige Christen und auch Theosophen, die an den Buchstaben glauben.

Sie alle werden Einsiedler, wandeln im Nebel.

Hindernisse in der Sonnensphäre

Eine weitere Frage stellt sich in bezug auf Christus. Für das Erleben der Sonnensphäre ist es ja von Bedeutung, daß wir uns hier im physischen Leben in der richtigen Art mit ihm verbinden. Wir haben gewissermaßen «den Christus» mitzubringen, um ihn auf den von ihm verlassenen Thron zu setzen. Was geschieht nun aber, wenn wir dies unterlassen, wenn wir dem Geistigen gegenüber stumpf bleiben?

Und wenn eine solche Seele dann neuerdings durch die Pforte des Todes geht, dann ist sie eine rechte Beute für die luziferischen Mächte, dann tritt Luzifer gerade an solche Seelen heran. Und das Eigenartige ist, daß in dem nächsten Leben in der geistigen Welt, in dem auf das stumpfe und unaufmerksame folgende, solchem Menschen sehr wohl die Wesenheiten und Tatsachen der höheren Hierarchien beleuchtet werden, aber jetzt nicht durch das, was er sich im Erdenleben erworben hat, sondern durch das Licht, welches ihm Luzifer in seine Seele hineinträufelt. Luzifer beleuchtet ihm jetzt die höhere Welt, wenn er durch das Leben zwischen Tod und neuer Geburt durchgeht. Jetzt kann er zwar die höheren Hierarchien wahrnehmen, kann wahrnehmen, wenn sie ihm Kräfte reichen wollen. Aber daß Luzifer ihm das Licht dafür angesteckt hat, das gibt die besondere Nuance, die besondere Färbung; das macht alle Gaben dann von besonderer Art. Die Kräfte der höheren Hierarchien sind dann nicht so, wie der Mensch sie sonst hätte aufnehmen können, sondern sie werden so, daß er, wenn er ins nächste Leben eintritt, sich wohl seine Leiblichkeit formen und gestalten kann, aber er gestaltet sie dann so, daß er zu einem Menschen wird, der zwar jetzt der äußeren Welt und ihren Anforderungen gewachsen ist; aber in gewisser Beziehung ist dann ein solcher Mensch innerlich unzulänglich, weil er in seiner Seele durchsetzt und durchfärbt ist von Luzifers Gaben oder wenigstens von luziferisch gefärbten Gaben.

Wenn wir Menschen im Leben antreffen, welche ihre Leiblichkeit in der Weise zugearbeitet haben, daß sie ihren Verstand gut benutzen können, sich auch gewisse Geschicklichkeiten erwerben, durch die sie sich hochbringen können, es aber nur zu ihrem eigenen Vorteile tun, wenn sie ihre Gaben nur anwenden, um das zu erhaschen, was für sie und ihr Sein Bedeutung hat, wenn sie also recht rücksichtslos, trocken ihren Vorteil im Auge haben, wie es gerade in unserer Zeit recht viele Menschen gibt, dann findet der Seher sehr häufig, daß sie jene Vorgeschichte durchgemacht haben, welche eben charakterisiert worden ist. Sie wurden, bevor sie zu dem trockenen und verständigen und geschickten Leben gekommen sind, durch die Welt, welche zwischen dem Tode und der neuen Geburt verläuft, geführt von den luziferischen Wesenheiten; und diese konnten an sie herantreten, weil sie in der vorherigen Inkarnation stumpf und träumend durch das Leben gegangen waren.

Weitere schwere Hindernisse

Menschen, die sehr bequem oder gewissenlos lebten, haben nach dem Tode ein besonders schweres Schicksal.

Fassen wir zunächst einmal ins Auge Seelen, die wir zwischen Tod und neuer Geburt mit dem Seherauge schauen können in ihrer Beschäftigung. Da sehen wir – das ist wiederum für den Seher etwas Erschütterndes – viele Seelen, die eine gewisse Zeit zwischen Tod und neuer Geburt verurteilt sind, Sklaven zu werden der Geister, die da hereinsenden in das physische Leben Krankheit und Tod. Da sehen wir also Seelen zwischen Tod und Neugeburt, welche in das Sklavenjoch gespannt sind derer, die wir die ahrimanischen Geister oder die Geister der Hindernisse nennen, also derjenigen, die auf Erden am Tode schaffen, und derjenigen, die Hindernisse ins Leben bringen. Das ist ein hartes Los, das der Seher beobachtet bei manchen Seelen, wenn sie sich so in das Sklavenjoch beugen müssen. Wenn man solche Seelen dann zurückverfolgt bis ins Leben, das sie geführt haben, bevor sie durch die Pforte des Todes gegangen sind, so findet man, daß die Seelen, welche dienen müssen eine gewisse Zeit nach dem Tode den Geistern des Widerstandes, sich das durch die im Leben entwickelte Bequemlichkeit bereitet haben. Und die Sklaven der Geister von Krankheit und Tod haben sich das dadurch zubereitet, daß sie Gewissenlosigkeit vor dem Tode entwickelt haben. Da sehen wir also ein gewisses Verhältnis von Menschenseelen zu den bösen Geistern von Krankheit und Tod, den bösen Geistern der Widerstände.

Und als letztes Beispiel: Wie erleben Menschen die Zeit nach dem Tode, die hier auf Erden durch und durch Materialisten waren?

Wenn man einen rechten Materialisten, der dem Geiste gar keine Realität zuerkennt auf dem physischen Plane, nach dem Tode wieder auffindet, einen solchen Materialisten, der während seines Lebens gesagt hat: Das ist ja alles

Torheit, was ihr da über den Geist sprecht, eure Weisheit ist die reinste Phantasterei, die weise ich ganz von mir, ich lasse gar nichts anderes gelten als die Beschreibung dessen, was äußere Natur ist –, bei einem solchen Menschen, wenn er nach dem Tode getroffen wird, sieht man so reichlich Weisheit zuströmen, daß er sich gar nicht retten kann. Von überallher strömt ihm der Geist zu. In demselben Maße, als er hier nicht geglaubt hat an den Geist, in demselben Maße ist er dort überall von Geist umflutet. Jetzt tritt an ihn die Aufgabe heran, diese Weisheit in Lebenskräfte umzuwandeln, so daß er eine physische Realität schaffen kann in der nächsten Inkarnation. Er soll das, was er Realität genannt hat, heraus erzeugen aus dieser Weisheit, er soll diese Weisheit vermindern. Sie will sich aber von ihm nicht vermindern lassen, sie bleibt wie sie ist. Er bekommt es nicht fertig, Realität daraus zu machen. Die ungeheure Strafe des Geistes steht vor ihm, daß er, während er hier auf dem physischen Plan nur auf Realität gebaut hat in seinem letzten Leben, während er den Geist ganz geleugnet hat, er sich sozusagen vor dem Geist nicht retten kann und er nichts von diesem Geiste realisieren kann. Er steht immer vor der Gefahr, daß er gar nicht in die physische Welt wiederum hereinkommen kann durch Kräfte, die er selbst erzeugt. Er lebt fortwährend in der Furcht: Der Geist wird mich hereindrängen in die physische Welt, und ich werde dann ein physisches Dasein haben, das alles das verleugnet, was ich im vorhergehenden Leben als das Richtige anerkannt habe. Ich werde mich hereinstoßen lassen müssen von dem Geist in die physische Realität, ich werde es nicht selbst zu einer Realität bringen.

Das ist allerdings etwas Frappierendes, aber die Sache ist so. Um sozusagen in dem Geiste zu ersticken nach dem Tode und keine Realität, wie man sie allein verehrt hat vor dem Tode, in ihm zu finden, dazu ist der Weg der, vor dem

Tode ein rechter Materialist zu sein und den Geist abzuleugnen. Dann erstickt man oder ertrinkt man im Geiste.

Es ist wohl das schwerste Schicksal, das einen Menschen treffen kann: nicht mehr in ein neues Leben zurückkehren, nicht mehr ausgleichen zu können, was man falsch gemacht hat. Im nächsten Kapitel (S. 271) wird geschildert, wie die Wesen der höheren Hierarchien dank der Kräfte jung Verstorbener einen Ausgleich herbeizuführen vermögen. Ein weiterer Lichtblick besteht für solche Menschen in Zukunft: wenn eine sich inkarnierende Seele gewissermaßen ihr Karma, ihr eigenes Schicksal aufgibt, sich mit ihm verbindet und sein Schicksal auf sich nimmt, dann kann er erlöst werden.

Hinsichtlich «echter Materialisten» macht Steiner jedoch eine Einschränkung:

Dieses Suchen nach dem Geist ist in jedem Menschen veranlagt, wenn auch nicht alle Menschen das zugeben wollen. Sogar in den schlimmsten Materialisten lebt ganz tief im Unterbewußtsein die Sehnsucht nach dem Geiste. Sie können aber nicht zu dieser Erkenntnis gelangen, weil sie nach physischen Beweisen für geistige Angelegenheiten suchen.

Ein Beispiel aus der Praxis kann dies belegen. Ein hochspezialisierter Naturwissenschaftler erklärt in einer Diskussion, daß es gemäß seiner Gehirnuntersuchungen keine menschliche Freiheit und Selbständigkeit gebe; er vermag seine These auch zu untermauern. In einem vertraulichen Gespräch zeigt sich hinterher, daß er in jungen Jahren ein Nahtod-Erlebnis hatte, das er nie einordnen konnte und deshalb verdrängte und ablehnte und vor allem durch seine Forschungen zu widerlegen suchte. Die Geistwelt hat bei seiner Seele angeklopft; aber es war ihm nicht möglich, sein Inneres zu öffnen.

Die vorangegangenen Ausführungen zeigen, durch welches Verhalten und welchen Charakter ein Mensch sich große Schwierigkeiten in der nachtodlichen Welt bereitet. Bei der Beurteilung diesbezüglich ist jedoch allergrößte Vorsicht am Platz.

Und bei vielen ist es so, daß dasjenige, was sich als Abneigung im Oberbewußtsein herausstellt, Neigung ist im Unterbewußtsein. Dadurch, daß jemand im Oberbewußtsein dies oder jenes äußert, braucht er noch nicht ebenso zu fühlen und zu empfinden, wie er sich äußert. Nach dem Tode erleben wir nicht bloß die Nachwirkungen dessen, was in unserem Oberbewußtsein, in unserem Ich-Bewußtsein ist. Wer das glaubte, würde die Verhältnisse nach dem Tode ganz falsch ansehen. Wir haben oft betont, wie der Mensch zwar physischen Leib und Ätherleib mit dem Tode abstreift, aber Wünsche, Sehnsuchten und so weitet bleiben. Doch es bleiben nicht nur die Wünsche und Sehnsuchten, von denen der Mensch etwas weiß, sondern auch die, welche in seinem Unterbewußtsein sind und von denen er nichts weiß, die er vielleicht bekämpft, gegen die er wütet. Diese sind nach dem Tode oft viel stärker und intensiver, als sie im Leben sind. Im Leben zeigt sich eine gewisse Disharmonie zwischen Astralleib und Ich in einem Sich-Ödefühlen, Sich-Unbefriedigtfühlen und so weiter. Nach dem Tode gibt gerade das astralische Bewußtsein den ganzen Charakter der menschlichen Seele an, das ganze Gepräge, wie der Mensch ist. Was wir in unserem Oberbewußtsein ausleben, ist nicht einmal von so großer Bedeutung wie alle die verborgenen Wünsche,

Begierden, Leidenschaften, die in den Seelentiefen vorhanden sind und von denen das Ich oft gar nichts weiß.

Es geht dabei auch gar nicht bloß um sogenannte «Materialisten», wie die nachfolgend Ausführungen Steiners zeigen.

Ich finde eigentlich zwischen Leuten, die sich oftmals Materialisten nennen, und solchen Leuten, die sich in gewissen kleinen sektiererischen Kreisen, sagen wir, Theosophen nennen, keinen so hervorragenden Unterschied. Denn die Art und Weise, wie die einen den Materialismus und die anderen die Theosophie beweisen, unterscheidet sich gar nicht so wesentlich. Denn wenn man mit einem Denken, das ganz vom Gehirn abhängt, die Theosophie beweisen will, dann ist eben die Theosophie materialistisch. Es kommt nicht darauf an, was man für Worte ausspricht, sondern ob man Geist ausspricht. Wenn ich mit so manchem theosophischen Gefasel den Haeckelismus vergleiche, so ist der Geist bei Haeckel, während die Theosophen von dem Geiste so reden, als sei er Materie, aber nur verdünnt. Es kommt eben nicht darauf an, daß man über den Geist redet, sondern daß man mit Geist redet. Man kann auch geistvoll über das Materielle reden, das heißt, man kann auch mit beweglichen Begriffen über das Materielle reden.

Kapitel IV: Todeszeitpunkt im Leben des Menschen

Rudolf Steiner macht hinsichtlich des Durchganges durch die nachtodliche Welt einen großen Unterschied, ob jemand vor dem 35. Lebensjahr oder danach gestorben ist.

Sehen Sie, es ist ja so, daß wirklich die einzelnen Abschnitte, die ich angegeben habe für das physische Leben, für dieses Leben eine große Bedeutung haben. Ich habe die Lebensabschnitte angegeben: den ersten bis zum siebenten Jahre, bis zum Zahnwechsel, dann bis zum vierzehnten Jahre, zur Geschlechtsreife, dann bis zum einundzwanzigsten Jahre und so weiter, von sieben zu sieben Jahren. Und wenn Sie das ernst nehmen, was in diesen Unterscheidungen des dahinfließenden Lebens liegt, so ist uns ja das fünfunddreißigste Jahr ein wichtiger Lebensabschnitt. Bis dahin sind wir sozusagen in einer Art von Vorbereitung, während wir später die Vorbereitung beendet haben und das Leben mehr aufbauen auf Grundlage dessen, was bis zum fünfunddreißigsten Jahr vorbereitet wurde. Dieses fünfunddreißigste Lebensjahr hat eine sehr große Bedeutung. Bis dahin dauert zwar nicht gerade das körperliche, aber das seelische Wachstum bei einem Menschen, der nun wirklich seelisch wächst. Dann muß entschieden betont werden, daß manches von dem, was Reifezustand des Lebens ist, erst nach dem fünfunddreißigsten Lebensjahr gewonnen werden kann. Nun, wenn wir aber dieses fünfunddreißigste Lebensjahr von einem anderen Gesichtpunkte betrachten, dann wird es uns noch bedeutsamer erscheinen. Sehen Sie, wenn wir diese siebenjährigen Lebensepochen uns vor die Seele führen, haben wir zunächst bis zum siebenten Jahre die Ausbildung des physischen Leibes, bis zum vierzehnten Jahre die Ausbildung des Ätherleibes. Vom vierzehnten bis zum einundzwanzigsten Jahr gliedert sich, gestaltet sich aus dasjenige, was wir den Astralleib nennen, dann die Empfindungsseele bis zum achtundzwanzigsten Lebensjahr, die Verstandes- oder Gemütsseele bis zum fünfunddreißigsten Jahr, und dann weiter die Bewußtseinsseele bis zum zweiundvierzigsten Jahr. Und dann kommen wir zum Geistselbst, was eine Art Zurückentwicklung an dem Astralleib ist, und so weiter. Die weiteren Lebensepochen verlaufen nicht in siebenjährigen Perioden, sondern unregelmäßig. Da wird es in der Zukunft erst zu einer Regelmäßigkeit kommen. Abgesehen von dem, was die Erziehung sündigt, geht es aber bis zum fünfunddreißigsten Jahr mit einer ziemlichen Regelmäßigkeit.

Mir dem 35. Lebensjahr beginnen wir die Bewußtseinsseele auszubilden, jenes Wesensglied des Menschen, das die Menschheit insgesamt seit dem 15. Jahrhundert ausbilden muß. Mit der Entwicklung der Bewußtseinsseele aber werden wir auch selbständige Einzelpersönlichkeiten. Steiner hat verschiedentlich auf diese Entwicklung hingewiesen; darauf kann hier nicht weiter eingegangen werden. Wichtig ist, daß der Tod vor oder nach dem 35. Lebensjahr das nachtodliche Leben verschieden beeinflusst. Markant ist vor allem der Unterschied bei jung Verstorbenen.

Das hängt damit zusammen, daß man in der ersten Lebenshälfte in einer gewissen Weise der geistigen Welt noch nähersteht als in der zweiten Lebenshälfte. [...] Das ganze Leben verläuft nämlich so, daß, je länger man im physischen Leibe lebt, man sich desto mehr von der geistigen Welt entfernt. Ein Kind von einem Jahr steht der geistigen Welt noch sehr nahe. Es verläßt den physischen Plan und ist schnell drinnen in der geistigen Welt. [...] Das bedingt, daß ein Sterben in sehr jugendlichem Alter damit verbunden ist, schon bei dem Tableau, das man da durchlebt, anderes zu erleben, als der erlebt, welcher in späterem Alter stirbt. Und da ist das fünfunddreißigste Lebensjahr eine wichtige Grenze.

Wenn man vor dem fünfunddreißigsten Lebensjahr stirbt, dann erlebt man zunächst das Lebenstableau, dann geht man das Leben durch die Nächte zurück. Aber während dieser Rückschau auf das vergangene Leben sieht man wie von «hinter dem Spiegel», wie wenn man durch das Lebenstableau durchsehen würde, die geistige Welt, die man verlassen hat, indem man geboren worden ist. Die Perspektive geht noch hin auf die geistige Welt. [...] Das ist etwas von dem, was einem jetzt gerade so besonders auffällt, wo so viele Menschen jung sterben. Denn dieses «Die geistige Welt noch hinten sehen», das hat noch eine gewisse Bedeutung bis zum 35. Lebensjahr. Nach dem vierzehnten bis sechzehnten Lebensjahr ist es allerdings kein solch direktes Sehen mehr, aber von da ab bis zum fünfunddreißigsten Lebensjahr, wenn da gestorben wird, da ist es so, als ob in dem Lebenstableau, dem Rückblick, sich noch überall drinnen spiegeln würde das geistige Leben. Also wenn man ganz als Kind stirbt, sieht man eigentlich nicht viel von einem durchlebten Leben; da sieht man fast ganz gleich in die geistige Welt hinein. Wenn man als dreizehnjähriges Kind stirbt, so hat man schon einen Rückblick, aber dahinter liegt die geistige Welt. Man hat sie noch klar, die geistige Welt. Stirbt man noch später, so hat man sie zwar nicht unmittelbar, aber sie ist in dem enthalten, was man als eigenes Leben sieht. Man hängt also noch zusammen mit demjenigen, aus dem man herausgekommen ist, bis zum fünfunddreißigsten Jahr, so daß der, welcher vor dem fünfunddreißigsten Jahr stirbt, wirklich schon in diesen ersten Lebensabschnitten, die er da durchlebt in den Tagen, in denen er das Lebenstableau sieht, dann wiederum bei dem Rückgang durch die Seelenwelt, eigentlich durch dieses Erleben in eine Art Heimat, die er mit der Geburt verlassen hat, recht unmittelbar wiederum hineinkommt. Er hat unmittelbar das Erlebnis: Du kommst hinein in eine Welt, aus der du herausgetreten bist. Das ist von einer ungeheuren Wichtigkeit, denn jeder, der so stirbt, wird unmittelbar, wie Sie sehen, von einer gewissen Seite her leichter in die geistige Welt versetzt als einer, der später stirbt. Er trägt also aus dem Rückblick, den er hat nach dem Tode, in sein nächstes Leben zwischen Geburt und Tod ungeheuer viel Spirituelles, ungeheuer viel Geistiges hinein. Und die vielen, die in unserer jetzigen Zeit früh sterben, die werden auch von diesem Gesichtspunkte aus wichtige Träger der geistigen Wahrheiten und geistigen Erkenntnisse sein, wenn sie in einer nächsten Inkarnation wiederum herunterkommen auf die Erde.

Erst bei einem Tod nach dem 35. Lebensjahr gestaltet sich das nachtodliche Leben so, wie es in Kapitel II geschildert ist. Dies führt uns zu einer anderen Erkenntnis: Die so geschilderte Art gilt erst für unsere Zeit, das heißt die Zeit der Entwicklung der Bewußtseinsseele. Menschen früherer Zeiten konnten nicht derart bewußt durch das Leben gehen: sie wurden von Wesenheiten der Geistwelt geleitet und unterstützt. Menschen einer späteren Zeit, die höhere Seelenglieder entwickeln, werden das Leben nach dem Tode wiederum ganz anderes erleben.

Und wenn ein Kind stirbt, das noch keine Rückerinnerung besitzt, bei dem noch nicht der Zeitpunkt eingetreten ist, bis zu dem man sich zurückerinnert, so hat es eigentlich noch nicht ein solches Lebenstableau, in welchem es sich so unmittelbar darinnen fühlt, wie der Mensch sich drinnen fühlt, wenn er später stirbt; sondern es tritt durch das ganze Lebenstableau heraus, bloß ein wenig modifiziert, dasjenige, was es um sich gehabt hat vor der Geburt. Man kann sagen: Dieses Erschauen bestimmter Reste der geistigen Welt, die man vor der Geburt durchlebt hat, verliert sich erst für die Rückschau nach dem Tode, wenn man das fünfunddreißigste Lebensjahr durchschritten hat.

Jung Verstorbene aber haben noch andere Aufgaben.

WENN GEGENWÄRTIG ganz junge Menschen sterben, zum Beispiel Kinder, so haben diese Kinder – bei jungen Menschen ist es ebenso – eben in die Welt hereingeschaut; sie haben nicht voll das Dasein hier auf dem physischen Plane ausgelebt. Mit einem auf dem physischen Plane unausgelebten Leben kommen sie hinüber in die andere Welt, die zwischen dem Tode und einer neuen Geburt verlebt wird, so verlebt wird, wie ich es gestern geschildert habe. Dadurch, daß sie einen Teil nur des Erdenlebens gelebt haben, bringen sie etwas vom Erdenleben mit hinüber in die geistige Welt, das man nicht hinüberbringen kann, wenn man alt geworden ist. Man kommt anders in der geistigen Welt an, wenn man alt geworden ist, als wenn man jung stirbt. Wenn man jung stirbt, so hat man das Leben so durchlebt, daß man noch viele Kräfte in sich hat vom vorgeburtlichen Leben. Man hat als Kind und als junger Mensch das leibliche Leben so durchlebt, daß man darinnen noch viel von den Kräften in sich hat, die man vor der Geburt in der geistigen Welt hatte. Dadurch hat man eine innige Verbindung geschaffen zwischen dem Geistigen, das man mitgebracht hat, und dem Physischen, das man hier erlebt hat. Und durch diese innige Verbindung kann man etwas, was man auf der Erde erwirbt, in die geistige Welt mit hinübernehmen. Kinder oder sonst jung gestorbene Leute nehmen von dem Erdenleben etwas in die geistige Welt mit hinüber, was gar nicht mit hinübergenommen werden kann, wenn man als älterer Mensch stirbt. Das, was da mitgenommen wird, ist dann drüben in der geistigen Welt, und was da hinübergetragen wird durch Kinder und junge Leute, das gibt der geistigen Welt eine gewisse Schwere, die sie sonst nicht haben würde, derjenigen geistigen Welt, in der dann die Menschen gemeinsam drinnen leben, das gibt eine gewisse Schwere der geistigen Welt und verhindert die luziferischen Mächte, die geistige Welt ganz loszutrennen von der physischen.

Also denken Sie, auf welches riesige Geheimnis wir da blicken! Wenn Kinder und junge Leute sterben, so nehmen sie von hier etwas mit, wodurch sie die luziferischen Mächte verhindern an deren Bestreben, uns ganz loszulösen von dem Erdenleben. Das ist außerordentlich wichtig, daß man dies ins Auge faßt.

Auch die Art des Todes spielt eine Rolle. Durch Krankheit:

So sei der Fall hervorgehoben, daß bei einem Menschen, sagen wir, durch eine Krankheit, der Tod früher eintritt, als er nach einem normalen Menschenleben eintreten würde. Da geht der Mensch so durch die Pforte des Todes durch, daß er durch die Krankheit zum Tode geführt worden ist, daß er aber gewisse Kräfte eigentlich bei sich behält, die er ausgelebt haben würde, wenn er ein normales Menschenleben erreicht hätte. Diese Kräfte, die auf diese Weise gleichsam dem Menschen als Restkräfte verbleiben, die er noch hätte verbrauchen können, wenn er nicht früher zugrunde gegangen wäre, die bleiben. Und es zeigt sich für die Geistesforschung, wenn man das Leben nach dem Tode untersucht, daß diese Kräfte zu den Willens- und Gefühlskräften des Menschen hinzugeschlagen werden, daß sie diese verstärken, erkraften. So daß ein solcher Mensch in der Lage ist, das, was ihm durch diese Kräfte vor der Mitternachtsstunde des Daseins zugeführt wird, nach der Mitternachtsstunde des Daseins so zu benutzen, daß er ins Erdenleben als ein stärkerer, in seinem Willen charaktervollerer und kraftvollerer Mensch eintritt, als er eingetreten wäre, wenn er nicht einen so frühen Tod gefunden hätte.

Tod durch einen Unglücksfall:

Auch habe ich auf den Fall hingedeutet, wo der Mensch einen frühen Tod durch einen Unglücksfall findet. Wenn er durch einen Unglücksfall herausgerissen wird aus dem Erleben des physischen Planes, für den seine Kräfte noch zugereicht hätten, um ein höheres Alter zu erreichen, so bleibt ihm wiederum ein solcher Rest von Kräften, der ihm jetzt so zugesetzt wird, daß er, wenn die Mitternachtsstunde des Daseins verflossen ist, das, was ihm da zufließt, zu seinen intellektuellen Kräften, zu seinen Erkenntniskräften verwenden kann.

Stirbt jedoch ein junger Mensch einen Opfertod:

Die Kräfte hier bei einem jugendlichen auf dem Schlachtfeld Gefallenen, die noch jahrzehntelang das physische Leben hätten versorgen können, diese Kräfte gehen ja nicht in nichts über; sie sind da. Und schon jetzt können wir sagen, gerade durch die Ereignisse unserer Zeit veranlaßt: diese Kräfte gehen über in das Wesen der Volksseele des betreffenden Volkes. Sie nimmt diese Kräfte auf, und in der ganzen Volksseele wirken diese Kräfte des Ätherleibes. Das sind wirkliche geistige Kräfte, die außerdem vom Menschen noch da sind, außer dem, was er mit seinem Ich und seinem Astralleibe, seiner Individualität, durch die Zeit trägt zwischen dem Tode und einer neuen Geburt.

Während der Wanderung durch die nachtodliche Welt haben diese jugendlichen Seelen noch andere Aufgaben.

Wenn wir eine solche Seele verfolgen, so finden wir sie in der geistigen Welt in einer bestimmten Zeit zwischen dem Tod und einer neuen Geburt verhältnismäßig sehr bald in einer, ich möchte sagen, höchst bemerkenswerten Gesellschaft: Wir finden sie mitten unter denjenigen Seelen, die sich vorbereiten für ein nächstes Leben so, daß sie schon bald auf diese Erde herunterkommen müssen, also unter Seelen, die sich bald verkörpern. Unter denen leben dann solche Seelen, die durch die Pforte des Todes gegangen sind im elften, zwölften, dreizehnten, vierzehnten Jahre, die werden da hineinversetzt. Und wenn man sich genauer umsieht in diesen Zusammenhängen, da stellt es sich eigentümlicherweise heraus, daß diese Seelen, die nun bald in ihr Erdenleben heruntergehen, das brauchen, was ihnen diese anderen Seelen hinauftragen können von der Erde, um sich ihrerseits wiederum an Kraft zu erstarken, die sie brauchen, um sich zu verleiblichen. Also die jugendlichen Seelen bilden eine starke Hilfe für diejenigen Seelen, die nun bald herunterkommen müssen auf die Erde.

Aber fragen wir uns weiter: Was ist es mit den Seelen, die hier auf Erden ein solches Schicksal erfahren, die hier auf Erden in der Blüte ihrer Jahre hinsterben, die frühzeitig von Seuchen hinweggerafft werden? Wenn diese durch die Pforte des Todes in die geistige Welt zur Unzeit gehen, was ist es mit diesen Seelen?

gksal dieser Seelen erfahren wir, wenn wir mit dem Seherauge eindringen sozusagen in die Beschäftigung der Geister, welche die Erdentwicklung oder überhaupt die Entwicklung vorwärts geleiten. Diese Wesenheiten der höheren Hierarchien haben gewisse Kräfte, gewisse Mächte, um die Entwicklung vorwärtszurücken; aber sie sind in diesen Kräften und Mächten in einer gewissen Weise beschränkt. So ergibt sich zum Beispiel das Folgende. Den ganz materialistischen Seelen, die alle Gesinnung für die übersinnliche Welt verlieren, denen droht eigentlich schon in diesem unserem Zeitalter eine Art von Untergang, eine Art von Abschnürung aus der fortgehenden Entwicklung. Und es ist in gewisser Weise schon in unserem Zeitalter für einen großen Teil der Menschen die Gefahr vorhanden, daß sie nicht mitkommen können, weil sie sozusagen durch ihre eigene Seelenschwere, indem sie ganz materialistische Seelen sind, festgehalten werden auf Erden und nicht mitgenommen werden zur nächsten Verkörperung. Aber diese Gefahr soll nach dem Ratschluß von höheren Hierarchien abgelenkt werden. In Wahrheit verhält es sich so, daß eigentlich erst im sechsten Zeitraum und zuletzt eigentlich gar erst während der Venus-Entwicklung die Entscheidungsstunde schlägt für die Seelen, die, sich ganz abschnürend, von der Entwicklung nicht mitgenommen werden. Es sollen im Grunde genommen die Seelen jetzt noch nicht soweit in die Schwere verfallen, daß sie zurückbleiben müssen. Das ist ja wohl so nach dem Ratschluß der höheren Hierarchien, daß dies nicht geschehen soll. Aber diese Wesenheiten der höheren Hierarchien sind in gewisser Weise beschränkt in ihren Kräften und Fähigkeiten. Unbeschränkt ist nichts, auch nicht unter den Wesenheiten der höheren Hierarchien. Und wenn es nur ankäme auf die Kräfte dieser höheren Hierarchien, so müßten ganz materialistische Seelen jetzt schon durch sich selbst in gewisser Weise von der fortlaufenden Entwicklung abgeschnürt werden. Durch sich selber können diese Wesenheiten der höheren Hierarchien eigentlich diese Seelen nicht retten; da wird ein Auskunftsmittel genommen. Die Seelen nämlich, die hier eines frühzeitigen Todes sterben, haben ja als Seelen eine Möglichkeit vor sich. Sagen wir, sie sterben durch irgendeine Katastrophe, zum Beispiel ein Schnellzug überfährt sie: dann wird ja einer solchen Seele die Hülle genommen; sie ist jetzt leibfrei, leib-entblößt, aber sie hat durchaus noch all die Kräfte in sich, die hier auf Erden im Leibe wirken könnten. Indem solche Seelen in die geistige Welt hinauf gehen, bringen sie noch ganz besondere Kräfte mit hinauf, die eigentlich noch hier auf Erden wirksam sein könnten, die hier aber vorzeitig abgelenkt worden sind. Das sind besonders verwendbare Kräfte, welche diese Frühverstorbenen hinaufbringen. Und diese Kräfte benutzen nun die Wesenheiten der höheren Hierarchien, um diejenigen Seelen zu retten, die sie durch eigene Kraft nicht retten könnten.

Materialistisch gestimmte Seelen werden dadurch in bessere Zeiten hinweggeführt und gerettet, da ihre Kräfte nur für den regelmäßigen Gang der Menschheitsentwicklung ausgerüstet sind. Rettung geschieht dadurch, daß diesen Wesenheiten der höheren Hierarchien Zuwachs geschieht an Kraft von solchen unverwendeten Kräften, die von der Erde herkommen, die noch in sich Energiespannungen haben, welche unverwendet blieben. Diese Kräfte wachsen den Wesenheiten der höheren Hierarchien zu. So helfen die Seelen, die frühzeitig zugrunde gehen, ihren Mitmenschen, die sonst im Morast des Materialismus versinken würden.

Etwas ganz anderes gilt für Menschen, die nach dem 35. Lebensjahr gestorben sind:

[…] DENN VON EINEM GEWISSEN ALTER an hat man nicht mehr jene innige Verbindung zwischen dem, was man mitgebracht hat bei der Geburt, und dem physischen Erdenleben. Ist man alt geworden, so löst sich diese innerliche

Verbindung, und es tritt gerade das Umgekehrte ein. Von einem gewissen Lebensalter an träufeln wir in einer gewissen Weise dem innerhalb der physischen Erde befindlichen Geistigen unser eigenes Wesen ein. Wir machen die physische Erde geistiger als sie sonst wäre. Also von einem bestimmten Alter an vergeistigen wir in einer gewissen Weise, die man nicht mit äußeren Sinnen wahrnehmen kann, die physische Erde. Wir tragen Geistiges in die physische Erde hinein, wie wir Physisches in die geistige Welt hinauftragen, wenn wir jung sterben; wir pressen gewissermaßen Geistiges aus, wenn wir alt werden, ich kann es nicht anders sagen. Das Altwerden besteht im geistigen Sinne von einem gewissen Aspekt aus darinnen, daß man Geistiges hier auf der Erde auspreßt. Dadurch wird wiederum die Rechnung des Ahriman verhindert. Dadurch kann Ahriman nicht auf die Dauer heute schon so intensiv auf die Menschen wirken, daß völlig erlöschen könnte die Meinung, Ideale hätten doch eine gewisse Bedeutung.

Da stellt sich die Frage: wäre es nicht segensreich, wenn alle Menschen alt würden, um der Geistwelt möglichst viel Weisheit zukommen zu lassen?

NUN KÖNNEN WIR uns die Frage, [...] dadurch beantworten, daß wir die Geisteswissenschaft fragen: Was würde eintreten, wenn auf irgendeine Weise alle Menschen achtzig oder neunzig Jahre alt, also ganz alt werden könnten, wenn gar keiner jung stürbe, was würde dann eintreten? – Dann würden alle Ätherleiber, die von ihren Seelen verlassen würden, von liebevoller Weisheit durchsetzt sein. Es würden die Menschen auf der Erde in ihrem historischen Fortgang die Möglichkeit haben, während des physischen Lebens zwischen Geburt und Tod viel zu lernen auf der Erde, denn die physischen Leiber würden weisheitsvoll gestaltet werden. Die Menschen würden gewissermaßen undifferenziert geboren werden, einer wäre wie der andere, aber sie könnten sehr viel lernen auf dem physischen Plan. Ich möchte sagen, sie wären fein-weisheitsvoll gebaut und könnten sehr viel lernen hier auf dem physischen Plan. Allerdings würde ein solches Lernen verbunden sein mit einer außerordentlich labil sich haltenden Konstitution. Die Menschen würden gewissermaßen, weil alles so außerordentlich fein, ich möchte sagen, mechanistisch-weisheitsvoll in ihrem physischen Organismus gebildet wäre, ein labiles Gleichgewicht haben, aus dem sie leicht herauskommen könnten. Es würde einer viel lernen können, aber er würde furchtbar nervös werden, wie man heute im «nervösen Zeitalter» sagt. Es würde eine Menschheit sein, die immerfort zappelt und immerfort aus dem Gleichgewicht kommen würde, eine sehr für das Lernen auf dem physischen Plan begabte, aber recht zappelige Menschheit. [...] Aber ausbleiben würde in der Menschheitsentwicklung, wenn alle Menschen alt werden würden, wenn keiner jung sterben würde, ausbleiben würde die seelische Differenzierung, die wir mitbringen, wenn wir aus der geistigen Welt in eine Inkarnation hereingehen. Das Anlagen-Haben, das gewissermaßen mit geistigen Gaben Ausgestattetsein, das würde ganz ausbleiben. Die Menschen würden sozusagen alle ziemlich gleich, undifferenziert in die Welt hereintreten, würden nur verschieden werden dadurch, daß sie auf dem physischen Plan in verschiedene Verhältnisse kommen und Verschiedenes lernen würden; sie würden sich in allen Verhältnissen ziemlich gleich zurechtfinden. Das Karma würde sie in das für sie besonders Geeignete durch die physischen Vererbungsmerkmale hereintragen. Im übrigen würde fehlen in der Welt gerade das, was wir als Veranlagtheit für besonderes Seelisches haben. Das Innere des Menschen in seiner Differenziertheit würde nicht da sein.

Kapitel V: Verbindung zwischen Lebenden und Toten

> Wir haben gesehen, daß der Tote fühlt und sieht, was er falsch getan oder zu tun versäumt hat, was er ändern möchte, und das bereitet ihm große Schmerzen; denn da ihm der physische Leib fehlt, kann er nichts mehr ändern. Nur wenn wir, die noch Lebenden, uns mit ihm verbinden, an ihn denken, mit ihm fühlen, können wir helfen, daß sich sein Zustand langsam verändert.

GUTE GEDANKEN sind wie Balsam für die Toten. Nicht egoistische Liebe soll man ihnen senden, nicht trauern, daß man die Toten selbst nicht mehr hat; das stört den Toten und ist für ihn wie Bleigewicht. Die Liebe, die bleibt, die nicht Anspruch macht darauf, den Toten noch hier haben zu wollen, die nützt dem Toten und vermehrt seine Seligkeit.

> Dazu bedarf es jedoch einer Anstrengung von unserer Seite, den Lebenden, und dafür brauchen wir die Erkenntnis der spirituellen Welt.

WÄHREND DER MATERIALISMUS nur gestattet einen Verkehr ins Leben zu führen zwischen Seelen, die in ihrem Erdenleben eingeschlossen sind, wird die Anthroposophie die Bahn frei machen für ein freies Kommunizieren, einen Verkehr zwischen den Seelen, die hier sind, und den Seelen, die in der anderen Welt drüben sind. Die Toten werden mit uns leben.

WENN HIER JEMAND zurückgeblieben ist auf der Erde und er seine Seele ganz selten mit spirituellen Gedanken erfüllt, dann ist die Seele eine solche, zu der die verstorbene Seele keinen Zugang hat. Das bezieht sich auf die

Art, wie der Lebende sich mit dem Toten in Verbindung bringen kann.

Wesentlich für den Toten ist auch, in welcher Art, mit welcher Empfindung wir an ihn denken.

[...] SO STELLT SICH HERAUS, daß im allgemeinen die verstorbene Seele eine sehr deutliche Wahrnehmung, eine sehr deutliche Empfindung von dem Haß in der lebenden Seele hat; gleichsam, wenn ich mich eines Bildes bedienen darf: der Tote sieht den Haß. Das kann der Hellseher ganz genau konstatieren, daß der Tote einen solchen Haß sieht. Aber wir können auch verfolgen, was ein solcher Haß für den Toten bedeutet. Ein solcher Haß bedeutet nämlich für den Toten ein Hindernis für die guten Absichten in seiner geistigen Entwicklung [...].

Deshalb ist es wichtig, daß wir gegenüber einem Toten unsere Abneigungen, unseren Haß ablegen.

Man kann den Toten auf verschiedene Arten helfen.

MAN KOMMT ALSO den Toten zu Hilfe, wenn man ihnen gerade nach dem Tode etwas zufließen läßt, was sie an Eigenschaften, an Erlebnisse und so weiter erinnert, welche die ihrigen waren. Man befördert dadurch die Kraft der Selbsterkenntnis. Und wenn man hellsichtig die Möglichkeit hat, sich hineinzuversetzen in die Seele eines solchen Toten, dann verspürt man in seiner Seele den Drang, gerade in dieser Zeit etwas zu hören über die Art, wie er war, über das oder jenes, was er durchgemacht hat, oder was seine Haupteigenschaften sind.

Träumen wir von einem Toten, so bedeutet das: Wir haben an einem vorhergehenden Tage einen solchen Gedanken an den Toten willkürlich oder unwillkürlich gerichtet, wie ich ihn charakterisiert habe. Dieser Gedanke hat den Weg zu dem Toten gefunden, und der Traum zeigt uns an, daß wir eigentlich zu dem Toten gesprochen haben.

Man kann nämlich in der Tat, wie es sich gezeigt hat gerade innerhalb unserer anthroposophischen Bewegung, außerordentliche Dienste leisten den vor uns hingestorbenen Menschenseelen, wenn wir ihnen von spirituellen Dingen vorlesen. Das kann so gemacht werden, daß man die Gedanken an den Verstorbenen richtet und, um eine Erleichterung zu haben, versucht, ihn zu denken, wie man sich seiner erinnert: vor einem stehend oder sitzend. Man kann das mit mehreren zugleich machen. Man liest dann nicht laut vor, sondern verfolgt mit Aufmerksamkeit die Gedanken, immer mit dem Gedanken an den Toten: der Tote steht vor mir. Das ist Vorlesen den Toten. Man braucht kein Buch zu haben, aber man darf nicht in abstrakter Weise denken, sondern muß tatsächlich jeden Gedanken durchdenken: so liest man vor den Toten. Man kann es sogar so weit bringen, obzwar das schwieriger ist, daß, wenn man innerhalb einer gemeinsamen Weltanschauung, oder über irgendein Gebiet des Lebens überhaupt, einen gemeinsamen Gedanken mit dem Toten gehabt hat und eine persönliche Beziehung zu ihm hatte, man auch einem Fernerstehenden vorlesen kann. Das geschieht so, daß er durch den warmen Gedanken, den man an ihn richtet, nach und nach auf einen aufmerksam wird. So kann es sogar nützlich werden, wenn man Fernerstehenden nach ihrem Tode vorliest. Dieses Vorlesen kann zu jeder Zeit geschehen.

In der Läuterungszeit verstehen die Toten die Sprache, die sie hier gesprochen haben; erst beim Übergang ins Devachan hört die Sprache auf, dann geschieht es in Gedanken. Nach einem bestimmten Ablauf von Jahren tritt eine Veränderung ein in dem Verkehr mit den Toten. Wenn Empfänglichkeit vorhanden ist beim Zurückgebliebenen, empfindet er: Der Tote ist bei dir, du denkst, wie er dich denkt. Das kann Jahre um Jahre dauern, dann tritt der Moment ein, wo man den Zusammenhang verliert; das ist der Augenblick, wo der Tote ins Devachan übergeht.

Wir sehen, wie der Tote eng verbunden ist mit den Lebenden, den mit ihm karmisch Verbundenen; denn in der Wirklichkeit unseres Gefühls- und Willenslebens sind wir mit den Toten in einem «Reich». Der Tote braucht uns Lebende, wenn er hier auf der Erde wirken will.

Denn der Tote kann nicht mit Händen angreifen die Dinge hier in der physischen Welt und physische Arbeit unmittelbar verrichten. Das wäre ein unsinniger Glaube. Der Tote kann auf geistige Weise wirken. Dazu braucht er aber die Werkzeuge, die ihm dazu zur Verfügung stehen; dazu braucht er das Geistige, das hier in der physischen Welt lebt. Wir sind nicht nur Menschen, sondern wir sind auch zu gleicher Zeit Werkzeuge, die Werkzeuge für die Geister, die durch die Pforte des Todes gegangen sind. Wir bedienen uns, solange wir im physischen Leibe verkörpert sind, der Feder oder des Hammers oder der Axt; sind wir nicht mehr im physischen Leibe verkörpert, dann sind unsere Werkzeuge die menschlichen Seelen selber.

Und damit kommen wir zur Frage: Wie kann der Tote auf uns Lebende wirken?

Es gibt viel im Leben, was nicht geschieht, was wir aber zählen müssen zu den Möglichkeiten des Lebens. Weiß denn der Mensch, wie vielen solchen Möglichkeiten er den Tag über entgeht? Was könnte alles geschehen, wenn wir dem nicht entgingen! Wir übersehen es, weil es für die trockene Lebensbetrachtung keine Bedeutung hat. Versuchen wir auf die Seele hinzuschauen, die durch scheinbaren Zufall solchen Gefahren entronnen ist, wie sie empfindet! – Ein Berliner zum Beispiel wollte nach Amerika fahren; er hatte schon das Billett. Ein Freund sagte ihm: Fahre nicht mit der Titanic! – Malen Sie sich die Gefühle desjenigen aus, der zurückgeblieben ist, als er vom Untergang der Titanic erfuhr! Das hat erschütternd auf sein Gefühl gewirkt. Welche Gemütsimpressionen könnten wir haben, wenn wir in der Lage wären, den ganzen Tag zu beobachten, wovor wir bewahrt werden, was alles hätte geschehen können! Wenn die Menschen einmal beginnen, sich mit geistigen Angelegenheiten zu befassen, bekommen sie viel mehr Empfänglichkeit für die Kompliziertheit des Lebens, für das, was sich zwischen den Tageszeiten abspielt. Der Fall kann eintreten, daß, wenn wir drei Minuten früher fortgegangen wären, wir überfahren worden wären: haben wir seelische Empfänglichkeit, sind wir geistig vorbereitet, so können wir in einem solchen Augenblick eine Impression aus der geistigen Welt aus Gnade erhalten, eine Mitteilung von einem Toten. Da werden die Tore dann von den Toten durchbrochen; da läßt sich erkennen, daß zu Menschen, welche sich Empfänglichkeit anerzogen haben, die Toten hereinsprechen können. Es können wichtige Dinge zu uns dringen: zum Beispiel, daß der Tote einen Befehl gibt, etwas auszuführen, was er nicht getan hat. So wird die Kluft überbrückt.

Allerdings ist es für den Toten nicht immer einfach, auf die Lebenden zu wirken.

Ich hatte eine Reihe von Kindern zu unterrichten in einer Familie, bei denen nur die Mutter vorhanden war; der Vater war gestorben, und es war mir immer darum zu tun – das ist es eigentlich, worum es sich bei dem Erzieher handeln muß –, die Anlagen und Fähigkeiten der Kinder herauszubekommen, um sie in richtiger Weise erziehend und unterrichtend zu führen. Bei den Kindern, von denen ich jetzt sprechen will, blieb immer etwas unverständlich, was man auch versuchte: es zeigte sich ein gewisses Verhalten der Kinder, das nicht aus den Anlagen und nicht aus der Umgebung folgte; man konnte damit nicht recht fertig werden. Man muß ja in einem solchen Falle alles zu Hilfe rufen; und da ergab ein spirituelles Nachforschen das Folgende: Der Vater war gestorben und durch die besonderen Verhältnisse, die sich hier in der Verwandtschaft zugetragen hatten, war er nicht einverstanden mit dem, was die Verwandten mit den Kindern machten, auch nicht mit dem, was in der engsten Familie geschah, und durch besondere Verhältnisse wirkte er herein auf die Kinder. Und erst von dem Augenblicke an, als ich damit rechnen konnte, daß es etwas Besonderes gibt, was weder aus den Anlagen folgte noch aus der Umgebung, sondern was aus der übersinnlichen Welt kam von dem verstorbenen Vater, der in die Seelen der Kinder hinein seine Kräfte richtete, erst von da an konnte man sich danach richten. Jetzt mußte man damit rechnen, was der Vater eigentlich wollte. Und in dem Augenblicke, als man erforschen konnte, was der Vater, der durch die Pforte des Todes gegangen war, wollte, und als man ihn als eine reale Persönlichkeit betrachtete wie die anderen physischen Persönlichkeiten, die da mitwirkten für die Kinder, da kam man zurecht.

Wir müssen uns immer mehr bewußt werden, daß die Toten um uns sind, daß sie im Umkreis der Erde und in uns wirken. Erst dann werden wir ihnen ermöglichen, sich mit aller Kraft an der Gestaltung der Erde und der Menschheit zu beteiligen.

Dieses Wissen von dem Zusammensein mit den Toten wird einer der wichtigsten Bestandteile sein, welchen die Geisteswissenschaft dem allgemeinen Menschheitsbewußtsein, der allgemeinen Menschheitskultur für die Zukunft einzupflanzen hat. Denn die Menschen, welche glauben, daß dasjenige, was vor sich geht, nur dadurch vor sich geht, daß die Kräfte wirken, die man im Sinnesleben wahrnimmt, kennen eben nichts von der Wirklichkeit; sie wissen nicht, daß in das Leben, welches sich hier abspielt, die Kräfte der Toten fortwährend hereinwirken, daß sie fortwährend da sind.

Verhältnis der Toten zu den noch Lebenden

Auch im Verhältnis der Toten zu den Lebenden müssen wir unterscheiden zwischen früh Verstorbenen und spät Verstorbenen. Die früh Verstorbenen gehen eigentlich nicht von uns weg, sie bleiben um uns herum, umschweben uns gewissermaßen.

Wenn Kinder oder jüngere Menschen durch die Pforte des Todes gehen, so kann man das Verhältnis, das sie zu den Zurückgebliebenen behalten, mit den Worten bezeichnen: Kinder oder jüngere Menschen haben diejenigen, die hier ihre Angehörigen waren, nicht verloren, sie bleiben eigentlich unmittelbar da in der Umgebung. Und das, was wir als Schmerz, als Trauer empfinden, bekommt dadurch seinen Charakter. Wenn der Mensch, der mit schauendem Bewußtsein ausgestattet ist, den Seelenschmerz beobachtet, den eine Mutter oder ein Vater über ein hinweggegangenes Kind haben, so ist dieser Seelenschmerz ein ganz anderer als der Schmerz, den man empfindet als junger Mensch, wenn einem ein Älterer hinwegstirbt. Gewiß, in oberflächlicher, äußerer Beziehung sind diese Seelenerlebnisse mehr oder weniger gleich, aber wenn man sie intimer auffaßt, sind sie grundverschieden. Die jünger dahingestorbenen Menschen gehen nicht weg, sie bleiben eigentlich da – so kann man das Verhältnis bezeichnen –, und sie leben mit unseren Seelen weiter, leben in unseren Seelen weiter. Und es ist eigentlich der Schmerz, den wir empfinden, die Trauer, die wir empfinden, dasjenige, was die jünger verstorbenen Toten selber in uns erleben. Das überträgt sich in unseren Schmerz, in unsere Trauer. Sie bleiben bei uns. Es ist eine Umsetzung ihres eigenen Schmerzes, der nicht Schmerz sein muß, aber bei uns dann Schmerz wird, wenn er sich umsetzt in unseren Seelen.

Der spät Verstorbene geht zwar von uns weg, aber er kann von sich aus mit uns in Verbindung treten.

ANDERS IST ES BEI DER TRAUER einem älteren Menschen gegenüber, der uns verlassen hat. Da tritt ein Schmerz ein, der nicht der Widerschein ist desjenigen, was in dem anderen lebt, denn der andere kann das wirklich hinaufbekommen, was in unserer Seele ist; er verliert uns nicht von sich aus. Wir können nicht von seinem Schmerz besessen sein, überhaupt nicht von seinen Empfindungen in dieser Weise besessen sein, denn er hat keine Sehnsucht danach, mit seinen Empfindungen in uns hineinzudringen, weil er uns ja mitzieht. Er verliert uns nicht. Deshalb ist dieser Schmerz, diese Trauer eine egoistische Trauer, ein egoistischer Schmerz. Das ist kein Tadel, es ist gewiß berechtigt, aber wir müssen diese beiden Arten der Trauer in ganz wesentlicher Art voneinander unterscheiden.

Zusammenfassend kann man sagen:

Wir verlieren nicht den jüngeren Abgeschiedenen; der ältere Abgeschiedene verliert uns, den Zurückgebliebenen, nicht, er nimmt in gewissem Grade die Seele mit, er trägt sie auf seinem weiteren Weg in ihren Kräften mit sich. Er verliert die Hiergebliebenen nicht. Und daher ist dieses Verhältnis zu einem solchen älteren Dahingeschiedenen auch ein ganz anderes als zu einem jünger Dahingeschiedenen. Der älter Dahingeschiedene hat nicht die Tendenz, in der Seele des Hiergebliebenen zu leben, weil er die innere Wesenheit, die Abprägung der inneren Wesenheit mitnimmt.

Gestaltung von Totengedenkfeiern

In Kenntnis der Unterschiede zwischen jung und alt Verstorbenen sollten wir auch die Gedenkfeiern unterschiedlich gestalten

Wenn das Verhältnis zu einem in jüngeren Jahren dahingegangenen Menschen ganz anders ist als das Verhältnis zu einem in späteren Jahren hingegangenen Menschen, dann wird es begreiflich sein, daß auch für die Pflege des Andenkens, für die Pflege des Gedächtnisses gegenüber den Toten in dem einen und dem anderen Falle es anders sein muß. Einem jüngeren Kinde gegenüber werden wir den richtigen Kultus, das richtige Gedächtnis haben, wenn wir darauf Rücksicht nehmen, daß das Kind dageblieben ist, daß das Kind mit uns lebt und sich besonders gerne einlebt in das, was hier uns möglich gewesen wäre, an das Kind heranzubringen, wenn das Kind hier geblieben wäre. Die Erfahrung zeigt, daß solche Kinder nach ihrem Tode besonders begehren, im Gedächtnis, in dem, was man ihnen entgegenbringt, allgemein menschliche Verhältnisse zu finden, auch im Totenkultus etwas zu finden, was mehr allgemeine Interessen darbietet, was wenig zu tun hat mit speziellen Interessen. Für Kinder, die dahingestorben sind, ist zum Beispiel die katholische Totenfeier angemessener, wo ein allgemeiner Ritus ist, wo man einen Ritus hat, der für alle in gleicher Weise gilt. Ein dahingestorbenes Kind möchte eine Totenfeier haben, die mehr allgemeinmenschlich, die nicht für es allein, für es speziell ist, sondern die für alle sein könnte.

Für einen dahingestorbenen älteren Menschen ist die protestantische Totenfeier besser, wo man sich einläßt auf die besonderen Lebensverhältnisse, wo man eine Leichenrede hält, die sich auf seine speziellen individuellen Verhältnisse bezieht. Und will man das Andenken pflegen für einen solchen älteren Dahingestorbenen, dann ist es besonders günstig, sich an Einzelheiten des Lebens, die ihm eigen waren, an sein spezielles, an sein individuelles Leben anzuklammern und dort die Gedanken zu suchen, durch die man das Andenken des älter Dahingestorbenen feiert.

Kapitel VI: Zeitdauer des Lebens zwischen Tod und neuer Geburt

Die okkulte Forschung ergibt, daß der Mensch durchschnittlich in einem Zeitraum von 1000 bis 1300 Jahren wiederkommt. Das hat seinen Sinn darin, daß der Mensch, wenn er wiederkommt, das Antlitz der Erde verändert findet und dadurch neue Dinge erleben kann. Das, was sich ändert auf unserer Erde, steht mit gewissen Sternkonstellationen im innigen Zusammenhang; das ist eine sehr wichtige Tatsache. Im Frühlingsanfang geht die Sonne in einem gewissen Zeichen des Tierkreises auf. 800 Jahre vor Christo ging die Sonne zuerst im Sternbild des Widders, des Lammes auf, noch früher in dem danebengelegenen Sternbild des Stieres. Etwa 2160 Jahre braucht sie, um ein Sternbild zu durchlaufen. Das Durchlaufen sämtlicher zwölf Tierkreiszeichen nennt man im Okkultismus ein Weltenjahr.

Diese schematischen Angaben mögen vom kosmischen Gesichtspunkt aus richtig sein und auch in viel früheren Zeiten, als die Menschen gewissermaßen noch im Schoße der göttlich-geistigen Wesen lebten, zugetroffen haben. Denn unter diesen Umständen war es damals möglich, in einer Inkarnation das zu erfahren, was in diesem Zeitraum erfahren werden mußte.

Mit dem Heraustreten aus dem fortlaufenden Entwicklungsstrom und dem immer stärkeren Verstricktwerden in die physische Materie, aber auch mit den Erfahrungen von immer zahlreicheren Leben auf der Erde wurde es zunehmend zwingender, häufiger auf die Erde zurückzukehren, sollten alle karmischen Verwicklungen gelöst werden können.

Wenn zudem die Veränderung des Antlitzes der Erde maßgebend ist für die Dauer des Aufenthaltes in der nachtodlichen Welt, dann muß auffallen, daß in den letzten Jahrhunderten dieses Antlitz sich in immer kürzeren Zeiten verändert hat; damit muß wohl auch die Zeit im Nachtodlichen kürzer ausfallen.

Zur Überprüfung seien die Angaben Steiners in den *Esoterischen Betrachtungen karmischer Zusammenhänge* beigezogen, in denen er das Schicksal einzelner Persönlichkeiten und ihrer wiederholten Erdenleben untersucht. Wenn wir die dort von ihm angegebenen Jahre zwischen den Erdenleben betrachten, kommen wir auf ganz andere Zeitverhältnisse.

Als Beispiele seien genannt: Friedrich Theodor Vischer (19. Jhdt.), der zuvor eine maurisch-arabische Persönlichkeit im 8. Jahrhundert war. Hier haben wir tatsächlich die rund 1100 Jahre – allerdings nur, wenn man allein die maßgebenden Inkarnationen betrachtet. Rudolf Steiner präzisiert nämlich:

Bei dem Schwaben-Vischer wird man zurückgeführt zur nächsten maßgebenden Inkarnation – dazwischen kann die eine oder andere gleichgültige, vielleicht auch in kürzerem Erdenleben verbracht sein [...].

Friedrich Nietzsches frühere Inkarnation als asketischer Franziskaner im 13./14. Jahrhundert liegt dagegen nur 5 Jahrhunderte zurück. Bei Baco von Verulam sind es 7 Jahrhunderte seit der letzten Inkarnation als Harun al Raschid (9. Jhdt.), bei Wladimir Solowjow liegen je ca. 8 Jahrhunderte zwischen den letzten Inkarnationen als Persönlichkeit am Konzil von Nicäa (4. Jhdt.) und als Visionärin im Mittelalter.

Zudem ist zu berücksichtigen, daß Menschen, die gleichsam nur schlafend, ohne Bewußtsein die nachtodliche Welt erleben, viel rascher auf diese Welt zurückkehren; daß aber auch außerordentliche, schreckliche Erlebnisse wie jene während des letzten Krieges Menschen bewegen oder gar zwingen können, rascher zurückzukehren, um das auf Erden zu vollbringen, was ihnen durch den jähen Tod verwehrt worden war.

Zusätzlich hat Steiner im zweiten Mysteriendrama, *Die Prüfung der Seele,* Maria die Gründe für eine verkürzte Zeit im nachtodlichen Leben in den Mund gelegt:

In solchen Erdentagen werden Keime
In Menschenseelen sorgsam eingepflanzt,
Die lange Zeit zur vollen Reife brauchen.
Die Menschen müssen dann im nächsten Leben
Noch Eigenschaften aus dem frühern zeigen.
Es werden viele Männer solcher Zeiten
In einem nächsten Leben wieder Männer;
Und viele Frauen werden Frauen wieder.
Es ist dann auch die Zeitenlänge kürzer
Als jene, die sonst zwischen Leben liegt.

Nachwort

Nach all diesen Mitteilungen und Ausführungen von Rudolf Steiner ist es vielleicht angebracht, sich ins Bewußtsein zu rufen, daß er selber auch ein Suchender, ein Forschender war, der frühere Angaben manchmal durch spätere korrigierte. In einem Vortrag während der Weihnachtstagung 1923 zur Begründung der Allgemeinen Anthroposophischen Gesellschaft gibt er selber zu bedenken:

Ich habe ja oftmals unter Ihnen betont, daß derjenige, der in der Realität lebt und nicht in Ideen, die Realität der Zeit ganz besonders anerkennen muß. Die Zeit ist eine Realität. Allein, es ist schwer, Verständnis hervorzurufen für die Zeit als Realität. Es gibt heute noch Leute, die mit denselben Sätzen die Dreigliederung des sozialen Organismus vertreten, wie ich sie vertreten habe aus den Zeitverhältnissen heraus 1919. Ja, die Geschichte schreitet jetzt so schnell vor, daß es einem eigentlich vorkommt: Wenn heute einer die Dinge in derselben Weise vertritt, mit der man sie 1919 vertreten hat, man da um Jahrhunderte zurückgeblieben ist.

Wir müssen uns auch bewußt sein, daß Steiner seine Mitteilungen in einer «Sprache des Geistes» erhielt und sie dann in eine physische, am Irdischen sich orientierende, durch seine Zeit mitbedingte Sprache übersetzen mußte. (Siehe dazu auch seine Darlegungen Seite 91). Wenn wir zu wirklicher Geisterkenntnis vordringen wollen, dann dürfen wir uns nicht an dieser physischen Sprache und ihren Aussagen festklammern. Vielmehr gilt es, Buchstaben um Buchstaben, Wort um Wort, Satz um Satz zu durchdringen, um durch sie hindurch in jene Sphäre zu kommen, in der wir dem Geisteswort begegnen können, mit anderen Worten: wir müssen uns selber der Sprache des Geistes, der Sprache der Hierarchien zu öffnen suchen.

Bereits 1904 hat Rudolf Steiner dazu aufgerufen. Bloß muß man heute den Begriff «Theosophen» ganz einfach durch «Mensch» ersetzen.

Wir brauchen Persönlichkeiten, die aus sich selbst heraus zu verkündigen wissen, was sie erfahren haben in den höheren Welten. Und dann ist es gleichgültig, ob es geschieht in Worten des Orients, in Worten des Christentums, oder mit den neugeprägten Worten. Im wahren Theosophen leben nicht Worte und nicht Begriffe, in ihm lebt der Geist. Und der Geist hat nicht Worte und nicht Begriffe, der hat unmittelbares Leben. Alle Begriffe und Worte sind nur äußere Form für diesen im Menschen lebenden Geist.

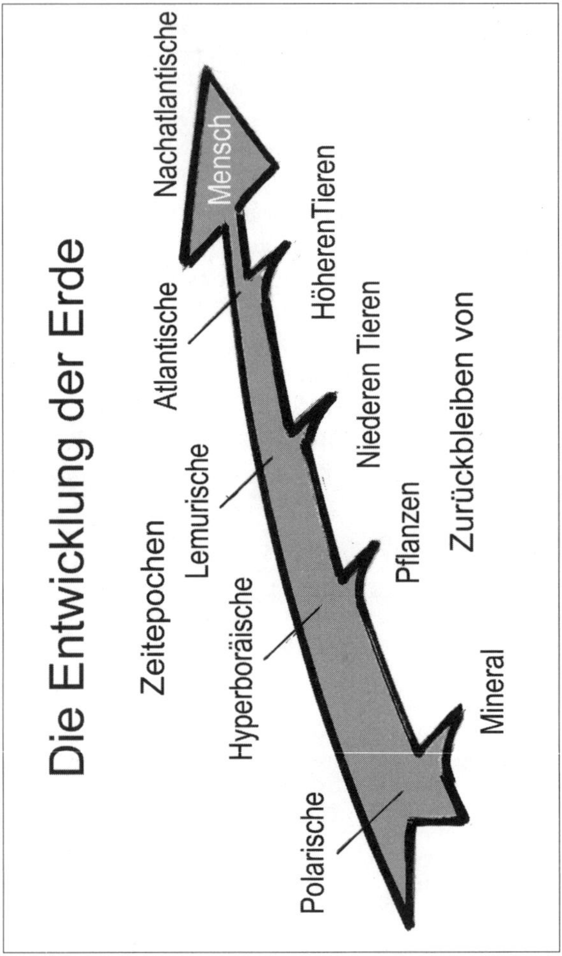
Die Entwicklung der Erde
Zeitepochen
Polarische
Hyperboräische
Lemurische
Atlantische
Nachatlantische
Mensch
Zurückbleiben von
Mineral
Pflanzen
Niederen Tieren
HöherenTieren

Anhang 2: Wege durch die nachtodliche Welt

	GA 9/13	GA 140	GA 102/110
Geisterland Arupa oberes Devachan	Grenze der «drei Welten»		Seraphine
	siebente Region sechste Region fünfte Region Reich der Absichten		
	vierte Region Urbilder phys.und seel.Verhältnisse	Tierkreis	Cherubime
Geisterland Rupa unteres Devachan	dritte Region Luftgebiet Urbilder der seelischen Welt	Saturn	Thone
	zweite Region Meeresgebiet	Jupiter	Dynamis
	erste Region	Mars	Exusiai
	festes Land		
Astralplan Seelenwelt Kamaloka	Region des Seelenlebens	Sonne	Kyriothetes
	Region der tätigen Seelenkraft	Venus	Archai
	Region des Seelenlichtes	Merkur	Archangeloi
	Region der Lust und Unlust		
	Region der Wünsche	Mond	Angeloi
	Region der Sympathie und Antipathie		
	Region der Begierdenglut		
	Läuterungsfeuer		
Ätherische Welt	Lebenstableau	Lebenstableau	
Physische Welt	Todesereignis	Todesergeignis	

GA 95/96/97		GA 243	
Das Innere der Erde			
1. Mineralische Erde	Fusswaschung		
2. Flüssige Erde	Geisselung	Silber	Kräfte aus früher.
3. Luft-Erde	Dornenkrönung		Erdenleben
4. Wasser-Erde	Kreuztragung	Merkur	Sternenwelt
5. Frucht-Erde	Mystischer Tod	Blei	Saturn
6. Feuer-Erde	Grablegung	Zinn	Jupiter
7. Erdspiegel	Auferstehung	Eisen	Mars
8. Zersplitterer		Gold	Erde
9. Erdkern			

GA 179	GA 207	GA 210	GA 216/230
Reich der Angeloi	Tierisches Bewusstsein	Intuition Inkarnation	Schmetterlinge Vögel: Korona rufen nach unten
Reich karmischer Zusammenhänge	Pflanzliches Bewusstsein	Inspiration Gewissen	
Tierisches Reich	Mineralisches Bewusstsein	Imagination Physischer Leib	Pflanzen: Astralspiralen Weg nach oben
Mineral.u.pflanzl. Reich ausgeschl.			

Anhang 3: Der Gang durch die nachtodliche Welt

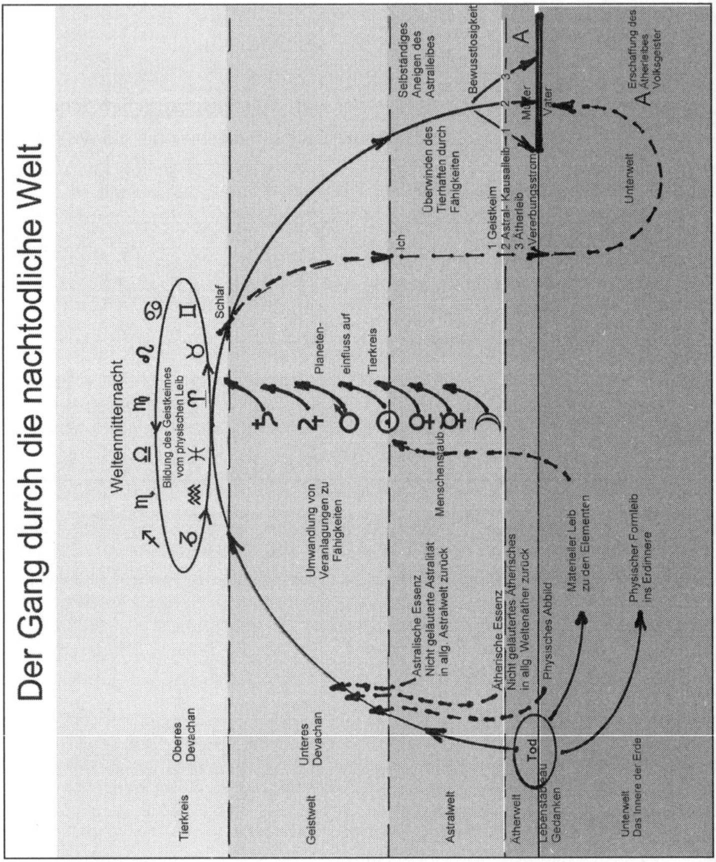

Quellenverzeichnis

Erwähnte und zitierte Bände der Rudolf Steiner Gesamtausgabe (GA), Rudolf Steiner Verlag, Dornach:

1 Einleitungen zu Goethes Naturwissenschaftlichen Schriften

8 Das Christentum als mystische Tatsache und die Mysterien des Altertums (1902)

9 Theosophie. Einführung in übersinnliche Welterkenntnis und Menschenbestimmung (1904)

11 Aus der Akasha-Chronik (1904–1908)

13 Die Geheimwissenschaft im Umriß (1910)

14 Vier Mysteriendramen

16 Ein Weg zur Selbsterkenntnis des Menschen

52 Spirituelle Seelenlehre und Weltbetrachtung

54 Die Welträtsel und die Anthroposophie

55 Die Erkenntnis des Übersinnlichen in unserer Zeit und deren Bedeutung für das heutige Leben

61 Menschengeschichte im Lichte der Geistesforschung

63 Geisteswissenschaft als Lebensgut

88 Über die astrale Welt und das Devachan

93 Die Tempellegende und die Goldene Legende

93a Grundelemente der Esoterik

94 Kosmogonie

95 Vor dem Tore der Theosophie

96 Ursprungsimpulse der Geisteswissenschaft

98 Natur- und Geistwesen – ihr Wirken in unserer sichtbaren Welt

99 Die Theosophie des Rosenkreuzers

100 Menschheitsentwicklung und Christus-Erkenntnis

102 Das Hereinwirken geistiger Wesenheiten in den Menschen

107 Geisteswissenschaftliche Menschenkunde

108 Die Beantwortung von Welt- und Lebensfragen durch Anthroposophie

109 Das Prinzip der spirituellen Ökonomie im Zusammenhang mit Wiederverkörperungsfragen
110 Geistige Hierarchien und ihre Widerspiegelung in der physischen Welt
120 Die Offenbarungen des Karma
130 Das esoterische Christentum und die geistige Führung der Menschheit
131 Von Jesus zu Christus
133 Der irdische und der kosmische Mensch
140 Okkulte Untersuchungen über das Leben zwischen Tod und neuer Geburt
141 Das Leben zwischen dem Tode und der neuen Geburt im Verhältnis zu den kosmischen Tatsachen
143 Erfahrungen des Übersinnlichen. Die drei Wege der Seele zu Christus
145 Welche Bedeutung hat die okkulte Entwicklung des Menschen für seine Hüllen (physischer Leib, Ätherleib, Astralleib) und sein Selbst?
150 Die Welt des Geistes und ihr Hereinragen in das physische Dasein
153 Inneres Wesen des Menschen und Leben zwischen Tod und neuer Geburt
157 Menschenschicksale und Völkerschicksale
157a Schicksalsbildung und Leben nach dem Tod
159 Das Geheimnis des Todes
161 Wege der geistigen Erkenntnis und der Erneuerung künstlerischer Weltanschauung
163 Zufall, Notwendigkeit und Vorsehung
168 Die Verbindung zwischen Lebenden und Toten
169 Weltwesen und Ichheit
170 Das Rätsel des Menschen. Die geistigen Hintergründe der menschlichen Geschichte
174 Zeitgeschichtliche Betrachtungen. Das Karma der Unwahrhaftigkeit – Zweiter Teil
174a Mitteleuropa zwischen Ost und West
174b Die geistigen Hintergründe des Ersten Weltkrieges

175 Bausteine zu einer Erkenntnis des Mysteriums von Golgatha

176 Menschliche und menschheitliche Entwicklungswahrheiten. Das Karma des Materialismus

178 Individuelle Geistwesen und ihr Wirken in der Seele des Menschen

181 Erdensterben und Weltenleben. Anthroposophische Lebensgaben. Bewußtseins-Notwendigkeiten für Gegenwart und Zukunft

183 Die Wissenschaft vom Werden des Menschen

186 Die soziale Grundforderung unserer Zeit – In geänderter Zeitlage

189 Die soziale Frage als Bewußtseinsfrage

202 Die Brücke zwischen der Weltgeistigkeit und dem Physischen des Menschen

203 Die Verantwortung des Menschen für die Weltentwicklung

205 Menschenwerden, Weltenseele und Weltengeist – Erster Teil

207 Anthroposophie als Kosmosophie – Erster Teil

210 Alte und neue Einweihungsmethoden

211 Das Sonnenmysterium und das Mysterium von Tod und Auferstehung

212 Menschliches Seelenleben und Geistesstreben im Zusammenhange mit Welt- und Erdentwicklung

213 Menschenfragen und Weltenantworten

215 Die Philosophie, Kosmologie und Religion in der Anthroposophie

216 Die Grundimpulse des weltgeschichtlichen Werdens der Menschheit

217 Geistige Wirkenskräfte im Zusammenleben von alter und junger Generation

218 Geistige Zusammenhänge in der Gestaltung des menschlichen Organismus

219 Das Verhältnis der Sternenwelt zum Menschen und des Menschen zur Sternenwelt

222 Die Impulsierung des weltgeschichtlichen Geschehens durch geistige Mächte
227 Initiations-Erkenntnis
228 Initiationswissenschaft und Sternenerkenntnis
231 Der übersinnliche Mensch, anthroposophisch erfaßt
232 Mysteriengestaltungen
233 Die Weltgeschichte in anthroposophischer Beleuchtung und als Grundlage der Erkenntnis des Menschengeistes
234 Anthroposophie – eine Zusammenfassung nach einundzwanzig Jahren
235 Esoterische Betrachtungen karmischer Zusammenhänge, Erster Band
237 Esoterische Betrachtungen karmischer Zusammenhänge, Dritter Band
238 Esoterische Betrachtungen karmischer Zusammenhänge, Vierter Band
239 Esoterische Betrachtungen karmischer Zusammenhänge, Fünfter Band
240 Esoterische Betrachtungen karmischer Zusammenhänge, Sechster Band
260 Die Weihnachtstagung zur Begründung der Allgemeinen Anthroposophischen Gesellschaft 1923/24
266/3 Aus den Inhalten der esoterischen Stunden. Band III: 1913 und 1914; 1920–1923
270/II Esoterische Unterweisungen für die erste Klasse der Freien Hochschule für Geisteswissenschaft am Goetheanum 1924. Band II
296 Die Erziehungsfrage als soziale Frage

Nachweise

Die ersten Wörter eines neuen Textauszugs sind jeweils in KAPITÄLCHEN gesetzt, längere Auslassungen in einem zusammenhängenden Text durch eine Leerzeile gekennzeichnet.

Folgt ein Auszug aus einem anderen Text, ist er durch doppelte Leerzeile vom vorangehenden getrennt und der Anfang erneut durch KAPITÄLCHEN hervorgehoben.

Seite

10 *Und Sie wissen aus mancherlei:* Vortrag 18. Juni 1912, GA 133, S. 136.

11 *Der physische Leib ist nicht Werkzeug:* A. a. O.

13 *Ehe der Weltkörper:* GA 11, S. 142.

Wenn Sie aufschauen: Vortrag 17. Juli 1921, GA 205, S. 230 f.

14 *Von den gegenwärtigen vier Gliedern:* GA 13, S. 151–154.

17 *Wir müssen zurückgehen:* Vortrag 7. Oktober 1911, GA 131, S. 89 f.

20 *Wenn Sie sich den physischen Menschen:* Vortrag 19. Oktober 1906, GA 96, S. 125–128.

23 *Alles, auch was wir:* Vortrag 20. Juni 1916, GA 169, S. 59.

24 *Wir unterscheiden den Kopfmenschen:* Vortrag 15. Dezember 1918, GA 186, S. 249.

25 *Nun handelt es sich darum:* Vortrag 15. August 1919, GA 296, S. 71 f.

27 *Das, was zunächst geschieht:* Vortrag 26. Mai 1922, GA 212, S. 113.

Man sollte sich an dem Ausdruck: GA 9, S. 38.

28 *Das Bewußtsein des Menschen:* Vortrag 25. Februar 1904, GA 88, S. 144.

29 *Zeigt sich für das gewöhnliche Bewußtsein:* GA 16, S. 59.

30 *Nun ist es aber nicht genug:* Vortrag 21. November 1908, GA 108, S. 15.

31 *Nun möchte ich ohne weitere Umschweife:* Vortrag 16. April 1906, GA 96, S. 31–38.

36 *In der elementaren Welt:* Vortrag 19. November 1917, GA 178, S. 201 f.

37 *[Es] zeigt sich uns:* Vortrag 13. April 1914, GA 153, S. 150.

So sehen Sie, wie der Mensch: Vortrag 6. Januar 1908, GA 102, S. 17 f.

38 *Heute möchte ich über die Vorgänge:* Vortrag 25. November 1903, GA 88, S. 70.

Wir treffen in der Astralwelt: Vortrag 18. November 1903, GA 88, S. 67 f.

39 *Der Mensch muß sich bewußt sein:* Vortrag 25. November 1903, GA 88, S. 76 f.

40 *Außer diesen Gestalten:* Vortrag 26. August 1906, GA 95, S. 51.

Es ist vor allen Dingen: Vortrag 19. Oktober 1908, GA 107, S. 18 f.

41 *Was im ersten Gebiet:*, GA 13, S. 116.

42 *In den Stätten des Wissens:* Vortrag 12. April 1909, GA 110, S. 23–26.

44 *Und in der Tat:* Vortrag 20. April 1908, GA 102, S. 141 f.

Auch diese Wesenheiten haben: Vortrag 20. April 1908, GA 102, S. 142.

45 *Sie regeln im Grunde genommen:* Vortrag 15. April 1909, GA 110, S. 94

46 *Und die Mondenkräfte sind es immer:* Vortrag 5. November 1922, GA 218, S. 123.

Auch das wissen Sie: Vortrag 28. Januar 1924, GA 240, S. 58–61.

47 *Sie wissen aus den Vorträgen:* Vortrag 3. Dezember 1922, GA 219, S. 53.

48 *Wenn man in dem Mars:* Vortrag 12. März 1913, GA 140, S. 274.

Mit dem Beginn des siebzehnten Jahrhunderts: Vortrag 17. Februar 1913, GA 140, S. 201–203.

49 *Saturn ist der physische Abglanz:* Vortrag 3. Dezember 1922, GA 219, S. 53.

49 *Und wenn man den Saturn betrachtet:* Vortrag 27. Juli 1923, GA 228, S. 18.

50 *Nun ist es aber in der Entwicklung:* Vortrag 17. März 1923, GA 222, S. 60.

51 *So müssen bei unserem Menschenwerden:* Vortrag 2. September 1918, GA 183, S. 177.

52 *Die luziferischen Wesenheiten:* Vortrag 10. Juni 1909, GA 109, S. 236 f.

54 *Das ist es, was in Ahrimans Streben:* Vortrag 29. Januar 1921, GA 203, S. 137.

Ahriman ist ein Wesen: Vortrag 2. April 1922, GA 211, S. 111.

55 *Die Persönlichkeit des Jesus:* GA 8, S. 148 f.

Als das Mysterium von Golgatha: Vortrag 2. April 1922, GA 211, S. 109 f.

56 *Die Götter standen vor der großen Frage:* A. a. O., S. 111 f.

57 *Vor dem Mysterium von Golgatha:* Vortrag 19. Dezember 1912, GA 130, S. 339.

58 *Das Christusleben ist so:* Vortrag 5. April 1913, GA 140, S. 296.

59 *Der Tod bedeutet:* GA 9, S. 108.

Nach dem Tode ist die Seele: GA 9, S. 109–119.

61 *Bevor nun der Geist:* A. a. O., S. 120–128.

65 *In der ersten Region des «Geisterlandes»:* A. a. O., S. 132–144.

69 *Da zeigt sich eben wirklich:* Vortrag 18. November 1912, GA 140, S. 47 f.

70 *Die moralische Seelenverfassung:* A. a. O., S. 49.

Nun kann uns das: A. a. O., S. 52–58.

74 *So leben wir uns durchchristet:* Vortrag 3. November 1912, GA 140, S. 73–77

77 *Zunächst etwas, was man in der Geheimwissenschaft:* Vortrag 19. Juni 1907, GA 100, S. 60 f.

78 *Und wahr ist es:* Vortrag 12. März 1913, GA 140, S. 279.

Wir würden nicht durch die Zeit: Vortrag 18. Juni 1912, GA 133, S. 137.

80 *Derjenige, der wirklich sich dazu vorbereiten:* Vortrag 2. Mai 1915, GA 161, S. 261.

81 *Die besondere Schwierigkeit:* A. a. O., S. 259.

82 *In der Zeit zwischen dem Tode:* Vortrag 7. August 1917, GA 176, S. 242–243

Das alles, was wir da: Vortrag 25. März 1913, GA 145, S. 112.

83 *Wie der Mensch nicht immer:* GA 13, S. 81 f. – *Satz Goethes: «Die Natur hat den Tod erfunden:* Wörtlich: «Leben ist ihre schönste Erfindung, und der Tod ist ihr Kunstgriff, viel Leben zu haben.» Goethe, «Die Natur. Aphoristisch», in *Naturwissenschaftliche Schriften,* herausgegeben und kommentiert von Rudolf Steiner in Kürschners *Deutsche National-Litteratur,* 5 Bde. 1884–1897. Enthalten in GA 1b, S. 8.

84 *Der Tod ist etwas:* Vortrag 16. November 1915, GA 157a, S. 21.

85 *Was ereignet sich:* Vortrag 2. Juni 1906, GA 94, S. 62.

Sehen Sie, dazumal: Vortrag 2. Februar 1924, GA 234, S. 93.

86 *Du trägst an dir:* Vortrag 31. Dezember 1923, GA 233, S. 139.

87 *Aber auch in bezug auf den physischen:* Vortrag 22. Februar 1916, GA 168, S. 70.

88 *Der Menschenstaub:* Vortrag 16. April 1918, GA 181, S. 228–230.

89 *Nicht können wir der Erde:* Vortrag 22. Februar 1916, GA 168, S. 70 f.

91 *Und damit ist noch:* Vortrag 18. Februar 1916, GA 168, S. 43

92 *Bei dem berühmten Ausbruch:* Vortrag 16. April 1906, GA 96, S. 44 f.

94 *Zu gleicher Zeit müssen:* Vortrag 28. Februar 1907, GA 55, S. 160.

Unseren Kopf, wie wir ihn: Vortrag 2. September 1918, GA 183, S. 176 f.

95 *Sie wissen ja aus*: Vortrag 15. März 1919, GA 189, S. 147.

96 *Man stelle sich vor:* Vortrag 17. Mai 1924, GA 270/II, S. 67 f.

98 *Erinnern wir uns:* Vortrag 7. August 1916, GA 170, S. 94 f.

99 *Nachdem also der Mensch:* Vortrag 19. März 1914, GA 63, S. 332–334.

101 *Diese gleichsam ins Geistige:* Vortrag 13. April 1914, GA 153, S. 150–152.

104 *Wir würden nicht durch die Zeit:* Vortrag 18. Juni 1912, GA 133 S. 137.

105 *Aber man hat auch:* Vortrag 13. April 1914, GA 153, S. 148–149.

106 *Der Mensch selbst:* Vortrag 4. Juli 1924, GA 237, S. 33 f.

108 *Wenn wir da zunächst den Astralleib:* Vortrag 20. November 1912, GA 141, S. 39.

109 *Man glaubt leicht:* Vortrag 19. Februar 1915, GA 159, S. 43–44.

110 *Nun ist es aber gerade so:* Vortrag 24. Mai 1924, GA 239, S. 92.

111 *In dieser Zeit:* Vortrag 28. November 1912, GA 140, S. 109.

112 *Nehmen wir einmal an:* Vortrag 9. Februar 1924, GA 234, S. 140.

113 *Wir leben in unserem Seelenleben:* Vortrag 19. Oktober 1908, GA 107, S. 11–14.

117 *Dann kommt etwas noch schwerer:* Vortrag 21. Juni 1907, GA 100, S. 77.

Drittel seiner Lebenszeit: Vortrag 24. August 1906, GA 95, S. 36.

Alles, was wir den Tag über: Vortrag 16. November 1915, GA 157a, S. 25 f.

120 *Das müssen wir uns so vorstellen:* Vortrag 15. Dezember 1912, GA 140, S. 131–132.

121 *Wenn wir die höheren Welten genauer:* Vortrag 19. Oktober 1908, GA 107, S. 23 f.

122 *Wenn der Mensch seine Kamaloka-Zeit:* Vortrag 24. August 1906, GA 95, S. 36.

123 *Das, was der Mensch:* Vortrag 29. August 1923, GA 227, S. 252.

124 *Jede einzelne Seele ist da:* Vortrag 15. Dezember 1912, GA 140, S. 128–129.

Und dann wachsen wir weiter hinaus: Vortrag 26. November 1912, GA 140, S. 88.

125 *Aber nun stellt sich eine Verschiedenheit:* Vortrag 18. November 1912, GA 140, S. 48 f.

127 *Nach dem Tode fehlt der Leib:* GA 9, S. 115 f.

Die fünfte Stufe der Seelenwelt: GA 9, S. 116 f.

129 *Die moralische Seelenverfassung:* Vortrag 18. November 1912 GA 140, S. 49.

130 *Die menschliche Entwicklung:* Vortrag 20. November 1912, GA 141, S. 41.

131 *Er entwickelt ein Gefühl dafür:* Vortrag 2. Dezember 1903, GA 88, S. 87.

132 *Die Anlagen zu sieben:* Vortrag 2. Dezember 1903, GA 88, S. 82–89. – 132: *Alles Vergängliche ist nur ein Gleichnis: Faust II*, V. 12104 f. – 132: *daß wir heute Menschen der fünften Menschheitsepoche sind:* Steiner verwendete hier den irreführenden theosophischen Begriff (Wurzel-)Rasse *(Root-race)*, mit dem nicht eine rassische Einteilung, sondern ein zeitliches und bewußtseinsmäßiges Stadium der menschheitlichen Entwicklung gemeint ist. – 133: *Was kein Auge gesehen:* 1. Kor. 2, 9. – 136: *Hier ist keine Luft: Ägyptisches Totenbuch*, Kap. 175. – 136: *Es irrt der Mensch, solang er strebt: Faust I*, V. 317. – 140: *Und weil ich gebetet habe um Klugheit: Die Weisheit Salomos*, 7, 7 f.

140 *Die astrale Welt ist verwirrend:* Vortrag 4. November 1903, GA 88, S. 41 f.

144 *Wenn der Ätherleib nach dem Tode:* GA 13, S. 423.

Was nimmt die Seele mit?: Vortrag 15. Februar 1906, GA 54, S. 29.

145 *Ist nun das Kamaloka durchlebt:* Vortrag 6. Juni 1909, GA 109, S. 189 f.

146 *Mensch, Tier, Pflanze, Mineral:* Vortrag 26. August 1906, GA 95, S. 49.

Wir treffen in der Astralwelt: Vortrag 18. November 1903, GA 88, S. 67 f.

147 *Wenn nun der Mensch gestorben ist:* Vortrag 26. August 1906, GA 95, S. 49.

Nun können Sie einmal die Frage: Vortrag 21. November 1908, GA 108, S. 23.

148 *Im unteren Devachan:* Vortrag Stuttgart 26. August 1906, GA 95, S. 49.

Sie haben gesehen, daß ganze: Vortrag 6. Januar 1908, GA 102, S. 13 f.

Immer wieder müssen wir uns: Vortrag 9. Oktober 1905, GA 93a, S. 105.

149 *Allmählich wird es für die Seelen:* Vortrag 27. Oktober 1912, GA 140, S. 25.

Jetzt beginnt die Zeit: A. a. O., S. 26.

150 *Aber dieser Christusgeist:* Vortrag 26. November 1912, a. a. O., S. 96 f.

Er hat sich verbreitet: Vortrag 17. Februar 1913, a. a. O., S. 196.

151 *Seitdem der Christus:* Vortrag 27. April 1913, a. a. O., S. 311.

152 *Für die Sonnen-Sphäre:* Vortrag 20. November 1912, GA 141, S. 42.

153 *Indem man in den geistigen Sonnenbereich:* Vortrag 28. August 1923, GA 227 S. 236.

Tritt er dann in den Bereich: Vortrag 29. August 1923, a. a. O., S. 244 f.

154 *Und während der Mensch:* A. a. O., S. 245.

Was als die höchste: Vortrag 1. April 1913, GA 141, S. 177 f.

155 *In der Sonnenregion beginnt:* Vortrag 24. Mai 1924, GA 239, S. 102.

156 *Mit dem Eintritt also in das Sonnenall:* Vortrag 29. August 1923, GA 227, S. 249 f.

157 *Es beginnt jene Form des Wahrnehmens:* Vortrag 27. Oktober 1912, GA 140, S. 28.

158 *Nachdem wir uns als Sonnenbewohner:* A. a. O.

159 *Die Menschen, die sich heute abschließen:* Vortrag 3. November 1912, a. a. O., S. 74.

159 *Wenn wir in ältere Jahrhunderte:* Vortrag 17. Februar 1913, a. a. O., S. 197.

160 *Nun, wie die Erde eine Entwicklung:* Vortrag 12. März 1913, a. a. O., S. 276.

Dann aber, als das siebzehnte: A. a. O., S. 277.

161 *Es ist ein wunderbarer Moment:* A. a. O., S. 278.

162 *Aber es konnte nicht so kommen:* Vortrag 17. Februar 1913, GA 140, S. 200.

Der Mensch wird mit dem Erdenleib: A. a. O., S. 200 f.

163 *Das Marsdasein stellt alles:* Vortrag 1. Juli 1922, GA 213, S. 69.

Und der Mensch selbst: GA 9, S. 134–135.

165 *Das Reich des Devachan:* Vortrag 28. Januar 1904, GA 88, S. 93.

Und durch das, was die Menschen: Vortrag 28. August 1923, GA 227, S. 239 f.

167 *In der Jupitersphäre wird sozusagen:* Vortrag 3. November 1912, GA 140, S. 75 f.

Es handelt sich darum: Vortrag 20. November 1912, GA 141, S. 52.

168 *Alles das, was an Leben:* Vortrag 6. Juni 1909, GA 109, S. 191.

Wenn der Mensch eintritt: Vortrag 28. Januar 1904, GA 88, S. 100.

Hier angekommen, machen wir: Vortrag 27. Oktober 1912, GA 140, S. 29.

169 *Die Sphärenmusik verändert sich:* Vortrag 3. November 1912, GA 140, S. 76.

170 *Und namentlich mit dem:* Vortrag 12. März 1913, GA 140, S. 281.

171 *Ein Mensch zum Beispiel:* Vortrag 1. Juli 1922, GA 213, S. 72 f.

In dieser Region werden nur: Vortrag 1. April 1913, GA 141, S. 185.

172 *Die dritte Region des «Geisterlandes»:* GA 9, S. 137 f.

173 *Der Mensch muß in der Zeit:* Vortrag 18. November 1912, GA 140, S. 44–45.

175 *Was der Mensch als Gedanken:* GA 13, S. 114 f.

176 *Von diesem Zeitpunkt an:* Vortrag 27. Oktober 1912, GA 140, S. 29 f.

Geradeso, wie wir im Schlafe: Vortrag 3. November 1912, GA 140, S. 76.

177 *Entwindet sich der Mensch:* Vortrag 16. September 1922, GA 216, S. 16 f.

178 *Kommt man über die Saturnsphäre hinaus:* Vortrag 19. November 1922, GA 218, S. 169 f.

179 *Und merkwürdigerweise:* Vortrag 10. April 1914, GA 153, S. 97.

180 *Zu diesen tiefsten Zügen:* Vortrag 25. Dezember 1907, GA 98, S. 58.

181 *Denn wenn Sie sich das Komplizierteste:* Vortrag 5. November 1922, GA 218, S. 115.

Nur müssen wir uns den Pflanzenkeim: Vortrag 26. November 1922, GA 219, S. 12.

182 *Indem Sie zum Beispiel durchleben:* Vortrag 19. November 1922, GA 218 S., 170.

Während Sie im Sternbilde des Stieres: A. a. O.

Indem nun der Mars: Vortrag 19. November 1922, GA 218, S. 170.

184 *Und Sie formen ja:* A. a. O., S. 169.

Und indem wir mit uns vereinen: Vortrag 26. November 1922, GA 219, S. 18.

Dasjenige, was hier auf der Erde: A. a. O., S. 19.

186 *Aber dann kommt eine Zeit:* Vortrag 19. März 1914, GA 63 S., 344 f.

187 *Immer mehr und mehr hat sich:* A. a. O., S. 345.

Wir stehen nämlich: A. a. O., S. 345 f.

188 *Und jetzt kommt ein wichtiger:* Vortrag 10. April 1914, GA 153, S. 100 f.

189 *Und es tritt der Kampf:* A. a. O., S. 101.

190 *Und hat uns der Christus-Impuls:* Vortrag 13. April 1914, GA 153, S. 161 f.

191 *Wenn nun der Mensch gestorben ist:* Vortrag 26. August 1906, GA 95, S. 49 f.

192 *Aber die göttlichen Mächte:* Vortrag 2. September 1918, GA 183, S. 176 f.

193 *Es entsteht die Sehnsucht:* Vortrag 19. März 1914, GA 63, S. 346.

194 *Zuerst wird also festgelegt:* Vortrag 27. April 1913, GA 140, S. 313.

195 *und dann schaut er hinunter:* Vortrag 29. August 1923, GA 227, S. 250.

Wie muß denn eigentlich: Vortrag 27. April 1913, GA 140, S. 313.

196 *Aber indem man da herunterschaut:* Vortrag 11. Oktober 1913, GA 140, S. 352 f.

197 *Eine Seele, die sich anschickt:* A. a. O., S. 354 f.

198 *Und ungefähr bis zu dem Zeitpunkte:* Vortrag 2. Juli 1921, GA 205, S. 106.

Durch den Vater und die Befruchtung: A. a. O., S. 106 f. – *in meinem Wiener Vortragszyklus von 1914:* siehe GA 153.

199 *Vom Vater hab ich die Statur:* Johann Wolfgang Goethe, «Zahme Xenien», VI.

200 *Nur muß ich noch erwähnen:* Vortrag 19. März 1914, GA 63, S. 348.

Wenn wir dieses Verständnis: Vortrag 26. Oktober 1912, GA 140, S. 20 f.

201 *Das sind ganz andere Verhältnisse:* Vortrag 5. November 1922, GA 218, S. 119.

Aber die Wesensbilder werden allmählich: A. a. O., S. 118.

Hat der Mensch nun sein Urbild: Vortrag 7. Juni 1909, GA 109, S. 200.

202 *Was wir an Vollkommenheiten:* Vortrag 12. März 1913, GA 140, S. 279.

203 *Es entsteht die Sehnsucht:* Vortrag 19. März 1914, GA 63, S. 346.

203 *Das tritt auf, was man:* A. a. O., S. 346 f.

205 *Wir werden zu beschreiben haben:* Vortrag 21. Juni 1907, GA 100, S. 76.

Draußen in der größten Ausdehnung: Vortrag 26. November 1912, GA 140, S. 98 f.

206 *Wenn ein Mensch stirbt:* A. a. O., S. 99.

207 *Das Bewußtsein dämpft sich herab:* Vortrag 3. November 1912, GA 140, S. 76 f.

208 *Ja, es ist der Christus-Impuls:* Vortrag 15. September 1922, GA 215, S. 178.

Das ist das Wesentliche im Neu-Erleben: A. a. O.

210 *Man lernt gegenseitig Beziehungen:* Vortrag 14. November 1923, GA 231, S. 91.

211 *Diese sich erdwärts Zurücklebenden:* Vortrag 3. Juli 1906, GA 94, S. 152.

Das glockenförmige Gebilde: Vortrag 26. August 1906, GA 95, S. 51 f.

212 *Bevor der Mensch für die physische:* Vortrag 28. Oktober 1903, GA 88, S. 32.

Wir können nun fragen: Vortrag 7. Oktober 1905, GA 93a, S. 93.

Der Mensch wird sozusagen: Vortrag 7. Oktober 1921, GA 207, S. 107.

213 *Wenn du nicht alle Kraft:* Vortrag 16. September 1922, GA 216, S. 21 f.

214 *Sie wissen ja, daß das Embryonalleben:* Vortrag 27. Oktober 1912, GA 140, S. 30.

215 *Und wenn wir dann wiederum:* Vortrag 12. März 1913, a. a. O., S. 279.

Wenn ein Menschenwesen: Vortrag 12. November 1922, GA 218, S. 138 f.

216 *Von dem Saturn strahlen:* Vortrag 7. Dezember 1922, a. a. O., S. 291.

Diese Elementarwesen lassen es: Vortrag 14. April 1914, GA 153, S. 168.

217 *Wenn der Mensch schon nahe:* Vortrag 5. November 1922, GA 218, S. 122.

219 *Ich habe aber auch darauf hingedeutet:* Vortrag 26. November 1922, GA 219, S. 12.

220 *Bis zu der Neugestaltung:* GA 13, S. 117 f.

Da gibt es Wesenheiten: Vortrag 3. Juli 1906, GA 94, S. 153.

221 *Wie aber der Ätherleib:* Vortrag 28. Mai 1907, GA 99, S. 50.

Nun gibt es Geister gerade: Vortrag 21. Juni 1907, GA 100, S. 80.

222 *Das zeigt uns die wirkliche Betrachtung:* Vortrag 18. November 1912, GA 140, S. 45.

In den vorchristlichen Zeiten: A. a. O., S. 52.

223 *Da kommt dann der Okkultismus:* A. a. O., S. 58

Das geistig-seelische Wesen: Vortrag 19. November 1922, GA 218, S. 173.

224 *Und indem wir vorher:* A. a. O.

Das Ich geht nun seine Wege: Vortrag 14. Dezember 1920, GA 202, S. 139.

225 *Was er [...] vollbracht hat an Taten:* Vortrag 30. Mai 1907, GA 99, S. 65.

Beim Heruntersteigen wirken aber: Vortrag 21. Juni 1907, GA 100, S. 82.

226 *Aber es besteht daneben:* Vortrag 11. Februar 1913, GA 141, S. 143.

Der Mensch [...] muß diejenigen Kräfte: Vortrag 10. März 1913, GA 140, S. 245.

227 *Wir haben ja unseren physischen Leib:* Vortrag 11. Februar 1913, GA 141, S. 143 f.

In Wirklichkeit sieht man nur: A. a. O., S. 144.

228 *Der Mensch hat nur nicht die Fähigkeit:* A. a. O., S. 145.

230 *Das menschliche Haupt ist:* Vortrag 22. Februar 1916, GA 168, S. 84.

Nun, dasjenige, was da: Vortrag 17. Februar 1922, GA 210, S. 94.

231 *Es ist innerhalb dessen:* Vortrag 11. Dezember 1920, GA 202, S. 110.

231 *So daß im Laufe desjenigen Prozesses:* Vortrag 26. Oktober 1911, GA 61, S. 40 f.

232 *Nur in den seltensten Fällen:* Vortrag 3. Juli 1906, GA 94, S. 153.

Bei dem Befruchtungsakt: Vortrag 26. August 1906, GA 95, S. 52.

233 *Jedes Lieben geht im Hinundwiderspiel:* Vortrag 7. Juni 1909, GA 109, S. 201.

Eigentlich haben wir in unserem: Vortrag 2. Februar 1915, GA 161, S. 68.

234 *Es wurde schon erwähnt:* Vortrag 7. Juni 1909, GA 109, S. 204 f. – *Atma, Buddhi* und *Manas* sind die theosophischen Begriffe für das, was Steiner später als *Geistesmensch, Lebensgeist* und *Geistselbst* bezeichnet.

235 *Heute sprechen wir so von der Entwicklung:* Vortrag 19. März 1912, GA 133, S. 31.

In den ersten Wochen nach der Empfängnis: Vortrag 3. Juli 1906, GA 94, S. 154.

236 *Ich werde von beiden Seiten:* Vortrag 4. November 1903, GA 88, S. 45 f.

237 *Zwar ist dieser Mensch:* Vortrag 29. Mai 1907, GA 99, S. 55 f.

Lange bevor der Mensch: Vortrag 19. Juni 1915, GA 159, S. 380.

238 *Es ist von alten Zeiten:* Vortrag 19. November 1922, GA 218, S. 176 f.

240 *In der Zelle, schon in der gewöhnlichen:* Vortrag 8. Oktober 1921, GA 207, S. 127 f.

241 *Wir sind selbstverständlich:* Vortrag 2. Februar 1915, GA 161, S. 69.

242 *Außer den kosmischen Kräften:* Vortrag 26. November 1920, GA 202, S. 17 f.

244 *Dieses Leben, das der Mensch:* Vortrag 2. Februar 1915, GA 161, S. 70.

Die Kräfte, die da tätig: A. a. O., S. 71.

Das Mondlicht wird als solches: Vortrag 26. November 1920, GA 202, S. 15 f.

245 *Wenn Sie dasjenige, was wir so:* A. a. O., S. 20.

246 *Was wir dann ins Auge fassen müssen:* Vortrag 2. Februar 1915, GA 161, S. 71 f.

247 *Der Mensch kommt in der Tat:* A. a. O., S. 73.

Das ist auch dasjenige: Vortrag 11. Oktober 1913, GA 140, S. 358.

248 *Auch dies ist eine Spiegelung:* Vortrag 2. Februar 1915, GA 161, S. 75.

249 *Das Korrelat von dem:* A. a. O., S. 78.

250 *Der Mensch, der nach der Saturnspiegelung:* A. a. O., S. 79.

Würde nur das Weibliche: Vortrag 7. Juni 1909, GA 109, S. 202.

251 *Der Ausgleich zwischen Mann und Frau:* Vortrag 26. Mai 1910, GA 120, S. 177.

Und dadurch, daß die Frau: A. a. O., S. 178.

253 *Bei diesem Suchen wirken:* Vortrag Wien 28. Mai 1907, GA 99, S. 50.

Nicht immer kann ein Elternpaar: Vortrag 26. August 1906, GA 95, S. 52.

Die aufeinanderfolgenden Inkarnationen: Vortrag 7. Juni 1906, GA 94, S. 75 f.

259 *Aber es ist ein Unterschied*: Vortrag 18. November 1912, GA 140 S. 48 f.

260 *Die Merkursphäre ist eine Sphäre*: Vortrag 15. Dezember 1912, a. a. O., S. 130.

261 *Die moralische Seelenverfassung:* Vortrag 18. November 1912, a. a. O., S. 49.

Das Abschließen im Leben: A. a. O., S. 49 f.

262 *Die verschiedenen Weltanschauungen:* Vortrag 2. Dezember 1903, GA 88, S. 86 f.

263 *Und wenn eine solche Seele:* Vortrag 4. März 1913, GA 141, S. 157 f.

265 *Fassen wir zunächst einmal in Auge:* Vortrag vom 20. Februar 1913, GA 140, S. 215 f.

Wenn man einen rechten Materialisten: Vortrag 12. April 1914, GA 153, S. 127 f.

267 *Dieses Suchen nach dem Geist:* Esoterische Stunde 4. September 1913, GA 266/III, S. 164 f.

268 *Und bei vielen ist es so:* Vortrag 3. Dezember 1912, GA 141, S. 56 f.

269 *Ich finde eigentlich zwischen Leuten:* Vortrag 5. Oktober 1922, GA 217, S. 51.

271 *Sehen Sie, es ist ja so:* Vortrag 16. November 1915, GA 157a, S. 27 f.

272 *Das hängt damit zusammen:* A. a. O., S. 30 f.

274 *Und wenn ein Kind stirbt:* Vortrag 23. November 1915, GA 174b, S. 101.

275 *Wenn gegenwärtig ganz junge Menschen:* Vortrag 2. September 1918, GA 183, S. 171 f.

276 *So sei der Fall hervorgehoben*: Vortrag 14. April 1914, GA 153, S. 169 f.

277 *Auch habe ich auf den Fall:* A. a. O., S. 170.

Die Kräfte hier bei einem: Vortrag 22. Februar 1915, GA 157, S. 162.

278 *Wenn wir eine solche Seele*: Vortrag 16. November 1915, GA 157a, S. 29.

Aber fragen wir uns weiter: Vortrag 20. Februar 1913, GA 140, S. 217–219.

280 *denn von einem gewissen Alter:* Vortrag 2. September 1918, GA 183, S.172

281 *Nun können wir uns die Frage:* Vortrag 5. September 1915, GA 163, S. 116–117.

283 *Gute Gedanken sind wie Balsam:* Vortrag 2. September 1906, GA 95, S. 151.

Während der Materialismus: Vortrag 20. Februar 1913, GA 140, S. 212.

Wenn hier jemand: Vortrag 13. April 1913, GA 150, S. 50.

284 *so stellt sich heraus:* Vortrag 10. Oktober 1913, GA 140 S. 328.

Man kommt also den Toten zu Hilfe: Vortrag 17. Juni 1915, GA 159, S. 353.

285 *Träumen wir von einem Toten:* Vortrag 23. Februar 1918, GA 174b, S. 269 f.

Man kann nämlich in der Tat: Vortrag 10. Oktober 1913, GA 140, S. 334.

286 *In der Läuterungszeit:* Vortrag 21. Januar 1913, GA 140, S. 151 f.

Denn der Tote kann nicht mit Händen: Vortrag 6. März 1917, GA 175 S. 112.

287 *Es gibt viel im Leben:* Vortrag 21. Januar 1913, GA 140, S. 150 f.

288 *Ich hatte eine Reihe von Kindern:* Vortrag 20. Februar 1913, GA 140, S. 212 f.

289 *Dieses Wissen von dem Zusammensein:* Vortrag 5. Februar 1918, GA 181, S. 53.

Wenn Kinder oder jüngere: Vortrag 23. Februar 1918, GA 174b, S. 275.

290 *Anders ist es bei der Trauer:* Vortrag 14. Februar 1918, GA 174a, S. 218.

291 *Wir verlieren nicht den jüngeren:* Vortrag 23. Februar 1918, GA 174b, S. 275.

Wenn das Verhältnis zu einem Vortrag 14. Februar 1918, GA 174a, S. 218–219.

293 *Die okkulte Forschung:* Vortrag 29. Mai 1907, GA 99, S. 57.

294 *Bei dem Schwaben-Vischer:* Vortrag 9. März 1924, GA 235, S. 135.

Friedrich Nietzsches frühere Inkarnation: Vortrag 15. März 1924, GA 235, S. 166. – *Baco von Verulam:* Vortrag 10. September 1924, GA 238, S. 54. – *Wladimir Solowjow:* Vortrag 19. September 1924, a. a. O., S. 128–131.

295 *In solchen Erdentagen werden Keime:* GA 14, S. 257.

296 *Ich habe ja oftmals:* Vortrag 31. Dezember 1923, GA 260, S. 219.

297 *Wir brauchen Persönlichkeiten:* Vortrag 8. Dezember 1904, GA 52, S. 420.